安徽省哲学社会科学规划课题青年项目“高等教育普及化阶段毕业生高质量就业模式及政策支持体系研究”（AHSKQ2022D102）成果

淮南师范学院学术专著出版基金资助

改革开放以来高等教育与就业关系的变迁研究

唐菡悄 ◎ 著

安徽师范大学出版社
ANHUI NORMAL UNIVERSITY PRESS
· 芜湖 ·

图书在版编目(CIP)数据

改革开放以来高等教育与就业关系的变迁研究 / 唐菡悄著. — 芜湖：安徽师范大学出版社，2022.12

ISBN 978-7-5676-5736-6

Ⅰ.①改… Ⅱ.①唐… Ⅲ.①高等教育—教育改革—关系—就业—研究—中国 Ⅳ.①D669.2

中国版本图书馆CIP数据核字(2022)第221280号

改革开放以来高等教育与就业关系的变迁研究

唐菡悄◎著

责任编辑：辛新新　　责任校对：祝凤霞

装帧设计：王晴晴　姚　远　　责任印制：桑国磊

出版发行：安徽师范大学出版社

芜湖市北京东路1号安徽师范大学赭山校区　邮政编码：241000

网　　址：http://www.ahnupress.com/

发 行 部：0553-3883578　5910327　5910310(传真)

印　　刷：苏州市古得堡数码印刷有限公司

版　　次：2022年12月第1版

印　　次：2022年12月第1次印刷

规　　格：700 mm × 1000 mm　1/16

印　　张：15.25

字　　数：245千字

书　　号：ISBN 978-7-5676-5736-6

定　　价：59.00元

目 录

导 论

20世纪下半叶，世界经济迅速发展，教育和就业关系失调问题开始引起政府和学界的关注。1979年联合国教科文组织在《学习与劳动》开篇将教育同劳动世界之间的联结列为其他所有问题的焦点。1981年国际教育大会通过的《教育与生产劳动之间的相互作用》(第73号建议)明确表示，教育与职业生活之间有效的相互作用对于个人和社会有着重要意义。在我国，对这一问题的关注则是从1999年高校扩招开始的，并贯穿于高等教育大众化和近年来高等教育普及化进程之中。

一、研究背景与缘由

教育和就业作为重要的民生事项，关系到人类的生存和发展。教育是人们获取知识、提高能力的主要途径；就业是人类通过劳动获得劳动报酬的职业活动。人们普遍相信个体受教育程度越高，其失业风险越低且收入水平越高。改革开放后，我国的工作中心转移到经济建设上来，在很长一段时间内，教育事业服务于经济建设。随着"科教兴国""教育优先发展"等战略的实施，教育事业迅速发展，也为国家输送了大批优质的建设者，国家经济获得迅速发展。一时间，重教之风兴起，许多家庭将送子女上大学作为目标。然而伴随着高等教育规模的扩张，"学历贬值""大学生失业""文凭膨胀""学非所用"等新问题开始出现。一些人于无奈中反思：教育能否帮助我们实现职业追求？如果能，那么能在多大程度上帮助我们实现就业？教育应该如何发展才能成为经济和社会发展的推动力？岗位工作者不再只是依赖高等教育教师对其进行知识传授与指导，同时自己也去认识复杂的现象并作出决定。[①]从教育促进就业到教育对就业的指向性降低，可以看出，教育与就业的关系并不是一成不变的。但当前，大学生失业压力和低水平就业与雇主求才若渴和人才危机的矛盾凸显。

（一）低就业增长的社会背景

人类社会发展的历程显示经济增长能拉动就业。国家统计局数据显示，2010—2019年，我国经济由高速增长期进入中高速增长期，而就业增长率却呈现出下滑的趋势，甚至在2018—2019年出现了就业负增长。另外，城镇新增就业人数呈螺旋式缓慢上升趋势，城镇登记失业率缓慢降低，进一步呈现出社会低就业增长的社会现实。在就业的低迷态势下，新一代年轻人面临的就业前景要么是推迟就业，要么是失业。[②]青年群体是我国就业市场的主力军，高等院校毕业生是青年就业市场的一大主力。2009年普通高校毕业生突破600万，此后每年毕业生人数都在上升，2020年毕业生人数达874万。

（二）教育与就业匹配失衡的现实挑战

在就业形势严峻的背景下，人们首先选择通过教育的方式来获取更高的文凭，以实现就业理想，即人们总是自觉或不自觉地、自愿或不自愿地选择教育这条相对公平的道路作为实现自我目标的途径。[③]2019年我国高等教育毛入学率达51.6%，进入高等教育普及化

① 乌尔里希·泰勒，等.高等教育与变化的劳动力市场[M].包艳华，郭力，译.北京：科学出版社，2019：序言.

② 联合国教科文组织.反思教育：向"全球共同利益"的理念转变[M].联合国教科文组织中文科，译.北京：教育科学出版社，2017：50.

③ 杨葆焜，范先佐.教育经济学新论[M].南京：江苏教育出版社，1995：106.

阶段。大学生的增加，进一步加大了就业竞争，使得大学生不能享受到教育带来的预期收益。[①]在教育与就业匹配失衡状态下，人们倾向于追求更高层次的教育，大学生升学率也进一步上升。一项涉及考研动机的调查发现，提高就业竞争力是大学生做出考研决定的主要动机。在人们追求高学历以缓解就业压力的同时，出现了大学生就业难的矛盾局面。20世纪末，联合国教科文组织提出，在失业问题中存在着十分恼人的现象是青年人失业，其中包括日益增多的持有学位和毕业证书的大学毕业生。[②]一部分青年失业，说明教育、培训和就业之间匹配失衡，青年人涌入劳动力市场，但他们不能够享受到学历带来的预期收益。[③]

（三）促进大学生更高质量就业的政策诉求

就业活动具有复杂性，受到经济、政治、文化、人口、教育等众多因素影响，长期以来教育被看作缓解就业压力的重要途径。在经济发展初期，产业转型，人口素质与社会需求出现落差，此时教育需求大，教育规模迅速扩大。然而，教育作为社会活动，不仅受到众多因素的影响，还有其相对独立的问题和观念系统，教育活动应按其自身发展规律运行[④]，即教育在"社会尊重自己，自己服务于外部社会"的前提下，"对于其自身同外部社会的关系状态的一种主动的、积极的选择"[⑤]。因而，不能单纯地根据就业形势做出教育发展的决策，而应该从历史根源和变迁历程上找寻思路。事实上，教育与就业并不是简单的线性关系，而是多种可能并存的复杂关系。也就是说，在现实中个体通过接受教育有可能会受到更为积极的影响，但也有可能不

① 联合国教科文组织．反思教育：向"全球共同利益"的理念转变[M]．联合国教科文组织中文科，译．北京：教育科学出版社，2017：51.

② 联合国教科文组织．学会生存：教育世界的今天和明天[M]．华东师范大学比较教育研究所，译．北京：教育科学出版社，1996：128.

③ 联合国教科文组织．反思教育：向"全球共同利益"的理念转变[M]．联合国教科文组织中文科，译．北京：教育科学出版社，2017：50-51.

④ 张启树．论教育活动的相对独立性[J]．教育理论与实践，1999，19(6)：7-11.

⑤ 吴康宁．主体性是否为教育的一种本质属性[J]．教育研究与实验，1996(2)：14.

会受到影响。这种教育与就业间呈现的未知关系和不确定性，正是教育面临的巨大挑战。在社会经济快速发展的当前，如何提升教育对就业的指向作用，发挥教育的经济功能，是解决大学生就业难问题的现实诉求。所以从教育与就业两者关系入手，找寻促进大学生更高质量就业的路径，既分析教育对就业的影响，也研究就业对教育的影响，具有现实意义。如果忽视教育与就业关系的变化，仅从社会其他方面的转变来孤立地寻求解决大学生就业难问题的举措，难免会不能深刻认识事物发展的根源，出现只见树木不见森林的片面认知。因此，在全面把握教育与就业关系的基础上，探究两者关系带来的有利和不利影响，寻求制度设计，提出适宜策略，避免消极影响，实现毕业生更充分更高质量就业是值得尝试的研究。

二、文献回顾与反思

教育的职能在于促进个体和社会的发展。教育作为培养人的社会实践活动，在为社会培养所需人才的基础上，也促进个体实现更高质量的就业。教育是教育者根据一定的社会(阶级)要求，有目的、有计划、有组织地对受教育者的身心施加影响，把他们培养成为社会需要的人的活动。就业是劳动者和生产资料相结合，从事合法的社会劳动，创造一定的社会价值和经济价值，并以此获得劳动报酬或经济收入的经济活动。[①]综合把握教育与就业的关系，具有理论和现实双重价值。关系表示事物之间相互作用、相互影响的状态。可见，教育与就业的关系即教育与就业两者间的相互影响和作用的状态，包含两方面：一是教育活动对就业产生的影响和作用；二是就业活动对教育产生的影响和作用。

自20世纪90年代末我国高等教育扩招以来，毕业生人数激增。随着就业形势日趋严峻，政府、高校、学者、媒体等不同主体开始向教育寻求缓解就业压力的方式。至此，教育与就业的关系引发了学界关注。叶忠博士于2004年以“教育与就业关系的不确定性”为题撰写

① 阎大伟.大学生就业指导教程[M].北京：中国社会科学出版社，2013：1.

博士论文，开展了专题研究，研究显示教育与就业的关系经历了由确定性到不确定性的转变。在知网上以“教育与就业”为关键词进行“关键词共现网络”分析，结果显示：学者的关注点主要集中在“劳动力市场”“高校扩招”和“就业问题”等主题上。

(一)有关教育影响就业的理论分野

中外研究者从经济学、社会学、政治学等学科视角解释劳动者的就业问题，其中，教育对就业产生影响已成为共识，即无论从哪一学科视角出发，教育都是影响就业的重要变量，在高等教育中表现尤为明显。综观教育与就业关系的理论，大致可以概括为教育直接促进就业和教育间接促进就业两种基本学术观点。因此，从教育对就业产生影响的直接性和间接性两个方面开展考察，构成了教育与就业关系的传统理论解释。

1.教育直接影响就业

教育对个体发展的促进作用愈加显著，可促进人的发展，促进个人与社会的对接。越来越多的研究发现，教育能提升就业水平、提高工资待遇，表明教育能直接对就业产生影响。事实上，教育对就业的直接促进作用很早就受到了学界的关注。其中，最具有代表性的是人力资本理论。

人力资本理论认为，教育能提升人力资本价值，从而提升就业水平。人力资本是相对于物力资本而言的概念，指体现在劳动个体身上的资本，它是指个人身上的技能和知识的存量总和①，人们通过教育投资所获得的技能与知识亦是资本形态的表现，具体表现为人身上所具有的科学文化知识、专业技能水平、经验等。有学者将教育投资（尤其是正规的学校教育）作为人力资本最重要的组成部分，对提高人力资本知识存量和技能存量有着重要的意义②，并证实了人力资

① 伊特维尔，米尔盖特，纽曼．新帕尔格雷夫经济学大辞典：第二卷[M].陈岱孙，编译.北京：经济科学出版社，1996:736.

② 加里·贝克尔.人力资本[M].梁小民，译.北京：北京大学出版社，1987:5-18.

本投资是人们实际收入显著增加的主要原因[①],而教育投资是改进人力资本的手段和方法[②]。人力资本理论将劳动者的受教育程度与其生产效率直接挂钩,认为劳动者受教育程度越高生产效率也越高,进而所获得的工资也越高。从社会的角度出发,劳动者素质的提升将有利于提升社会生产力水平,人力资本既是社会的财富,又能创造出更多的社会财富,促进社会进步和经济发展。[③]从个体的角度出发,受教育者的教育水平的提升有助于生产效率的提高,进而提高个体的收入水平,个体收益得以保障。一般来说,一些雇主确实会把较高的工资付给受教育更多的工人[④],所以为发挥人力资本的重要作用,国家会进行教育投资以提高生产力。可见,受教育程度与个体收入间存在着某种正向关系,受教育程度的高低直接关系着收益的多少,就此,人力资本理论论述教育影响就业的途径可以描述为"受教育年限越长(教育投资的增加)→生产能力提升→个体收入上升"。而接受学校教育是提高劳动者知识和技能的主要途径。提高人力资本要求扩大教育规模,提高教育质量,增加在学时间和提高各教育阶段入学率,延长劳动者受教育年限。[⑤]可见,人力资本理论将教育作为人力资本提升的有效方式,将教育作为促进经济增长的重要支撑点。

2. 教育间接影响就业

传统的经济学在研究就业时假设劳动者可以完全自由地进出各种劳动力市场,但就业行为除了受到劳动者自身影响外,还受到其他非竞争性因素的限制。一些学者开始结合不同制度、不同地区的实际,从劳动力市场分割、教育的信号作用和社会资本角度分析教育对就业的影响和意义。

其一,劳动力分割理论认为,教育能增加个体进入主要劳动力市

① 舒尔茨. 人力资本投资:教育和研究的作用[M]. 蒋斌,张蘅,译. 北京:商务印书馆,1990:22.

② 舒尔茨. 人力资本投资:教育和研究的作用[M]. 蒋斌,张蘅,译. 北京:商务印书馆,1990:121.

③ 张日新. 人力资本与中国高等教育体制改革研究[M]. 北京:中国经济出版社,2007:52.

④ 曾满超,等. 西方教育经济学流派[M]. 北京:北京师范大学出版社,1990:127.

⑤ 蔡昉. 提高人力资本归根结底要靠教育[N]. 中国教育报,2020-01-06(02).

场的可能。20世纪中叶，一些经济学家开始质疑人力资本理论，从劳动力市场本身的分割上探究就业问题。该理论将劳动力市场划分为相互分割的两个市场，主要劳动力市场中有工资收入高、福利待遇好、工作条件好、工作环境优越、就业稳定、晋升和培训机会多、管理体制完善、劳动权益有保障等特点。次要劳动力市场则相反，往往工资收入低、福利待遇差、工作条件差、工作环境差、就业变化大、晋升和培训机会少、管理体制僵化、劳动权益保障性差。正常情况下，两个劳动力市场间联系少，有各自的运行机制。一般情况下，在主要劳动力市场的求职者不愿意选择去次要劳动力市场，而次要劳动力市场的求职者又根本无法进入主要劳动力市场。而教育的作用是帮助求职者增加进入主要劳动力市场的机会。

就业与各国的实际国情息息相关，相较于市场经济成熟国家的功能性分割劳动力市场，我国劳动力市场处于一种功能性与制度性分割并存的多元状态。[①]随着改革开放的深化，劳动力市场的分割集中发生在几方面，也由此构成了劳动力市场分割的几大类型。在地域分割上存在城市劳动力市场和乡村劳动力市场。这种二元劳动力市场的存在源于我国地区差异以及城乡二元分治的体制机制。如：在收入、公共设施、文明成果等不平衡状态下，生活在大中城市，人们能便捷地享受现代社会文明成果，生活质量高。[②]在行业分割上存在新兴行业劳动力市场和传统行业劳动力市场。这类二元劳动力市场的产生与行业的发展密不可分，研究发现，即使两个行业的从业者具有完全相同的个人特征，仅仅由于所处的行业性质不同，也将产生显著的收入差异。[③]体制分割上存在国有（集体/公共）企业的劳动者组成的劳动力市场和非国有企业的劳动者组成的劳动力市场，又称为体制内劳动力市场和体制外劳动力市场。[④]因不同所有制部门之间

① 韩秀华，陈雪松．论我国劳动力市场分割[J]．当代经济科学，2008(4)：118-123，128.

② 吴克明．二元劳动力市场理论与大学生自愿性失业[J]．江苏高教，2004(2)：40-42.

③ 李雪．全球市场下的垄断—竞争行业分割与收入不平等——以金融业和制造业为例[J]．社会学研究，2018，33(5)：191-215，246.

④ 马莉萍，岳昌君．我国劳动力市场分割与高校毕业生就业流向研究[J]．教育发展研究，2011(3)：1-7.

市场化进程的不同步，公共部门和国有集体企业可能受原有平均主义保护更多，而非国有部门的劳动者所处的劳动力市场环境更具竞争性。①在接受教育上存在拥有高等教育文凭的劳动者组成的劳动力市场和没有高等教育文凭的劳动者组成的劳动力市场。高等教育造成的群体分化是中国社会除户籍和单位所有制分割之外的另一种形式的分割现象。②

其二，筛选理论强调教育的信号功能，指出教育能帮助雇主判断求职者的生产能力。20世纪70年代后期，西方国家经济开始衰退，失业率上升，出现了高学历者失业现象。在失业环境下，拥有高学历、接受过高等教育的大学毕业生在求职中日益艰难，人力资本理论无法解释这一现象而遭到质疑。20世纪70年代，史宾斯(Spence)、艾罗(Arrow)和斯蒂格利茨(Stiglitz)分别提出了信号理论、过滤理论和筛选理论，强调教育的信号功能。史宾斯阐述了教育的“信号功能”，指出受教育状况与劳动收入和职位呈正相关的原因，在于劳动力市场上存在着信息不对称，雇主无法准确判断出求职者的生产能力，而受过更高教育的求职者被认为具有更多的知识和更高的能力，于是，教育便成为雇主辨别求职者生产能力的信号。因此，教育能帮助雇主识别不同能力的求职者，具有某种信号识别功能。艾罗提出教育的过滤理论，在高校这个过滤器中，高能力者更可能也更容易通过筛选而获得更高的学历。因此，在高校这个过滤器的作用下，求职者的能力高低被区分出来，从而通过学历实现信号传递。斯蒂格利茨提出教育的筛选理论，认为教育只能反映人与生俱来的能力，在提升人能力上的作用微乎其微。该理论虽然也肯定了工资与生产效率的正相关，但并不是因为教育提高了劳动者的生产效率，而是因为教育在劳动力市场上发挥着信号的作用，以区分不同的劳动者，即受教育状况越好的人被认为具备更高的能力，因而能够获得更好的职位和收

---

① 邓峰，丁小浩.人力资本、劳动力市场分割与性别收入差距[J].社会学研究，2012(5)：24-46.

② 吴愈晓.劳动力市场分割、职业流动与城市劳动者经济地位获得的二元路径模式[J].中国社会科学，2011(1)：119-137，222-223.

入。事实上,筛选理论更多地强调雇主需要借助于教育这一信号来做出更加合理的雇用决策。即使教育无法提高个人能力水平,但也能为劳动者提供更为全面的劳动力信息。可见,筛选理论重在强调教育的信号功能。

其三,社会资本理论强调社会关系网络对个体预期收益的影响。社会资本理论在20世纪70年代被学界广泛关注,多被运用在经济学和社会学领域中。在经济学研究中,社会资本多与个人资本、物质资本等相联系。在社会学研究中,布迪厄(Pierre Bourdieu)指出社会资本是社会网络关系的总和,深度地影响着个人的各种回报。[①]科尔曼(J. Coleman)从社会结构中重新定义了社会资本,指出社会资本存在于人际关系结构中,是个人拥有的社会结构资源,可以分为权威关系、信任关系、规范信息网络、多功能的组织、有意创建的组织等。[②]21世纪以来,学者们在总结相关社会资本观点的基础上,进一步总结出社会资本的内涵。林南在对社会网研究的基础上,提出社会资本投资在社会关系中,对社会资源的投资通常希望在市场上得到资源的回报,社会资本是一种镶嵌在社会结构之中并且可以通过有目的的行动来获得的资源。[③]罗纳德·伯特(RonaldS Burt)将社会资本看作人力资本的一种补充,某些人或者某些群体与其他人或者群体相联系,信任、支持或依赖其他人或其他群体,处于这种交流结构中的某些位置本身就是一种财富,而这种财富实际上就是社会资本。[④]可见,社会资本被理解为一种个人所能动员的社会网络关系,对这种网络关系进行投资可以给人们带来预期收益。[⑤]

---

① 张人杰.国外教育社会学基本文选[M].上海:华东师范大学出版社,1989:192-203.

② COLEMAN J. Social capital in the creation of human capital[J]. American Journal of Sociology,1988(94):95-121.

③ 刘少杰.以行动与结构互动为基础的社会资本研究——评林南社会资本理论的方法原则和理论视野[J].国外社会科学,2004(2):21-28.

④ 周红云.社会资本理论述评[J].马克思主义与现实,2002(5):29-41.

⑤ 刘劲宇,谢丽萍,张靖,等.本科毕业生起薪的学校和家庭影响因素比较分析——基于人力资本理论、筛选理论和社会资本理论视角[J].高教探索,2017(10):109-114.

(二)关于教育与就业关系的研究

21世纪初,我国进入高等教育大众化阶段,随着高等教育规模的扩大,入学人数大幅上涨,受过高等教育的毕业生日益增多,而大学毕业生步入劳动力就业市场却经常碰壁。随着就业形势的日益严峻,教育与就业的关系逐步受到学界的重视,不少学者开始探索两者之间的关系。综合现有文献发现,当前学术界关于教育与就业关系的学术观点大致分成三类。

1.教育与就业的确定性关系论

该理论认为教育与就业存在着某种确定的关系,此类研究主要涉及定义、出现的时间、特征、产生的根源及主要表现。

一是两者确定性关系的产生与特征。叶忠指出,这种关系是二者关系明确而肯定的状态,有高度相关、弱相关和一般相关三种表现。[①]二战以前,这种将来就业岗位和眼前所接受教育一一对应的关系是存在的并且是确定的。[②]有时教育是完全按照经济需求培养人才,甚至有的学校就是按工厂需求直接成立的,受教育者自然可以顺利进入经济领域,谋求工作岗位。[③]两者的确定性关系特征体现在当时教育的“多轨制”:人文博雅教育与实用知识、技能教育和职业知识的相互分离。该关系出现的原因众多,但出现的根源在于当时教育民主化思想的实践还不够彻底和人们对教育与就业的关系存在偏见。[④]

二是两者确定性关系的主要表现。人力资本理论将教育列为提升人力资本的主要方式,教育成为解决就业难的重要途径。教育与就业的确定性关系主要表现为教育对就业的促进作用。

首先,多数研究证实教育对就业具有积极的促进作用。马克思

① 叶忠.教育与就业关系的不确定性[D].武汉:华中师范大学,2004.

② 谢金丽,陈先哲.教育与就业对应关系的变化及其对策[J].继续教育研究,2008(9):169-170.

③ 赵翠.教育与就业关系的现代性解析[J].中国城市经济,2011(29):198-199.

④ 叶忠.教育与就业关系发展的历史考察[J].教育研究与实验,2005(2):30-34.

指出“教育会产生劳动生产力”,“为改变一般人的本性,使它获得一定劳动部门的技能和技巧,成为发达的和专门的劳动力,就要有一定的教育或训练”[①]。教育能够把可能劳动者转变为现实劳动者,把一般劳动者转变为专业性劳动者,把较低水平劳动者转变为较高水平劳动者,把一种形态的劳动者转变为另一种形态的劳动者,把单维度劳动者转变为多维度劳动者。[②]可见,教育具有实现潜在劳动力转化为现实劳动力的可能,并提高劳动者的生产效率和水平,增加青年就业的机会。具体来说,教育对就业的促进作用表现在:其一,教育提升人力资本价值的同时,也能实现劳动力再生产,即教育按社会生产发展的现实和未来的需要培养适应各种就业的劳动力,具体表现为教育对于提高个人就业素质和就业能力、促进职业变迁、提高个人就业收益有着显著作用。其二,教育促进科学技术的发展,而科技新成果在生产上的应用又提高了各种就业的要求。其三,教育不仅能调整就业中的各方面关系,也能提升学生对自己所从事工作的社会意义的认识。[③]其四,教育还会对就业形势产生影响,表现为受教育程度较低的人更有可能从事非标准工作,即受教育程度低的人更多地会以非正规就业形式实现就业。[④]除了从整体上把握教育对就业的正面作用外,有学者针对某个教育层次、不同群体进行专项研究。一是高中教育对就业的影响。高中教育具有缓解就业压力的作用,高中教育对减轻就业压力的贡献除分流作用外,另一个重要作用是通过提高劳动力素质可有效降低结构性失业。[⑤]因此,理顺发展教育与

---

① 马克思恩格斯全集:第五卷[M].北京:人民出版社,2009:200.

② 项贤明.教育学原理[M].北京:高等教育出版社,2019:70.

③ 厉以宁.论教育在解决个人职业选择性就业问题中的作用[J].北京大学学报(哲学社会科学版),1982(6):23-29;黄静波.试论教育与就业[J].学术研究,1983(6):100-104;叶忠.教育与个人就业关系的复杂性及协调[J].江苏高教,2002(2):90-92;高芳.高等教育与社会就业关系的转型及应对策略[J].国家教育行政学院学报,2013(3):29-32.

④ KATELYN MITRI.Does higher education make a difference? The influence of educational attainment on women's and men's nonstandard employment outcomes[J].Canadian Review of Soci - ology Volume,2021(1):25-44.

⑤ 吴华.论发展高中教育对减轻就业压力的政策价值[J].教育与经济,1999(2):23-26.

劳动就业的关系，在于充分发挥教育的经济功能。[①]二是女性接受教育对就业的影响。引入人口统计学分析方法发现，女性教育层次和教育年限的提高能增加女性就业的机会[②]，坦桑尼亚的数据进一步显示普及初等教育在增加家庭消费的同时，也能提高女性就业的可能性。[③]

其次，教育制度对就业起着至关重要的作用。教育制度是劳动者就业能力的决定性因素，原因在于教育制度的顶层设计决定劳动者的就业能力，同时创业教育制度设计是创新教育制度的关键环节。[④]教育体制改革和创新是促进大学生顺利就业的内在要求和重要保证，这不仅是高等教育体制改革的需要，也是教育教学活动创新的诉求。高等教育体制改革迫在眉睫，教育教学活动创新势在必行。[⑤]

最后，教育与创业存在着某些联系。创业作为就业的特殊形式，教育对其也产生着影响。现有研究多采用实证分析的方式，对两者关系进行定量考察，并未获得统一结论，主要存在三种不同的观点。第一种观点指出，教育与创业呈正相关，即接受更多教育的人可能拥有更高的创业能力。20世纪末，Siegel R.采用明瑟收入方程进行分析，发现创业者受教育程度与创业绩效之间存在显著正相关关系。[⑥]钟卫东、张伟对389家小微企业开展问卷调查，采用因子分析和多元回归分析等统计分析方法得出，创业者的受教育程度和在校学业成

---

① 余逸群.理顺发展教育与劳动就业的关系[J].教育与职业，1990(2)：45，17.

② ECEM ESENCAN BURCIN SIMSEK EMRE SELI.Analysis of female demographics in the United States：life expectancy，education，employment，family building decisions，and fertility service utilization[J].Current Opinion in Obstetrics & Gynecology，2021(3)：170-177.

③ ESTEER DELESALLE.The effect of the Universal Primary Education program on con - sumption and on the employment sector：evidence from Tanzania[J].World Development，2021(14)：142-159.

④ 柳云飞，周晓丽，张素红，等.教育制度创新与社会就业增长——全球视角下教育与就业关系初步分析[J].前沿，2010(3)：122-125.

⑤ 段慧子.大学生就业和大学教育关系的若干思考[J].教育教学论坛，2010(24)：40-41.

⑥ SIEGEL R，SIEGEL E，MACMILLAN I C.Characteristics distinguishing high-growth ven - tures[J].Journal of Business Venturing，1993(2)：169-180.

绩不仅对创业者的月收入有显著的积极影响,还与创业绩效有着显著的正向关联。[①]李长安通过建立广义线性模型,以我国2003—2011年的数据为基础开展实证分析,结果表明,以6岁及以上人口每百人拥有大学生的比例为衡量标准的人力资本对创业人数具有积极的正向作用。[②]丁小浩、伍银多对来自北京海淀区的青年创业者开展调查,借助投资乘数这一概念来讨论自主创业对就业的拉动作用,构造出"自主创业的就业乘数",并以此构建模型开展实证研究,结果显示自主创业者的受教育程度与自主创业的就业乘数呈现正向的相关性。[③]这一结论的原因可能是,受教育程度直接影响与提高企业绩效相关的关键能力,如对市场信息的解读、对创业机会的识别、对知识和技能的掌握,因此受教育程度越高的人,创业效果更好,创业能力也更强。第二种观点主张教育与创业存在某种程度的负相关关系。Stuart R.W.的研究显示,在本科教育以下,受教育程度与创业绩效呈负相关,此时受教育程度越高,企业绩效反而会变得越差。[④]第三种观点认为教育与就业存在着明显的异质性。这种异质性更多地表现在受教育层次和创业类型上。一般看来,行业差别较为明显,在农、林、牧、渔业中教育的作用最为积极。[⑤]

2.教育与就业的不确定性关系论

该理论认为教育与就业间的关系并不是确定的。

一是两者不确定关系概念界定。早在1973年,希腊经济学家萨卡罗普洛斯就对教育投资报酬率进行了计算,发现私人教育投资的

① 钟卫东,张伟.创业者受教育程度与在校表现对创业绩效的影响——基于小微企业样本的实证研究[J].教育研究,2014,35(6):58-66.

② 李长安,苏丽锋.人力资本对创业活动的影响——基于2003年—2011年数据的实证分析[J].清华大学教育研究,2013,34(2):81-86,101.

③ 丁小浩,伍银多.创业者的受教育程度与就业乘数效应——基于北京市海淀区青年创业者调查的实证研究[J].教育研究,2017,38(1):39-51.

④ STUART R W, ABETTI P A. Impact of entrepreneurial and management experience on early performance[J].Journal of Business Venturing, 1990,(2):151-162.

⑤ 丁小浩,伍银多.创业者的受教育程度与就业乘数效应——基于北京市海淀区青年创业者调查的实证研究[J].教育研究,2017,38(1):39-51.

报酬率计算是不考虑个体间差异的，而事实存在的大量差异增加了教育投资的危险性与不确定性。[①]在我国劳动力市场被制度性分割的情况下，教育对个人收入的影响存在非均质性的特征。[②]教育与就业的不确定性关系是指两者关系具有多种状态，即人们接受的教育对其将来就业收益影响的不稳定、不肯定和不明确的性质或状态，是教育对就业收益的影响中存在的人们没有预期到的变化，及没有预期到的收益或损失。[③]

二是两者不确定性关系特征归纳。20世纪70年代以来，各国教育与就业关系的发展并没有出现人力资本理论所提出的“高学历者就业的适应能力也将提高，从而就业收入高、失业率低”的现象。个体接受教育后搜寻工作岗位，其结果有多种可能，有可能获得比较满意的工作岗位，也有可能相反，教育与就业关系的不确定性开始凸显。[④]教育与收入和劳动生产率的关系并不必然是正向的。[⑤]两者不确定关系的特征表现在三个方面：中等和高等学校的毕业生人数远远超过了经济生产所能提供的工作岗位，毕业生失业或不充分就业现象日益严重；毕业生的相对收入水平在不断下降；从事专业性工作的毕业生的比例不断下降。[⑥]

三是两者不确定关系影响分析。研究者们从问题的两面性着手，分析了教育与就业的不确定关系对人们生活、社会经济发展、学校教育发展的利弊。这种不确定关系有利于劳动力资源的合理配置和劳动力供求双方的自由选择，有利于人才的成长，有利于促进教育改革。但同时也会产生不利影响，可能会挫伤一部分人的生活积极性；可能会对社会经济发展带来不利影响；可能会增加人们与学校、

---

① 高希均．教育经济学论文集[M]．台北：台北联经出版社，1977：137．

② 赖德胜．教育与收入分配[M]．北京：北京师范大学出版社，1998：270．

③ 叶忠．教育与就业关系的不确定性[D]．武汉：华中师范大学，2004．

④ 叶忠．教育与就业关系发展的历史考察[J]．教育研究与实验，2005(2)：30-34．

⑤ 匡校震，李东．关于高等教育与劳动力市场关系的思考——结合当前大学生就业中存在的问题[J]．北京教育(高教)，2011(12)：61-62．

⑥ 叶忠．教育与就业关系发展的历史考察[J]．教育研究与实验，2005(2)：30-34．

政府与学校的交易成本，不利于学校教育的发展。①

四是两者不确定关系产生根源探究。在决定就业收益的诸多因素之中，教育不再是唯一的决定性变量，教育与人们就业收益关系的性质并不是直线式的确定性关系，而是同时受到教育之外的诸多因素的制约。②2000年贝弗尔德在其专著中也明确提到教育与就业关系的不确定性和风险问题，并指出导致不确定性的原因可以归结为三方面：个人对于自己的能力和所接受的教育等方面的信息掌握并不充分，教育投资是巨大而不可分割的投资，未来的不可知性。③乌尔里希·泰勒教授从就业动态的变化性，高素质劳动力工作任务的不确定性、计划差距等方面直接指出，教育与就业之间的不确定性使得人们期待的两者间的密切关系无法建立。④我国学者结合发展实际，分析出导致关系变化的原因：高等教育规模扩张，经济社会发展失衡造成的劳动力市场多重分割，教育供给结构与就业需求结构不一致，高校毕业生就业观念滞后，等等。⑤

五是教育与就业关系的不确定性规避策略。为防范或控制不确定性可能带来的消极影响，学者们从多主体出发，探寻多元主体协调，以降低不利影响。一方面，有学者从责任分担的角度寻求解决办法。罗建河提出，教育与个人就业关系的不确定性是实现大学生就业责任分担的内在依据，并从内在依据、现实依据、参照依据三方面指出，大学生就业应该由政府、企业、高校以及个人共同承担责任。⑥

① 叶忠.教育与就业关系的转型：从确定性到不确定性[J].南京师大学报(社会科学版)，2009(2)：78-83.

② 叶忠.教育与就业关系的转型：从确定性到不确定性[J].南京师大学报(社会科学版)，2009(2)：78-83.

③ BELFIELD C R. Economic principles for education：theory and evidence[M].Cheltenham，UK：Edward Elgar Publishing，2000：74.

④ 乌尔里希·泰勒.高等教育与变化的劳动力市场[M].包艳华，郭力，译.北京：科学出版社，2019：3.

⑤ 高芳.高等教育与社会就业关系的转型及应对策略[J].国家教育行政学院学报，2013(3)：29-32.

⑥ 罗建河，叶忠.论我国大学生就业责任的分担[J].国家教育行政学院学报，2009(7)：18-23.

胡娇从"普通教育对就业问题的责任"视角分析了教育与就业的关系，提出在就业教育纳入普通教育全过程的同时，也要关注其他行为主体（包括教育行政部门、教育研究者、家长和受教育者）的责任行为。具体而言，小学阶段应强调提高学生对社会各种职业的感性认识；中学阶段重在职业生涯识别；大学阶段要注重构建公共教育服务体系。[①]另一方面，从制度设计角度提出应对思路。整理借鉴他国经验，提出在进行制度设计时要遵循适度性、分散性、选择性三大原则，并提出引导和尊重个人的教育选择；[②]深化学校改革，完善毕业生就业长效机制；转变政府职能，促进产业结构调整与高校毕业生就业的良性互动。[③]

3. 教育与就业的多重复杂关系论

持该论点的学者指出，就业受到经济发展、产业结构、政府政策、外部环境等多方面因素的影响，而学校作为培养人的场所，对大学生就业有着重要的影响。首先，从高校内部来看，姜朝晖以"招生—教育—就业"为线索，指出招生是基础、教育是关键、就业是归宿，三者之间出现了相互消解（表现为一种负相关的影响）、相互牵制（表现为发展过程中的一种张力，三者既相互消解，也相互促进）、相互促进（表现为其中某一个要素好，就能推动其他方面更好地发展）三种关系。因此，要促进大学生就业，并不是三种关系的简单考虑，而需要协同发展、综合考虑。[④]其次，从个人层面上看，教育与就业的非同步性，导致教育与个人就业间出现了复杂性关系，可以通过建立大中专毕业生新型就业指导机制、增强学校教育的开放性、注重人才培养的特色、调整现有的教育结构等方法来协调教育与个人就业间的关系。[⑤]可见，教育对就业具有个体和社会两个层面的双向促进作

---

① 胡娇.教育与就业[D].长春:东北师范大学,2008.

② 叶忠.教育与就业关系的不确定性[D].武汉:华中师范大学,2004.

③ 高芳.高等教育与社会就业关系的转型及应对策略[J].国家教育行政学院学报,2013(3):29-32.

④ 姜朝晖.浅论高校招生、教育与大学生就业的关系[N].中国劳动保障报,2014-05-27(A3).

⑤ 叶忠.教育与个人就业关系的复杂性及协调[J].江苏高教,2002(2):90-92.

用。[①]因此，教育与就业两者存在着相互影响的关系。

（三）关于高等教育与就业关系的研究

高等教育是培养社会所需的专门人才的教育，是教育的出口，直接对接社会职业及岗位。毕业生就业问题显现，是高等教育大众化的必然结果。[②]要探寻教育对就业的影响，应该从宏观视角探究高等教育对就业的作用。现有的文献多从高等教育规模、高等教育结构和高等教育体制三方面对此问题进行研究。

1. 高等教育规模对就业的影响

我国高等教育规模的变化主要发生在1999年高校扩招后，此后高等教育迈入大众化阶段，2019年达到普及化阶段。高校扩招增加了接受教育的人数，同时也对毕业生就业产生了一定的影响。在这一问题上，学界主要存在两大相互对立的观点。

一种观点强调高校扩招是大学生就业难的源头。持此观点的学者对高校扩招对毕业生就业的影响持消极的态度，他们主要从数量和质量两方面加以论证。其一，高校扩招使得大学生规模扩大，毕业生就业市场上供需矛盾加剧，最终就业竞争凸显。[③]常进雄提出，高等教育大众化导致高校毕业生总量超过了劳动力市场对大学毕业生的需求。[④]其二，高校扩招导致毕业生学历层次、专业结构失衡，影响了教育、教学质量，从而影响用人单位接受毕业生的积极性。[⑤]吴要

---

① SALLY BAKER，CLEMENCE DUE，MEGAN ROSE.Transitions from education to employ - ment for culturally and linguistically diverse migrants and refugees in settlement contexts：what do we know?[J].Studies in Continuing EducationVolume，2021(1)：1-15.

② 阎光才．毕业生就业与高等教育类型结构调整[J].北京大学教育评论，2014，12(4)：89-100，185.

③ 文东茅．我国高校扩招对毕业生就业影响的实证分析[J].高等教育研究，2005，26(4)：29-34.

④ 常进雄，项俊夫．扩招对大学毕业生工资及教育收益率的影响研究[J].中国人口科学，2013(3)：104-111.

⑤ 陈洪玲．高校扩招对大学生就业的影响研究[J].内蒙古师范大学学报(教育科学版)，2008(1)：25-27.

武、赵泉以“控制-干预”框架开展分析，表示虽然高校扩招政策提高了高等教育的可获得性，但也给大学毕业生的就业带来一定困难，具体表现为劳动参与率下降、失业率上升，以及小时工资的下降。[①]蔡海静、马汴京指出，高校扩招政策主要影响了那些因扩招而获得高等教育机会者，其大学文凭显著降低了缺乏工作经验的新毕业生的失业率，但并没有明显改善其就业质量。[②]当然也有学者较为客观地看待高校扩招与大学生就业问题，袁晖光、谢作诗曾指出，不能将大学毕业生就业难问题完全归咎于高校扩招政策，大学毕业生就业难在扩招前就已经存在，高校扩招政策只是造成大学毕业生就业难的一个直接原因。[③]

另一种观点表示高校扩招恰恰能在一定程度上缓解就业压力。持此观点的学者对高校扩招对毕业生就业的影响持积极的态度，他们认为，扩招使更多的适龄青年有接受高等教育、提升就业竞争力的机会，这对社会公平、经济发展有积极意义。[④]一些学者表示，无论是与同期其他国家相比，还是从我国经济发展对大学毕业生就业的吸纳能力来看，目前我国接受高等教育的人口比重不是过多而是偏少。[⑤]苏丽锋以政府统计年鉴为基础，进行描述性统计分析，结果表明虽然高校扩招以来每年大学毕业生数量大幅度增长，但并没有显著改善我国就业人口的学历结构。大学毕业生的就业在行业、地区上的分布非常集中，这说明我国的大学生数量不是太多了，而是太少了。[⑥]因此，姚先国等指出，对于想要通过转型升级和创新驱动来实

① 吴要武，赵泉．高校扩招与大学毕业生就业[J]．经济研究，2010，45(9)：93-108.

② 蔡海静，马汴京．高校扩招、能力异质性与大学毕业生就业[J]．中国人口科学，2015(4)：102-110，128.

③ 袁晖光，谢作诗．高校扩招后大学生就业和相对工资调整检验研究[J]．教育研究，2012(3)：27-34.

④ 汪怿．扩招与就业——关于高校毕业生就业问题的若干思考[J]．教育发展研究，2003(6)：8-12.

⑤ 丁志帆，孔存玉．大学毕业生“就业难”的成因剖析与破解之道——研究回顾与展望[J]．教育与经济，2018(2)：54-61.

⑥ 苏丽锋，孟大虎．扩招以来我国大学毕业生的供给与配置状况报告——基于统计年鉴数据的分析[J]．中国高教研究，2011(9)：69-74.

现跨越式发展的中国而言，现有的人力资本储备远远不足。[①]

2. 高等教育结构对就业的影响

高等教育结构是高等教育系统内各组成部分之间的联系方式和比例关系[②]，主要涉及高等教育层次结构、科类结构、形式结构、布局结构、管理体制结构。[③]高等教育结构的合理调整有助于避免毕业生供求出现严重的结构性失衡。[④]学者们通过大量的实证数据，探讨了我国高等教育结构对大学生就业的影响。[⑤]张德祥通过对1998—2007年十年间的数据进行剖析，对接下来几年不同学科和学历层次毕业生的就业状况以及高等教育结构调整的对策进行分析发现，我国高等教育实现规模扩张的同时，层次、科类、形式和布局结构都发生了变化。[⑥]曹家为较早地指出，高等教育的各种结构的配置与调整，都应该严格遵循按经济、社会发展对高校毕业生的客观需要而设置这一基本原则。[⑦]马力通过高等教育结构对产业结构和就业结构影响的实证研究发现，高等教育结构对于就业结构产生影响。[⑧]基于变化调整的角度，学者们从四个方面探究了高等教育结构的不同分类与大学生就业的基本状况。

一是关于高等教育的层次结构与就业。层次结构是指高等教育发展中的不同程度和要求的构成状态，在我国主要包括研究生（硕士研究生和博士研究生）教育、本科教育和专科教育三大层次。为探寻

---

① 姚先国，张海峰，乐君杰. 产业转型与大学生就业难[J]. 劳动经济研究，2014(5)：34-47.

② 薛天祥. 高等教育学[M]. 桂林：广西师范大学出版社，2001：86.

③ 潘懋元，王伟廉. 高等教育学[M]. 福州：福建教育出版社，1995：69.

④ 文东茅. 高等教育结构调整与毕业生就业[J]. 北京科技大学学报（社会科学版），2000(4)：81-84.

⑤ 潘懋元，吴玫. 从高等教育结构看大学生就业问题[J]. 中国大学生就业，2004(6)：4-6.

⑥ 张德祥. 1998—2007年中国高等教育结构发展变化的制度分析[J]. 中国高教研究，2009(12)：1-7.

⑦ 曹家为. "社会必要劳动时间"与我国高等教育结构的调节[J]. 教育与经济，2004(3)：15-18.

⑧ 马力. 高等教育结构与就业结构、产业结构关联性研究[D]. 北京：首都经济贸易大学，2016.

研究生、本科和专科教育三个层次类型与就业的关系，学者们以大量的实证调查为基础开展研究。总体上看，不同国家的研究均发现，受教育程度越高被雇用的机会也越多。埃塞俄比亚的实证研究得出，接受高等教育的水平对就业的起薪和后续工作的增加有正向作用，而这种正向关系在公共部门中体现最为明显。[①]中国的数据也显示，与未接受过高等教育的人相比，拥有大学或以上学历的人被雇用的概率高出85%。[②]文东茅发现，当前我国高等教育结构调整的实践对不同学历毕业生就业状况的影响是不同的，总体趋势是专科和研究生教育的发展更为迅速。高等教育结构是影响毕业生就业的重要因素之一，高等教育结构的合理调整有助于避免毕业生供求出现严重的结构性失衡。[③]石丽、陈万明以1998—2007年的数据为例，运用主成分分析和灰色关联分析等方法，探寻中国高等教育层次结构和就业结构的相互关系，研究发现，高等教育层次结构的变化影响就业结构的调整，尤其是对第二、三产业就业影响较大；就业结构对高等教育层次结构中本科层次的影响大于研究生和专科层次。[④]武毅英、杨珍以大学扩招为背景，考察在三大高等教育层次下学生实际就业情况，结果发现，高等教育层次结构中存在比例失衡、各层次教育定位不清、层次结构间衔接性差等问题，从而诱发出误导大学生就业预期、减少大学生就业机会的消极影响。[⑤]

二是关于高等教育的科类结构与就业。对科类结构与大学生就业关系的研究较多，大部分学者采用实证分析的方法探究了产业结

① RAVI SOMANI.The returns to higher education and public employment[J].World Devel - opment,2021(14):267-282.

② WANG YAHONG, SALIM KHAN. A cross-sectional analysis of employment returns to education and health status in china: moderating role of gender[J].Frontiers in Psychology,2021(2):159-175.

③ 文东茅.高等教育结构调整与毕业生就业[J].北京科技大学学报(社会科学版),2000(4):81-84.

④ 石丽,陈万明.高等教育层次结构与就业结构关系的实证研究——基于1998—2007年的数据分析[J].中国高教研究,2011(11):26-28.

⑤ 武毅英,杨珍.扩招背景下高等教育层次结构变化对大学生就业的影响[J].高校教育管理,2011(6):81-85.

构与就业结构的关系，研究者们一致认为，要促进高校学科专业结构与产业结构相适应，最终达到产业结构和大学生就业结构的协调统一。科类结构是指高等教育中的不同学科的构成状态。高等教育科类结构与产业结构、职业结构息息相关。文东茅的调查显示，从促进毕业生就业的角度看，总体上，我国高等教育科类结构调整的基本方向是合理的，同时也有部分学科的发展趋势与其毕业生的就业状况不协调，不同学科毕业生供求存在结构性失衡。①乔学斌等以江苏省为例，采用主成分分析、灰色关联度模型、Moore结构变化值等方法，研究2003—2011年高等教育结构与毕业生就业结构间协调发展的变动规律，发现高等教育不同学科毕业人数的变化确实会影响就业结构的调整，尤其表现在第二产业。②袁晓夏、覃潘燕采用Moore结构变化值和灰色关联度的方法，分析了高等教育结构、就业结构和产业结构对广西经济的贡献率，发现高等教育结构的发展落后于其产业结构和就业结构的发展。③

三是高等教育的类型结构与就业。类型结构是指高等教育中不同学校类型的构成状态，在我国主要包括：高等职业教育、普通高等教育；综合大学、师范类大学、理工类大学、财经类大学、艺体类大学等。阎光才以欧洲和我国大学生就业中的背景因素为切入点，对毕业生就业与高等教育类型结构调整进行解读。④李长安重点分析了高等职业教育中的问题，发现数量不足和质量不高是影响就业的最主要的两个方面。⑤

四是高等教育的布局结构与就业。布局结构是指高等教育机构

① 文东茅.高等教育结构调整与毕业生就业[J].北京科技大学学报(社会科学版)，2000(4)：81-84.

② 乔学斌，姚文凡，赵丁海.互动与共变：高等教育结构、毕业生就业结构与产业结构相关性研究[J].东南大学学报(哲学社会科学版)，2013(4)：122-126，136.

③ 袁晓夏，覃潘燕.广西高等教育结构、产业结构与就业结构协调关系的实证研究[J].广西民族大学学报(自然科学版)，2017，23(2)：105-108.

④ 阎光才.毕业生就业与高等教育类型结构调整[J].北京大学教育评论，2014，12(4)：89-100，185.

⑤ 李长安.高等教育结构优化、产业结构调整与大学生就业[J].山东高等教育，2016，4(8)：1-10，101.

地区分布的构成状态,如东部、中部和西部的大学分布情况;省会城市和非省会城市的大学分布情况。漆向东分析了教育机构的地区差异,指出教育的布局要根据地区产业安排的特点与优势,以服务地方特色经济。教育结构的调整应以就业为导向,在城镇地区重点加强农业高等教育以及为农业现代化服务的技术教育和职业技能培训,逐渐形成优势教育资源,不断提高教育层次,扩大教育规模,最终实现教育结构与就业结构、产业结构相适应。[①]

3.高等教育体制改革对就业的影响

辜胜阻等认为,大学生就业结构性矛盾突出的根源是教育体系与产业体系不匹配,为解决人力资源供给丰富与短缺并存的问题提出构建支持产业转型升级的多层次教育体系的战略构想。[②]马云泽等从产业结构调整促进高等教育改革、高等教育改革推动产业结构优化升级、产业结构调整与高等教育改革实现动态平衡三方面,构建产业结构调整与高等教育改革的动态互动关系。[③]

4.就业对高等教育的影响

就业是社会稳定的基石,也对教育产生着影响。高等教育对大学生就业产生影响,在市场经济下就业也反作用于高等教育。总体上,就业对高等教育的影响主要体现在就业需求对教育(尤其是高等职业教育)的发展规模与速度、专业设置、教学内容、人才培养模式等起着制约和导向作用。[④]梳理现有研究发现,就业对高等教育的影响主要分为推动作用和制约作用。

一是就业推动高等教育发展。就业对教育的直接影响主要体现在高等教育中。一方面,学者们指出劳动就业对高等教育改革产生

---

① 漆向东.教育结构应与就业结构、产业结构相适应[J].中国经济问题,2005(1):15-18.

② 辜胜阻,王敏,李睿.就业结构性矛盾下的教育改革与调整[J].教育研究,2013,34(5):12-19.

③ 马云泽,吴昊坤.产业结构调整、高等教育改革与大学生就业[J].河南师范大学学报(哲学社会科学版),2011(2):116-119.

④ 郭社军.论我国高等职业教育与劳动就业的关系[J].中国职业技术教育,2011(33):48-52,62.

积极作用。高校毕业生就业反映着高等教育的人才培养质量，高校毕业生就业在高等教育改革发展中起着导向、桥梁、推动作用。[①]另一方面，创业活动拉动了就业中教育的作用。学者们指出，高校毕业生因具有先进理念和科学知识，能更为准确地把握市场信息，以创业带动就业政策的制定，能有效地完善创业教育和创业培训机制。[②]

二是就业制约高等教育发展。劳动就业需求在诸多方面影响和制约着教育的发展，主要表现在劳动就业需求制约着教育发展，具体来看，劳动就业的需求制约着高等职业教育发展的规模和速度。[③]高等教育结构调整的影响是后续的、叠加的，即以往一定时期内高等教育结构调整的效果，可以从当前毕业生的就业状况中较集中地体现出来。因而，根据当前毕业生的就业状况可以对我国高等教育结构调整进行一定的分析与评价。[④]

（四）现有研究评析

根据研究的内容，本研究的关键词分别是“教育与就业关系”“高等教育”“大学生就业”，通过将关键词放置在社会发展的大背景下，梳理相关文献可知，教育问题、就业问题一直是社会各界关注的焦点议题和热点话题，两者的关系也被学界所重视。在对文献的考察中发现，国内外研究既为本研究提供了可资参考的理论指导和主要观点，也为本研究指明了基本方向和主体视角。通过对现有文献的整理，当前学者们对教育与就业关系的相关研究呈现出以下五方面的特征。

第一，在教育与就业关系的研究方法上，一方面，从学科归属上

---

① 段伟伟.高校毕业生就业与高等教育改革发展的关系研究[J].河南教育(中旬刊)，2013(12):54-55.

② 赖德胜，李长安.创业带动就业的效应分析及政策选择[J].经济学动态，2009(2):83-87；何红光，宋林.大学生创业资本对创业绩效的影响[J].教育发展研究，2015，35(5):35-40.

③ 郭社军.论我国高等职业教育与劳动就业的关系[J].中国职业技术教育，2011(33):48-52，62.

④ 文东茅.高等教育结构调整与毕业生就业[J].北京科技大学学报(社会科学版)，2000(4):81-84.

看，大部分研究从教育的经济职能出发，分析了教育对就业的促进作用，基本的结论是教育能提升人力资本的价值并实现劳动力再生产。另一方面，学者们以调查研究、统计分析的方式证实这一结论。

第二，在教育与就业关系的研究领域中，多数研究涉及两者关系的某些特定方面。如教育对就业的促进作用，就业对教育的推动作用，研究者们多通过定量分析的方式印证观点，从单一视角探析一种事物对另一种事物的影响，将不利于整体把握事物间的关系。因此，从宏观上全面把握两者相互作用、相互影响的关系的研究相对不足。

第三，在教育与就业关系的研究向度上，大部分研究提出教育与就业存在着确定性和不确定性（也有学者称之为非确定性）两种关系，现有的大多数文献聚焦于两者的不确定性关系上，即教育无法给受教育者一个明确的就业状态。通过梳理现有文献可知，对该话题的研究时间集中在21世纪初期十年，此后的研究重点是对不确定性关系在不同的教育层次、教育类型上的具体表现并加以扩展。

第四，在教育与就业关系的研究对象上，多数文献集中在对高等教育或职业教育与就业的关系的探究上。高等教育作为教育的出口，直接与就业对接。因此现有研究或从总体上分析高等教育对就业的促进作用，或从高等教育规模、高等教育层次、高等教育结构、高等教育体制对就业的影响上开展分析。而职业教育作为培养专门的职业技术人才的教育，也与劳动就业联系紧密。因此，研究多聚焦在高等教育、职业教育和就业的相互影响上。

第五，在教育与就业关系的研究内容上，已有的研究遵循“概念界定—特征分析—原因探索—影响分析—对策建议”这一研究范式，即对关系的概念进行界定，归纳出此关系的特征，探究出关系的产生根源，并分析积极作用和消极影响，基于此提出规避消极影响的策略和措施。可见，对两者关系分析的文献多集中在概念界定、根源探究和具体表现的描述上，但对于关系如何测量涉及较少，这就无法准确地度量两者的关系状态。

进而言之，基于高等教育的社会功能和就业反作用于高等教育，与破解“就业难”问题和缓解我国就业压力的现实要求相比，现有关于高等教育与就业关系的研究尚存在以下不足。

第一，缺少对高等教育与就业关系的全面性和互动性观照。关系是相互作用、相互影响的性质和状态，即对教育与就业关系的研究，不仅要分析教育对就业的影响，也要研究就业对教育的影响。因此要全面把握教育与就业的关系，就必须将“教育”“就业”两者的相互影响、相互作用纳入研究范畴，而不能仅仅从某一方面出发。而通过梳理发现，现有文献多从一方对另一方的作用出发，割裂开两者的关系。因此，研究的深入性和全面性需要加强。

第二，缺少对高等教育与就业关系的政策学审视及相应的政策应对。现有针对教育与就业关系的研究，主要集中在经济学、人力资本管理和社会学领域，学者们综合运用多学科理论开展内涵界定。但随着社会的发展，影响就业的因素越来越多，但就业是教育活动的主要出口，自然就要求教育关注学生的就业流向。随着我国教育规模的不断扩大，结构性就业矛盾的突出，教育就业功能的弱化，如何通过提升教育政策设计的科学性，降低教育与就业关系的不确定性带来的不利影响，发挥教育的经济功能，实现教育与社会的对接，是需要进一步探索的。

第三，缺少对当前高等教育与就业关系的新变化、新形态的及时把握。对两者关系的全面分析多是在21世纪初，但当前随着社会经济的快速发展，为规避不确定性关系所带来的不利影响，加强教育对就业的引导作用，发挥教育的就业功能，各级政府、社会团体、高等院校纷纷出台政策、文件，以应对这种不确定性关系带来的弊端。通过努力和改革，两者间的关系呈现出新的特征。此类研究阙如。

第四，缺乏对高等教育与就业关系的定量测度与趋势研判。文献针对此问题多采用历史梳理、文献研究和归纳总结的方式，缺乏可靠的定量研究。少量的定性研究多使用单一的自编问卷的方式获得数据。采用微观调查数据所得出的结论，一方面，会由于数据来源的不统一和间断性，导致结果的差异性，甚至出现矛盾；另一方面，研究停留在简单的数据统计分析层面，也不利于研究结论的深化。

三、研究设计与思路

本研究聚焦于改革开放以来高等教育与就业关系的变迁研究，在对现实问题思考的基础上，通过查阅文献，拟定研究领域。在研究中注重历史逻辑、数理逻辑和理论逻辑的相互印证，按照“提出问题—搭建框架—分段考察—规律探索”的思路开展研究。

（一）研究问题提出

通过对现实问题的思考可以发现，毕业生就业问题成为近年来社会各界关注的焦点。低就业增长，青年失业，教育、培训和就业之间匹配失衡等问题进一步加深了青年的挫败感，要求人们重新思考教育与工作领域间的关系。[①]就业问题的产生并非一朝一夕，有些深层次矛盾和冲突仅从当下找寻缘由难以有效缓解，所以应从历史中特别是从改革开放后我国社会发生的巨变中来找寻解决问题的方法。通过文献梳理发现，学者们从经济学（经济形势、产业结构、财税政策对个体和宏观就业行为的影响）、社会学（不同社会背景、不同性别、不同民族的学习者的就业情况）、教育学（不同教育类型、不同教育层次、不同学科类型的学习者的就业情况）等学科出发，就教育与就业关系这一主题进行了探究。但这些研究多是对某个特定阶段的探索，而结合我国发展实际从高等教育与就业关系史的视角来考量两者关系变迁历程的研究阙如。由此，本研究确定对改革开放以来高等教育与就业的关系进行梳理，并深入研究两者关系变迁的机理和趋势。

（二）分析框架构建

本部分旨在回答两个问题：教育与就业何以产生联系？用何种

① 联合国教科文组织.反思教育：向“全球共同利益”的理念转变[M].联合国教科文组织中文科，译.北京：教育科学出版社，2017：50-51.

框架分析两者的关系？因此，一方面，梳理教育与就业的理论和思想，在全面解读教育与生产劳动相结合理论内涵的基础上，明确高等教育与就业产生联系的理论依据。另一方面，在此基础上根据教育内外部关系规律，从"个体确定性"和"社会适应性"两方面提出高等教育与就业关系变迁历程的分析框架，从而全面把握核心概念，确立高等教育与就业关系的操作性定义，提出测量指标，为高等教育与就业关系的变迁历程提供可靠的划分依据。同时，依据教育利益关系协调理论，从利益冲突和利益协调等方面找寻高等教育与就业关系变迁的内在机理和逻辑理路，为高等教育与就业关系的变迁逻辑提供有效的解释依据。

（三）历史发展回溯

根据分析框架，以改革开放后导致高等教育与就业关系发生重大变化的历史节点和事件为依据，根据测量指标，运用统计方法对通过访谈、走访、文献查找等方式获得的数据和资料开展分析。以数据支撑的方式获取高等教育与就业关系的变迁轨迹。根据数据分析结果将1982—2019年的高等教育与就业关系的变化划分为"确定-不适应性"关系阶段（1982—1995年）、"确定-适应性"关系阶段（1996—2001年）、"不确定-不适应性"关系阶段（2002—2006年）、"适应-不确定性"关系阶段（2007—2019年）四个阶段。

（四）主要规律探索

基于上述的数据分析和理论探索，一方面，在总结历史的基础上，以教育利益关系协调为理论依据，从利益主体（国家教育利益、个体教育利益、公共教育利益等）视角探索高等教育与就业关系变化的内在机理，以明确两者关系变迁的机制。另一方面，从市场需求、经济体制、教育发展和就业体制四个方面分析各阶段特征产生的原因，揭示出高等教育与就业关系演变的动力机制，为两者关系变迁的机理探究提供基础。

四、研究创新与特色

(一)综合把握教育内外部关系规律,从宏观和微观两方面提出高等教育与就业关系的双维交叉分析框架

随着大学生就业问题成为社会普遍关注的话题,如何促进大学生更高质量就业成为焦点议题。现有研究从教育质量、教育制度、经济发展水平等方面探究了促进大学生就业的途径,但从教育与就业关系视角来探讨教育促进就业的研究不多。事实上,教育与生产劳动相结合,给教育与就业关系的联结提供了理论保障,而教育内外部关系规律进一步体现出,无论在个体(微观)层面还是社会(宏观)层面,教育都具有促进个体就业和提升社会就业水平的作用。为更好地实现教育与就业的良性发展,本研究综合个体和社会两个层面,从个体和社会的互动关系出发,提出高等教育与就业关系分析的"交叉维度",即综合把握高等教育与就业的宏观层面(社会"适应性")和微观层面(个体"确定性")。因此,本研究在教育基本关系规律理论的指导下,试图从教育促进个体发展和促进社会发展两方面出发,将教育的内部关系规律和外部关系规律关联起来,形成本研究的分析框架,为寻求教育就业功能发挥提供新途径和新方式,丰富大学生就业研究。

(二)引入历史计量法,直观展现高等教育与就业关系的动态变迁历程

教育能否促进社会进步和发展、能否给予受教育者一个更为明确和美好的未来,是教育与就业关系研究的核心内容。尽管已有学者对两者关系进行了一定的探索。如以经济学为视角的研究发现,供给与需求、信息不对称、就业市场等因素影响着教育与就业的关系;以社会学为视角的研究认为,教育者的社会资本、性别、民族等特

征对教育与就业关系影响深远;以教育学为视角的研究指出,教育具有经济功能,接受的教育不同影响着教育与就业的关系。但这些研究多集中在某一时间点或某一时期,事实上受社会政治、经济、文化、科技等方面的影响,高等教育与就业的关系并非一成不变,即两者关系在多方因素的共同作用下,40多年来是不断变化的。如何更为直观地展现出两者关系变迁的动态过程,成为本研究的创新探索。因此,从历史研究的视角出发,尝试引入计量分析方法,以“分析框架”为基础开展历史研究,结合标志性的历史事件,运用统计分析方法,将改革开放以来高等教育与就业关系的变迁历程划分为四个阶段,能更直观呈现出改革开放40多年来高等教育与就业关系变迁的历程。

第一章
高等教育与就业关系的分析理据

教育是培养人的社会实践活动，高等教育的核心职能是培养人才，高等教育培养出的人才能否满足社会的需要是高等教育的永恒话题。本研究尝试从高等教育与就业关系角度分析高等教育职能的发挥，以历史逻辑线索为出发点，探寻两者关系的变迁历程。从马克思主义教育与生产劳动相结合理论中寻求高等教育与就业产生联系的理论基础，并从教育内外部关系中找寻高等教育与就业关系的分析理据，构建分析框架。同时，引入教育利益关系理论，寻求高等教育与就业关系变迁的深层逻辑，为后续研究提供理论支撑。

第一节　教育与生产劳动相结合理论的解释

教育作为社会大系统下的一个子系统，其发展水平受社会政治、经济、文化、科技、人口等多方面的影响。高等教育与就业关系的影响因素涉及高等教育自身发展、社会发展水平和公共政策等方面。因此，在探究两者关系时必须将教育自身发展规律和社会发展水平考虑其中。基于此，本研究在展开分析之前，有必要找寻理论依据。本节从教育与生产劳动相结合理论的双重内涵出发，明晰了本研究的理论根据，即教育与生产劳动相结合理论，确立了高等教育与就业关系研究的理论可能，即解释了高等教育与就业何以产生联系。因此，本节引入教育与生产劳动相结合理论对高等教育与就业关系产生的理论可能性开展探究。

一、揭示教育与就业关系联结的必要性

教育与生产劳动的分离或结合都是历史发展的必然过程。[①]在古代社会中，教育作为精英阶级的特权，同生产劳动相脱离。近代以后，由于社会生产的需要，教育与生产劳动相结合成为世界性的教育趋向，被各国政府、社会各界、家庭个人广泛重视，教育与生产劳动相结合的问题也引起了学界的关注。16世纪英国莫尔在其著作《乌托邦》中将教育与手工生产和农业生产相结合。17世纪英国约翰·贝勒斯在《关于创办一所一切有用的手工业和农业的劳动学院的建议》中提出创办劳动学校。18世纪法国教育家卢梭提出学生在校学习期间，每周应到工厂劳作1—2次。19世纪英国欧文从社会分工造成工人片面发展的角度出发，提出应将劳动与教育相结合，并付诸实践。马克思批判地继承了先驱们的思想，系统地阐述了教育与生产劳动相结合的基本内涵。新中国成立后，我国领导集体结合国情，创造性地运用马克思关于教育与生产劳动相结合的理论，探索出一条将马克思主义基本原理与我国实际相结合的教育与生产劳动相结合的道路。教育与生产劳动相结合的实质是对学校的儿童、青少年和生产过程中的劳动者，通过各种形式进行科学教育、劳动教育和综合技术教育，把他们培养成体脑并用的、能适应现代生产过程的全面发展的劳动者和适应现代社会生活的社会成员，从而推动生产和社会的高速发展。[②]为进一步厘清教育与生产劳动相结合的内涵，本节将系统分析和梳理出教育与生产劳动相结合的主要内容。

① 厉以贤.教育与生产劳动相结合的理论及其发展[J].江苏高教，1995(1)：7-12.

② 成有信.论教育和生产劳动相结合的实质[J].中国社会科学，1982(2)：163-176.

(一)教育与生产劳动相结合是实现个人全面发展的根本途径

马克思指出社会分工导致脑力劳动和体力劳动分离。而教育与生产劳动相结合,“不仅是提高社会生产的一种方法,而且是造就全面发展的人的唯一方法”[①]。可见,教育与生产劳动相结合是实现个人全面发展的唯一途径。毛泽东同志将教育与生产劳动相结合理论中国化,确立了教育与生产劳动相结合在我国教育方针中的地位。1958年中共中央颁发的《关于教育工作指示》中明确提出,“教育必须为无产阶级政治服务,必须同生产劳动相结合”。此后,教育与生产劳动相结合理论一直贯穿于我国教育方针和教育目的。在全党工作中心转向经济建设的战略背景下,邓小平同志进一步继承和肯定了教育与生产劳动相结合是培养全面发展的社会主义建设者的根本途径。邓小平指出教育与生产劳动相结合是培养全面发展的新人的根本途径,进一步肯定了教育与生产劳动相结合理论的价值和意义,是对马克思主义理论的继承和肯定。马克思、恩格斯、列宁和毛泽东同志都非常重视教育与生产劳动的结合,在无产阶级取得政权之后,教育与生产劳动相结合是培养理论与实际结合、学用一致、全面发展新人的根本途径,是逐步消除脑力劳动和体力劳动差别的重要措施,[②]为了培养社会主义建设需要的合格人才,我们必须认真研究在新的条件下如何更好地贯彻教育与生产劳动相结合的方针。[③]教育的本质在于培养人,人的全面发展是教育培养人的根本落脚点。通过教育实现人的全面发展,是个体和社会的共同需求。将教育与生产劳动相结合,造就出德、智、体、美、劳全面发展的社会主义建设者和接班人是国家、社会和个体的共同诉求。这也对教育提出了新要求。新时期的生产劳动更多的是与社会职业相关的职业劳动。通过教育与生产劳动相结合来实现人的全面发展,就必须在高等教育中将人才培养与职业实践统一起来,也就是将学校教育与社会就业联系

① 马克思恩格斯全集:第五卷[M].北京:人民出版社,2016:557.

② 邓小平文选:第二卷[M].北京:人民出版社,1983:107.

③ 中共中央文献研究室.邓小平同志论教育[M].北京:人民教育出版社,1990:109.

起来。

(二)教育与生产劳动相结合要求教育培养能从事一定职业的劳动力

教育和生产劳动相结合是改造现代社会的最强有力的手段之一,[①]不仅是提高社会生产的一种方法,而且是培养全面发展的人的有效方法。[②]以上强调的是教育与生产劳动相结合对个体发展的重要性。而教育一旦与人相联系就不得不考虑人生活的世界,因为人的本质是一切社会关系的总和,基于人是生活在现实生活中的,个人的发展离不开社会环境,因此,人的社会性要求人的教育必须从人与环境的互动关系中去考量人的全面发展。正如马克思所言,“意识在任何时候都只能是被意识到了的存在,而人们的存在就是他们的现实生活过程”,“不是意识决定生活,而是生活决定意识”。[③]在使用教育与生产劳动相结合理论来实现人的全面发展时,要将社会环境、社会活动、社会交往考虑进去,即要实现人的全面发展,应该直接关照人的现实生活,实现教育与人的生产生活现状紧密相连。可见,教育与生产劳动相结合理论明确了教育就是为了培养能够从事生产劳动的人。[④]随着社会的进步与发展,以及社会分工的深化,教育与生产劳动相结合所要求的教育活动回归人的现实生活世界、回归现实的生产劳动,实际上是呼吁教育活动应在社会分工的现实背景下,培养适应社会生产发展和社会需要的职业劳动者。因此,学校教育尤其是高等教育应与就业紧密联系。

---

① 马克思恩格斯全集:第二十五卷[M].北京:人民出版社,2001:32.

② 马克思恩格斯全集:第四十三卷[M].北京:人民出版社,2016:510.

③ 中共中央马克思恩格斯列宁斯大林著作编译局.德意志意识形态:节选本[M].北京:人民出版社,2018:17.

④ 舒志定.人的存在与教育:马克思教育思想的当代价值[M].上海:学林出版社,2004:185.

二、宏观意义的教育与生产劳动相结合体现为教育同国民经济发展相适应

教育与生产劳动相结合是马克思主义关于教育的重要论述之一，在于教育与生产劳动相结合不仅是改造世界的有力手段，同时是培养理论与实际结合、学用一致、全面发展的新人的根本途径。[①]列宁指出，无论是脱离生产劳动的教学和教育，或是没有同时进行教学和教育的生产劳动，都达不到现代技术水平和科学知识现状所要求的高度。[②]教育与生产劳动相结合对社会的进步有着重要的积极作用。如果说马克思开创了教育与就业相联系的理论先河，那么邓小平则结合中国实际发展了这一理论，更直接地提出教育要与国民经济发展相适应。

（一）教育与生产劳动相结合的核心是教育事业必须同国民经济发展相适应

教育必须同国民经济发展相适应是邓小平同志站在现代化建设的现实背景下，对教育与生产劳动相结合的重新认识和阐述。在经济建设成为国家工作中心的战略下，教育必须为社会主义建设事业服务成为教育事业发展的目标。围绕经济建设这一主线，邓小平同志赋予了教育与生产劳动相结合理论新的内容，明确了教育与生产劳动相结合的核心是教育事业必须与国民经济发展水平相适应，指出“更重要的是整个教育事业必须同国民经济发展的要求相适应。不然，学生学的和将来要从事的职业不相适应，学非所用，用非所学，岂不是从根本上破坏了教育与生产劳动相结合的方针？那又怎么可能调动学生学习和劳动的积极性，怎么可能满足新的历史时期向教育工作提出的巨大要求？”[③]。可见，学生学的和将来要从事的职业相适应，即教育在就业中要做到学用一致，是从根本上落实教育与生产

① 中共中央文献研究室．邓小平论教育［M］．北京：人民教育出版社，2005：69.

② 列宁全集：第二卷［M］．北京：人民出版社，1984：461.

③ 中华人民共和国教育部，中共中央文献研究室．毛泽东 邓小平 江泽民论教育［M］．北京：中央文献出版社，人民教育出版社，北京师范大学出版社，2002：143.

劳动相结合的一个核心问题。而过去在论及教育与生产劳动相结合时，很少涉及这一方面。因此，在编制国民经济发展规划时，应将教育事业发展规划纳入其中，“我们的国民经济是有计划按比例发展的，我们培养训练专门家和劳动后备军，也应该有与之相适应的周密的计划。我们不但要看到近期的需要，而且必须预见到远期的需要；不但要依据生产建设发展的要求，而且必须充分估计到现代科学技术的发展趋势”[①]。可见，教育事业发展要同国民经济规划相协调。1983年9月，邓小平提出教育的三大面向，即教育要面向现代化，面向世界，面向未来，实质上是教育同国民经济发展的要求相适应理论的延伸和发展。江泽民同志，继往开来，与时俱进，1998年在庆祝北京大学建校一百周年大会上对大学提出要求：我们的大学应该成为科教兴国的强大生力军，教育应与经济社会发展紧密结合，为现代化建设提供各类人才支持和知识贡献。这是对教育同国民经济规划相适应理论的进一步延续和扩展。也就是说，教育与生产劳动相结合的内容和方法要考虑到现代社会中经济和科技等方面的发展和进步。

（二）教育同经济发展相适应要求教育供给侧与人才需求侧相适应

为进一步落实教育事业与国民经济发展相适应的要求，使教育事业的计划成为国民经济计划的一个重要组成部分，如何做好教育事业规划，学校教育怎样才能组织得更有计划性，更符合经济计划和教育计划的需要，应该加以深入研究。[②]事实上，把教育与国民经济规划相结合，是邓小平同志对马克思主义的新发展，也是贯彻落实教育与生产劳动相结合方针的基本原则。这一观点突破了以往从教育学的范畴将其视为教育方针，以促进个体的发展的思维，而是把教育与生产劳动相结合同整个国民经济的发展统一起来。这一思想对学

① 中华人民共和国教育部，中共中央文献研究室．毛泽东 邓小平 江泽民论教育[M].北京：中央文献出版社，人民教育出版社，北京师范大学出版社，2002：143.

② 中共中央文献研究室．邓小平论教育[M].北京：人民教育出版社，2005：70–71.

校教育教学提出了新要求，指出了学校教育的针对性和面向性，即教育应针对社会发展的未来，应面向学生将来所从事的职业。这一观点实质上映射出了教育供给与社会需求的关系，将教育同社会经济发展相适应就是要求教育的供给侧与国民经济对人才的需求侧相结合，展现了社会对就业的需求，反映出教育与就业的关系。正是因为教育与国民经济发展相适应的要求，规定了对教育与就业关系的考量不能仅仅局限在个体的物质获得和精神追求上，必须将教育与就业关系的探究放置于社会经济发展中，教育同国民经济发展相适应的理念为本研究的开展提供了理论支撑。

三、微观意义的教育与生产劳动相结合体现为教育与人的劳动就业相结合

马克思从一般劳动过程出发将生产劳动界定为："如果整个劳动过程从其结果的角度加以考察，那么劳动资料和劳动对象二者表现为生产资料，劳动本身则表现为生产劳动。"[①]"如果我们把劳动能力本身撇开不谈，生产劳动就可以归结为生产商品、生产物质产品的劳动，而商品、物质产品的生产，要花费一定量的劳动或劳动时间。"[②]可见，马克思从物质生产方面将生产劳动的一般性定义规定为开展物质产品生产的劳动。而教育作为提高劳动者从事生产劳动效率的重要手段，随着分工和协作的发展，新时期中国领导集体坚持从中国具体的国情出发，在实践中运用和发展教育与生产劳动相结合的教育原理，提出教育实践与社会实践、劳动就业相结合的方针。

（一）教育与生产劳动相结合具体化为教育与学生劳动就业相结合

早在1958年1月毛泽东同志在《工作方法六十条（草案）》中提出："农村里的中小学，都要同当地的农业合作社订立合同，参加农业、副业生产劳动。农村学生还应当利用假期、假日或者课余时间回

① 马克思恩格斯文集：第五卷[M].北京：人民出版社，2009：581.

② 马克思恩格斯文集：第八卷[M].北京：人民出版社，2009：234.

到本村参加生产。"[①]同年3月在天津大学视察时进一步提出"三点指示",要求高校应抓住三样东西,一是党委领导,二是群众路线,三是把教育和生产劳动结合起来。可见,毛泽东同志十分重视学校教育与反映当时社会生产力水平的生产劳动的联系,但由于时代的局限性,生产劳动更多地指向手工劳动和体力劳动,对脑力劳动和大工业生产等认识世界和改造世界的社会实践的关注不够,这是历史局限性的反映。

改革开放之初,邓小平提出在新的条件下贯彻教育与生产劳动相结合的方针,"我们制订教育规划应该与国家的劳动计划结合起来,切实考虑劳动就业发展的需要"[②]。可见,邓小平不再简单地将生产劳动看作简单的体力劳动,而是将教育与生产劳动相结合扩展为教育与学生劳动就业的结合,要求学校教育充分考虑劳动力市场需求和学生劳动就业的需要,实质上是将教育与生产劳动相结合拓展为教育与学生劳动就业的结合。

(二)教育与生产劳动相结合延伸为教育与学生社会实践相结合

江泽民同志在继承的基础上,将教育与生产劳动相结合发展为"教育与社会实践相结合",并且更关注各级各类学校教育中的社会实践教育。1996年,第三次全国教育工作会议召开,会议指出"我们必须全面贯彻党的教育方针,坚持教育为社会主义、为人民服务,坚持教育与社会实践相结合"[③],"如果只是让学生关起门来读书,不参加劳动,不接触社会实践,不了解工人农民是怎样辛勤创造社会财富的,不培养劳动人民感情,是不利于他们健康成长和全面发展的。学生适当参加一些物质生产劳动,应该成为一门必修课,不是可有可无"。[④]党的十六大报告正式将教育与社会实践相结合确立为党的教育方针,要求各级各类学校都要认真贯彻执行教育为社会主义事业

① 中共中央文献研究室.毛泽东文集:第七卷[M].北京:人民出版社,1999:360.

② 邓小平文选:第二卷[M].北京:人民出版社,1983:144.

③ 邓小平文选:第二卷[M].北京:人民出版社,1983:276.

④ 江泽民文选:第一卷[N].北京:人民出版社,2006:372-373.

服务，教育与社会实践相结合的教育方针。教育与生产实践相结合教育方针的提出，丰富和发展了马克思主义关于教育与生产劳动相结合的教育理论，是结合历史发展和我国国情的新探索。随着生产劳动本身的复杂性的加强，教育与社会的联系越来越广泛而深入。以往对生产劳动的界定和理解已不能全面而准确地反映时代的变化与要求。虽然社会生产依旧是人类社会实践的主要形式，但社会实践的内涵更贴近时代和现实的需求，也更为丰富。广义上的社会实践是人们认识世界、改造世界、享受世界的各种活动的总和，涉及职业活动、社会活动等多方面。狭义上的社会实践是学校教育中学生的实习、实践活动，学生的社会实践更多地侧重在理论与实践的结合、书本知识与社会实践的结合、个体价值与国家利益的结合、专业学习与社会职业的结合上。将教育与就业相联系，分析两者关系，实质上是贯彻落实教育与生产实践相结合的教育方针的尝试。

四、基于教育与生产劳动相结合理论确立的高等教育与就业关系联结

教育与生产劳动相结合理论指出，于社会而言，教育是提高社会生产的途径；于个体而言，教育与生产劳动相结合是实现人全面发展的途径。新时期教育与生产劳动相结合表现为宏观层面的教育事业必须同国民经济发展相适应和微观层面的教育与职业劳动相结合。系统梳理教育与生产劳动相结合理论的研究内容可以发现，教育与就业关系实质上是教育与生产劳动相结合理论在当前的具体体现，以此构建出教育与就业相联系的理论依据。

（一）教育同经济发展相适应表现为高等教育与就业关系社会层面

教育与生产劳动相结合要求教育事业发展同国民经济发展水平相联系，反映出教育的供给侧与社会发展对人才的需求侧的统一，具象的表征为教育与就业相关联，直观地表现出高等教育与就业相结合的时代诉求。可见，教育同国民经济发展相适应的根本落脚点在

于高等教育培养出的毕业生与劳动力市场需求、经济发展和科技进步的需求相适应。因此,探究高等教育与就业的关系需从社会发展层面加以考量。

(二)教育与职业劳动相结合表现为高等教育与就业关系个体层面

在社会层面上,教育与生产劳动相结合要求教育事业发展同国民经济发展相适应,而教育作为促进个体发展的基本方式,实现个体未来的职业发展是个体对教育的基本诉求。事实上,教育与职业劳动相结合是时代的要求,但与学校教育相关的社会生产实践不是普通的社会劳动,而应更多地涉及职业劳动和职业活动。这种劳动与国民经济、社会职业分工、岗位素质要求息息相关,这也就与培养高级专门人才的高校直接相关。高校学制设定、专业设置、学科侧重、课程安排都影响着大学生与社会职业的对接和联系。在这一意义上,高等教育与大学生就业就是教育与社会生产实践相结合的具体表征。因此,探究高等教育与就业的关系同样需从个体发展层面加以考量。

第二节 教育内外部关系规律理论的解释

高等教育与就业两者之间是相互影响、共生的联系状态。在明确了高等教育与就业何以相联系的理论前提下,本节从教育内外部关系规律理论出发,旨在探究两者关系的研究框架,即应从哪些方面和维度对高等教育与就业的关系开展分析。教育内外部关系规律反映了教育与社会发展和个体发展间的关系,明确了高等教育与就业关系研究的分析框架,即解决了用何种框架分析两者关系的问题。

一、教育内外部关系规律要求综合把握教育的社会功能和个体功能

十一届三中全会后，经济建设成为我国社会发展的中心，各行各业都要求按照客观规律办事，为经济建设提供支撑。在教育界，按教育的客观规律发展教育是教育事业发展的新要求。1980年，潘懋元先生在湖南大学为高校领导干部讲学中正式提出教育内外部关系规律，即教育的基本规律。之后，潘先生对这两条规律进行了全面系统的论述，最终表述为：教育外部关系规律是指教育要受社会经济、政治、文化等的制约，并对社会的经济、政治、文化等的发展起作用。[①]教育的内部关系规律是指社会主义教育必须通过德育、智育、体育、美育培养全面发展的人。[②]可见，教育内外部关系规律从教育内部系统和教育外部系统对教育事业的发展提出了要求。

（一）教育的外部关系规律表明教育能促进社会发展

规律是事物之间本质的必然的联系，教育的外部关系规律是根据系统论的观点，从整体出发探究整体与各组成要素之间的相互关系。将社会设定为大系统，政治、经济、文化、人口、教育、生态等作为社会的子系统，它们之间存在着某些必然的联系。因此，教育的外部关系规律是指教育与社会总系统中的其他各项子系统之间相互关系的规律，即教育与社会系统中的政治、经济、文化系统之间的联系。这种联系在高等教育领域中最为明显，一方面，人才培养是高等教育的核心职能，高等教育的目标是培养高级专门人才，毕业生能够进入社会各行各业从事专门性的工作，因而高等教育与社会有着更为直接和紧密的联系。另一方面，社会服务作为高等教育的另一重要职能，表明高等教育对社会发展起着直接的推动作用。办教育必然要

① 潘懋元.新编高等教育学[M].北京：北京师范大学出版社，2009：12.

② 潘懋元.潘懋元论高等教育[M].福州：福建教育出版社，2000：113.

与外部发生关系,那么就需要考虑到社会发展的可能和需要。[①]可见,教育同社会其他子系统有着必然的联系,这种联系就是教育的外部关系规律。起初,这一规律被表述为:社会主义教育必须通过培养全面发展的人为社会主义政治、经济的发展和生产力发展服务。后来进一步表述为"教育要与社会的发展相适应",这一表述的关键词"适应",被界定为"受制约"(前提)和"为之服务"(方向),即教育受社会制约,教育为社会服务,[②]对社会经济、政治、文化等的发展起作用。之后潘先生将关键词"适应"解释为"受制约"和"起作用"两方面。[③]可见"制约"贯穿始终,"制约"所表示的是社会对高等教育具有较大的影响,[④]这种影响更多地表现在教育与社会发展的关系上,教育能促进政治、经济、文化的发展,具有社会功能,同时也受政治、经济、文化发展的制约。

(二)教育的内部关系规律表明教育能促进个体发展

教育的内部关系规律是将教育作为相对独立的系统,考察这一系统内部各要素之间的相互关系规律,是教育系统内部关系和作用的总和。教育作为培养人的社会实践活动,直接目标是促进人的发展,即每一个社会成员的体力和智力尽可能多方面、充分、自由地发展,[⑤]马克思称之为"每个人自由而全面的发展"。具体的内容涉及:教育要遵循学习者身心发展和个性发展的特征,为实现教育目标服务;教育要致力于实现人德、智、体、美、劳等方面和谐发展;教育过程中要充分发挥教师的主导作用和学生的主体作用,有效运用教育影响,实现教育效果的最佳化。事实上,教育的内部关系规律体现在教

① 王洪才.教育内外部关系规律学说:中国教育学发展的一面镜子——潘懋元教授专访[J].苏州大学学报(教育科学版),2013,1(1):48-52,126.

② 潘懋元.高等教育学讲座:增订本[M].北京:人民教育出版社,1985:34.

③ 潘懋元.新编高等教育学[M].北京:北京师范大学出版社,2009:14.

④ 刘磊."教育内外部关系规律"学术商榷的四大误区——以展立新和陈学飞开启的学术商榷为例[J].复旦教育论坛,2015(6):12-19.

⑤ 马克思恩格斯全集:第四卷[M].北京:人民教育出版社,1958:370.

育与人发展的关系上，[①]表现为教育对个体发展的积极影响和作用，实现个体社会化和个性化的统一。

(三)教育内外部关系规律要求协调社会和个体两方面

教育内外部关系规律是教育发展的基本规律，存在着基本的逻辑关系。首先，教育外部关系规律和教育内部关系规律相互影响，相互作用。其次，教育外部关系规律制约着教育内部关系规律的作用，教育外部关系规律只能通过教育内部关系规律来实现。再次，教育内部关系规律的运行受教育外部关系规律制约。事实上，教育是通过培养社会所需的人，间接地促进社会发展。因此，促进人的发展是教育的本体功能，促进社会发展是教育的派生功能。[②]具体来看，一方面，教育通过遵循自身发展规律和学生发展规律以培养社会所需的人才，实现社会发展，也就是教育以提升劳动力素质来促进社会的进步。另一方面，教育根据社会需要和发展水平确立教育目的、选择教育内容、实施教育教学。不顾社会条件与需要，“就教育谈教育”或不顾教育自身发展规律而侈谈教育，都是违反教育规律的。[③]正是这样既依赖、制约，又相互作用，两种规律表现出一种辩证的逻辑关系，办教育既要遵循外部关系规律，又要遵循内部关系规律，把内外部关系规律统一起来。[④]

二、基于教育内外部关系规律理论凸显高等教育与就业的关系内涵

教育基本规律实际上从社会和个体两层面表述了教育活动的要求，显示出教育发展和教育实践必须遵循外部关系规律和内部关系规律。在教育与生产劳动相结合理论为教育与就业相关联提供理论支撑下，高等教育与就业的联系作为新时期教育与社会生产劳动相

① 潘懋元.新编高等教育学[M].北京:北京师范大学出版社,2009:13-14.

② 教育学原理编写组.教育学原理[M].北京:高等教育出版社,2019:98.

③ 潘懋元.新编高等教育学[M].北京:北京师范大学出版社,2009:14.

④ 林金辉.潘懋元高等教育思想[M].广州:广东高等教育出版社,2010:31.

结合的直观体现,更需要从教育基本规律的高度开展战略性研究,从而进一步推进我国高等教育改革和社会发展。因此,在教育基本规律的指导下,形成了本研究的理论研究框架。

(一)高等教育与就业关系的社会适应性

教育的外部关系规律在高等教育中体现为高等教育与社会发展的关系,即高等教育应与社会发展相适应,是社会需求层面的要求,反映的是高等教育与就业的适应性。因此,本研究重点从教育的社会功能出发,将教育的外部关系规律定义为教育与社会发展的"适应性",即教育必须主动适应社会发展的需要。主动适应,是指发挥主体自觉的价值判断与选择的适应,是对积极方面的适应,而不是不加判别地适应一切。[1]研究中,将"社会适应性"作为高等教育与就业关系的一个重要考量指标,测量高等教育、社会发展需要和大学生劳动就业三者之间的关系。

(二)高等教育与就业关系的个体确定性

教育的内部关系规律在高等教育中体现为高等教育与个体发展的关系,即高等教育应与个体发展相适应,是个体需求层面的要求,反映的是高等教育与就业的确定性。因此,本研究重点从教育的个体功能出发,将教育的内部关系规律定义为教育与个体发展的"确定性",即教育能否给予受教育者一种明确的状态,能否给予受教育者一个更加美好的未来和期许。研究中,将"个体确定性"作为高等教育与就业关系的另一个重要考量指标,测量高等教育能否对大学生就业产生影响,能给大学生就业带来多大的积极作用。

(三)高等教育与就业的适应性与确定性之间的互动关系

教育内外部关系规律要求发展教育事业必须将内外部关系规律

① 万建明."教育内外部规律说"解析[J].教育评论,2004(1):10-13.

统一起来，即在考量高等教育与就业关系时，应将个体层面和社会层面的需求关联起来，即在分析高等教育与就业关系时，必须将两大规律联系起来，在考虑高等教育与社会发展相适应的同时，也要适度确保高等教育与个体发展的确定性程度。因此，本研究试图将两大规律联系起来，将教育与社会发展、教育与个体发展两方面相结合，确立了高等教育与就业关系的研究范式，即同时将“社会适应性”和“个体确定性”纳入关于两者关系的分析中，构建出高等教育与就业关系的“双维交叉”分析框架。

三、基于教育内外部关系规律理论确立的高等教育与就业关系分析维度

根据对教育内外部关系规律理论的解释，本研究指出高等教育与就业的关系具有社会适应性和个体确定性。本节将从教育的外部关系规律和内部关系规律两方面分别确立高等教育与就业关系分析的社会维度和个体维度，并在此基础上提出高等教育与就业关系的分析维度，即高等教育与就业关系的“双维交叉”分析框架。

（一）社会适应性：高等教育与就业关系的社会维度

在社会维度上，引入“适应性”概念。“适应”一词源于生物学，指生物与环境、生物的结构与功能等相适应的现象，是生物界的普遍现象。后被引入心理学，表示有机体不断运动变化与环境取得平衡的过程。可见，“适应”是某一事物与其赖以生存的环境相适应的状态，并逐步趋向平衡的过程。将“适应性”作为高等教育与就业关系的社会维度，是教育外部关系规律所决定的，反映的是高等教育与社会发展需要的适应性。鉴于教育受政治、经济、文化、科技等多因素的共同影响，本研究主要从经济视角出发，将“适应性”界定为高等教育招生及毕业生就业规模、科类、层次与经济发展规模、结构的对应性与符合度，即学生在高等教育阶段所学的专业、课程与国民经济建设中产业结构和运行方式相匹配和对应的程度，并由此表现出适应性的

高低。当然，这种适应性及其程度高低又总是受到政治因素的直接影响和调控，政府在不同时期出台的经济政策和教育政策是影响和调控两者关系的手段和工具。根据事物发展变化中质变和量变的辩证关系，量变是质变的必要准备和前提，质变是量变的必然结果。实际上，量变的时间总是漫长的，总的量变过程中还有部分质变；要达到根本质变，必须经过量变和总的量变中的部分质变这样一个更长的过程，只有发展到了最后才能实现质变。[①]高等教育与就业的“适应性”关系正是遵循着量变和质变的基本规律。图 1-1 列出了高等教育与就业“适应性”关系的特性，可知，适应性具有“质”和“量”两方面的特性。具体而言，质变中分为“适应”和“不适应”两个层面，而量变则表现为质变内部的变化，如适应包括“低适应”和“高适应”两方面，不适应包括“低不适应”和“高不适应”两方面（详见图 1-1）。

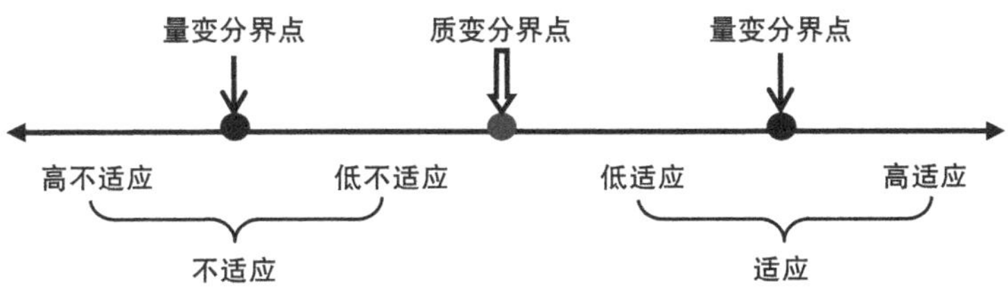

图 1-1　高等教育与就业“适应性”关系的特性

（二）个体确定性：高等教育与就业关系的个体维度

在个体维度上，引入“确定性”概念。“确定”指固定、明确、肯定。将“确定性”作为高等教育与就业关系的个体维度，是由教育内部关系规律决定的，反映了高等教育与就业关系的确定性，即高等教育能否给予受教育者一种明确的职业期许和肯定的职业选择，即教育与生产劳动相结合理论之微观层面，亦即学生在高等教育阶段所学的专业、课程和各种专业训练与其未来所从事的职业及岗位之间的匹配性和对应性的程度，并由此表现出确定性的高低。因此，本研究将“确定性”定义为高等教育与毕业生就业之间的一种明确而肯定的关

① 张江明．社会主义社会辩证法问题研究［M］．北京：人民出版社，1984：178.

系状态，强调就业岗位与所接受教育之间表现为一致性对应关系。确定性不仅仅关注接受高等教育能更多可能地实现就业规模的增长，也强调学习领域和职业类别的最佳状态是大多数职业由相应领域的毕业生从事。①相反，低确定性或不确定性则是高等教育与毕业生就业之间呈现的一种不明确和难以肯定的游离状态，具体表现为就业岗位与所接受教育表现出非一致性和非对应性关系，导致毕业生学非所用，用非所学，甚至失业或不充分就业等现象的产生。图1-2列出了高等教育与就业"确定性"关系的特性：从质变特性上，高等教育与就业的"确定性"关系分为"确定"和"不确定"两个层面；从量变特性上，高等教育与就业的"确定性"关系表现为"低不确定""高不确定""低确定""高确定"四种关系（详见图1-2）。

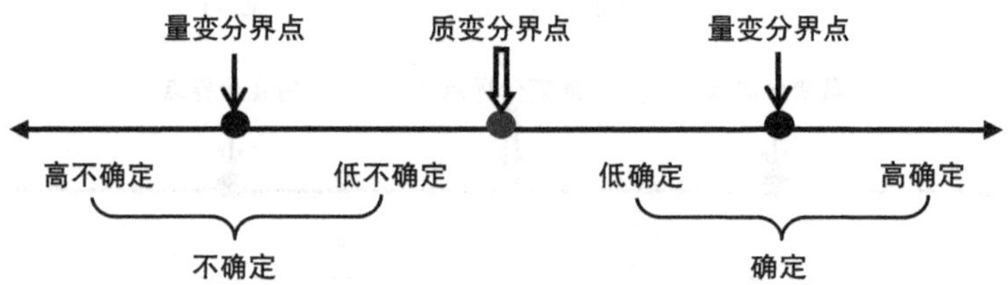

图1-2　高等教育与就业"确定性"关系的特性

（三）双维交叉：高等教育与就业关系的分析框架

根据教育内外部关系规律可知，高等教育与就业关系的个体维度和社会维度并不是相互隔离的，而是交互影响的，因此本研究在解析高等教育与就业的关系逻辑时进行交叉分析，将"确定性"和"适应性"关联起来，即以高等教育与就业关系的"确定性"为横轴，以高等教育与就业关系的"适应性"为纵轴，形成双维交叉分析框架，由此将高等教育与就业关系区分为"适应-确定性关系""适应-不确定性关

① 乌尔里希·泰西勒，张怡真．高等教育和毕业生就业：变化的条件与挑战[J]．北京大学教育评论，2019，17(3)：13-44，187-188.

系”“确定-不适应性关系”“不确定-不适应性关系”四种关系类型[①]（详见图1-3）。

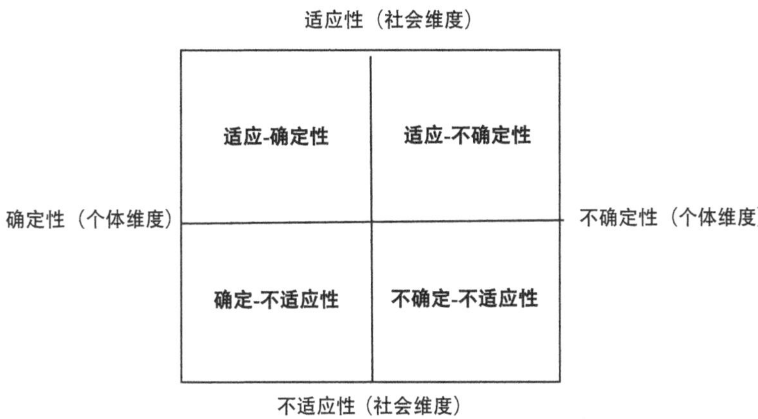

图1-3　高等教育与就业关系的双维交叉分析框架

1. 适应-确定性关系

高等教育与就业的适应-确定性关系表示高等教育与社会发展相适应，且与个体就业存在确定性的一种关系。在这种关系下，高等教育的规模和学科结构与经济发展和劳动力市场相适应，同时接受高等教育意味着个体就业和就业收入处于一种明确状态。

2. 适应-不确定性关系

高等教育与就业的适应-不确定性关系表示高等教育与社会发展相适应，但与个体就业存在不确定性的一种关系。在这种关系下，高等教育的规模和学科结构与经济发展和劳动力市场相适应，但接受高等教育并不意味着个体就业和就业收入处于明确的状态，即无法预测个体的就业情况。

3. 确定-不适应性关系

高等教育与就业的确定-不适应性关系表示高等教育与社会发展不相适应，但与个体就业存在确定性的一种关系。在这种关系下，

① 本研究从事物质变的角度出发，考虑适应、不适应和确定、不确定四大质变层面，以此构建出高等教育与就业关系的双维交叉分析框架。

高等教育的规模和学科结构不能适应经济发展和劳动力市场的需求,但接受高等教育意味着个体就业和就业收入处于明确状态。

4. 不确定-不适应性关系

高等教育与就业的不确定-不适应性关系表示高等教育与社会发展不相适应的同时,也与个体就业存在一种不确定性的关系。在这种关系下,高等教育的规模和学科结构与经济发展和劳动力市场不相适应,同时接受高等教育并不意味着个体就业和就业收入处于明确的状态,即无法预测个体的就业情况。

四、高等教育与就业关系的测量指标

为进一步在逻辑上厘清高等教育与就业关系的内涵,实现两者关系的可视化,根据高等教育与就业关系的双维交叉分析框架,在明确了两者关系的概念后,拟定测量指标。从个体确定性和社会适应性两大维度出发,从数量和质量两大层面,构建出"高校毕业生就业率"和"高校毕业生就业匹配度"(毕业生规模匹配度、毕业生结构匹配度和毕业生专业对口度)两大层面四项指标,实施测量。实现高等教育与就业关系界定的可视化和科学化,以进一步探寻变迁的逻辑和理路,希望能够从中总结出若干规律性的认识和理解。

(一)毕业生就业率

就业率是用来衡量就业程度的指标,指在业人员占在业人员与待业人员之和的百分比。它反映的是全部可能参与社会劳动的劳动力中,实际被利用的人员比重。高校毕业生就业率是考察大学生就业程度的重要指标。自1999年教育部首次公布了44所直属高校本专科毕业生的就业率后,毕业生就业率便引发了广泛关注。此后,毕业生就业率的统计逐步推广。2004年教育部发布《关于进一步加强和完善高校毕业生就业状况统计报告工作的通知》,修订了毕业生就业统计指标。一方面,规定了对毕业生就业情况进行统计的两个指标:高校毕业生就业率、高校毕业生待就业率。明确了毕业生就业的7种方式:签订三方协议;签订劳动合同;定向和委培就业;灵活方式就业(自主创业、自由职业[①]);升学;出国和出境留学或工作;参加国家和地方项目就业。"待就业"是指毕业生有就业愿望,但尚未就业。同时,毕业生暂时不就业包括暂无就业愿望、拟升学、身体健康原因及其他原因暂不就业。另一方面,给出了高校毕业生就业率、待就业率计算公式。毕业生就业率 =(已就业毕业生人数÷毕业生总人数)×100%;毕业生待就业率 =(待就业毕业生人数÷毕业生总人数)×100%(毕业生总人数=已就业毕业生人数+待就业毕业生人数+暂时不就业毕业生人数)。这一统计方式一直沿用至今。当前,学术界和政府对高校毕业生就业率的相关计算大致可以分为以下几类:

初次就业率。初次就业率是在毕业生离校前对已有就业去向的学生进行统计,一般统计时间截至7月1日。统计的方法和指标同上述通知中的规定。初次就业率计算方便、直观、简单,一直被政府部门应用在对大学生就业状况的统计中。虽然初次就业率操作简单、易于运行,但由于劳动力市场分割、工作搜寻时间和成本等因素的客观存在,加上教育活动影响的长期性,简单地将毕业生离校作为毕业生就业率统计的时间节点来衡量毕业生就业状况有待商榷。

年终就业率。年终就业率又称半年后就业率,是在毕业生毕业半年后对已有就业去向的学生进行统计,一般统计时间截至12月底。统计的方法和指标与初次就业率一致。由于毕业生毕业后可以继续开展工作搜寻,实现就业,以及一些用人单位会在毕业生通过试用后再与其签订就业合同等原因,年终就业率会远高于年初就业率。尽管高校会继续为毕业生提供就业指导和服务,但由于实际运行相对困难,数据统计也较为复杂和艰难。当前,一般通过第三方评价机构,如麦可思发布的《就业蓝皮书》,通过大量的调研,对毕业生半年后的就业率进行统计。虽然年终就业率考虑到了某些客观因素对就业的影响,但未考虑到毕

① 自主创业指创立企业(包括参与创立企业),或是新企业的所有者、管理者,包括个体经营和合伙经营两种类型。自由职业指以个体劳动为主的一类职业,如作家、自由撰稿人、翻译工作者、中介服务工作者、某些艺术工作者等。

业生的参与程度，即就业率的统计未区分自愿性失业和非自愿性失业。同时，就业率的统计将毕业生就业看成静态反应，而动态的就业过程难以用静态的数据反映，就业统计时间本质上就违背就业市场规律。[①]

毕业去向落实率。鉴于就业率的核心是“就业”，字面理解是参加社会劳动并获得劳动报酬。而当前就业率的计算方式将升学、留学、自主创业等形式都纳入毕业生就业的方式，有学者表示应更准确地称之为“毕业去向落实率”。

失业率。宏观经济学将“失业”作为衡量一个国家或地区经济发展和就业水平的关键指标之一。失业率是指劳动力中没有工作而又在寻找工作的人所占的比例。失业率的变化不但反映了劳动力市场的供求状态，而且间接体现出一国或地区的经济发展水平。在劳动力市场中，失业可以分为自愿性失业和非自愿性失业。自愿性失业是出于劳动者的主观选择(如不接受现行工资水平或工作条件)而出现的按自我意愿失业的现象。非自愿性失业则是劳动者即使愿意接受现行工资水平和工作条件等，但依然找不到工作而形成的失业。经济学家们认为，经济社会在任何时期都存在一定比例的失业人口，为此定义了“自然失业率”，是劳动力市场处于供求稳定状态的失业率，其中稳定状态是指既不造成通货膨胀也不会导致通货紧缩的状态。自然失业率的计算方式：自然失业率=离职率÷(离职率+就职率)。当实际失业率长期高于自然失业率时，反映出一国经济发展水平长期低于潜在发展水平。

本研究将对改革开放40多年来的大学生就业率进行比较研究。在计划经济时期，国家统一分配，大学生毕业即就业。改革开放后的很长一段时间，教育主管部门多采用初次就业率来统计毕业生就业情况。21世纪后，《就业蓝皮书》采用年终就业率来分析毕业生就业情况。为保持数据的连贯性和统一性，本研究选取大学生初次就业率开展比较分析，并辅助年终就业率实现阶段内差异对比。因此，本研究所指的高校毕业生就业率是初次就业率，是毕业生总人数和未

---

① 张宝强．如何改进高校毕业生就业统计工作[J]．高教发展与评估，2017，33(2)：17-23，106-107.

就业毕业生人数之差与毕业生总人数之比。其中,就业率值越大,说明地区高等教育培养的毕业生规模与劳动力市场需求的匹配度越高,即越匹配。计算公式如下:

$$\text{高校毕业生就业率} = \frac{(\text{毕业生总人数} - \text{未就业毕业生人数})}{\text{毕业生总人数}} \times 100\%$$

本研究在对高校毕业生就业的考察中,有两点需要明确。第一,对就业人数的统计:将升学、出国留学、入伍等情况纳入其中,作为就业人数统计在就业率中。第二,对研究对象的选取:本研究旨在探讨高等教育与学生就业的关系,鉴于现实可行性,将重点探讨本科生和专科生的就业情况。

(二)毕业生就业匹配度

毕业生专业与就业岗位的匹配度是对接受过高等教育的劳动者所学专业与其就业的行业、岗位的相关性和一致性的把握,即高等教育专业培养和劳动力市场就业岗位中,对劳动力供给和劳动力需求的实现程度。教育事业的发展与社会发展相适应,已经成为理论界和管理部门的共识。

本研究拟使用毕业生就业匹配度来阐释高等教育的劳动力供给和劳动力市场需求的匹配度。高等教育作为社会的一个子系统,其发展受到经济规模、产业结构等子系统的影响。因此,本研究将毕业生专业与就业岗位的匹配度细分为宏观、中观和微观层面,分别从宏观层面的高校毕业生规模与地区经济规模的匹配度、中观层面的高校毕业生专业结构与地区经济产业结构的匹配度、微观层面的高校毕业生个体就业对口度三个维度展开匹配度分析,旨在将高等教育的发展置于社会大系统中。可见,开展毕业生就业匹配度指标的测量具有现实价值和实践意义。具体匹配度分析框架见图1-4。

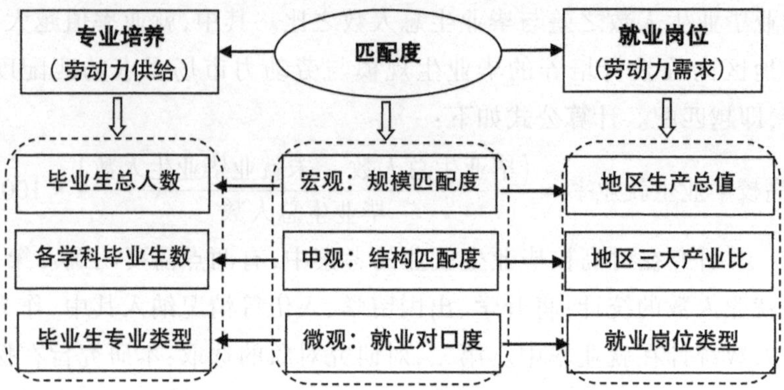

图 1–4　毕业生专业与就业岗位的匹配度分析框架

高等教育的发展受到经济发展水平的制约，这是由高等教育内外部关系规律决定的。毕业生就业规模匹配度表示高等教育规模与经济发展规模的适应程度。毕业生就业规模匹配度越高，说明地区高等教育培养的毕业生规模与地区经济规模的匹配度越低，即越不匹配。计算公式如下：

$$\text{毕业生就业规模匹配度} = \left|\text{高校毕业生平均增长率} - \text{GDP平均增长率}\right|$$

经济产业结构是制约高等教育学科结构的主要因素，因此，评价教育学科结构是否合理应看其是否与产业结构对人才的需求相匹配。[①]毕业生就业结构匹配度是衡量高等教育科类结构与产业结构的适应程度，本书所指的结构匹配度是三大产业的结构匹配度的加权平均值。毕业生就业结构匹配度越高，说明地区高等教育培养的各学科毕业生结构与地区产业结构的匹配度越低，即越不匹配。计算公式如下：

$$\begin{aligned}\text{毕业生结构匹配度} = {} & f1 \times \left|\begin{array}{l}\text{第一产业对应的高校毕业生平均增长率} - \\ \text{第一产业产值比例的平均增长率}\end{array}\right| \\ & + f2 \times \left|\begin{array}{l}\text{第二产业对应的高校毕业生平均增长率} - \\ \text{第二产业产值比例的平均增长率}\end{array}\right| \\ & + f3 \times \left|\begin{array}{l}\text{第三产业对应的高校毕业生平均增长率} - \\ \text{第三产业产值比例的平均增长率}\end{array}\right|\end{aligned}$$

其中，$f1 + f2 + f3 = 1$，表示各产业在国民经济中所占比重。

① 潘懋元．教育的基本规律及其相互关系[J]．高等教育研究，1988(3)：6–12.

(三)毕业生就业专业对口度[①]

毕业生就业专业对口度是从微观层面反映高等教育与就业关系的匹配程度。高等教育是为社会培养专业人才的教育,让毕业生从事与专业相关的工作是毕业生就业专业对口的基本表征。毕业生就业专业对口度是指接受过高等教育的劳动者所学专业与其就业行业、岗位的相关性和一致性程度。毕业生就业专业对口度值越大,说明地区高等教育培养的毕业生规模与地区经济规模的匹配度越高,即越匹配。计算公式如下:

$$毕业生就业专业对口度 = \frac{就业专业对口的毕业生人数}{已就业的毕业生总人数} \times 100\%$$

需要明确的是,鉴于现实可行性和统计便利性,本研究以本科毕业生和专科毕业生的总体就业情况作为高校毕业生就业基本情况,涉及高校毕业生人数、毕业生就业率、毕业生就业专业对口度等统计指标。

结合“高校毕业生就业率”“高校毕业生就业匹配度”和“高校毕业生就业专业对口度”三大测量指标,根据指标的理论内涵和计算公式,本研究将从规模匹配度和结构匹配度两方面获取社会适应性的定量值;从毕业生就业率和就业专业对口度中得出个体的定量值。为进一步开展研究,一要界定各测量指标的权重。本研究假设规模匹配度和结构匹配度、就业率和就业专业对口度在高等教育与社会“适应性”和高等教育与个体就业“确定性”方面处于同等重要的位置,权重各占50%。二要界定各测量指标的范围值。结合改革开放以来各年份高校毕业生就业率和就业专业对口度的实际水平,就业率与就业专业对口度的平均值为个体确定性值,该值在80%以上表示就业率和就业专业对口度良好,因此将个体确定性值在80%以上界定为确定性,80%之下则界定为不确定性。2016年《人力资源和社会保障事业发展“十三五”规划纲要》提出,“十三五”期间城镇登记失

① 鉴于毕业生规模匹配度和毕业生结构匹配度是在宏观和中观层面分析高等教育与就业关系,属于社会“适应性”维度的测量指标;而毕业生就业对口度是从微观层面分析高等教育与就业的关系,属于个体“确定性”维度的测量指标,因此在此单独列为(三)。

业率控制在5%以内，因此将社会适应性的界定值确定为5%，即高等教育与社会发展需求的对应性和符合度小于5%为适应性，大于5%则是不适应性。图1–1和图1–2分别对高等教育与就业"适应"和"确定"关系的特性加以规定，在"适应""不适应"和"确定""不确定"质变特质的基础上，延伸出"高适应""高不适应""低适应""低不适应"和"高确定""高不确定""低确定""低不确定"八项量变特性。鉴于失业率的国际警戒线7%的标准和就业率60%的及格标准，进一步细化高等教育与就业关系测量指标的范围值，由此构建出高等教育与就业关系类型及其界定范围（见表1–1）。

表1–1　高等教育与就业关系类型及其界定范围

界定类型	界定范围
社会适应性定量值 =（规模匹配度+结构匹配度）÷2	定量值≤5%，高等教育与就业处于"适应"关系 ①0＜定量值≤2.5%，"高适应"关系 ②2.5%＜定量值≤5%，"低适应"关系
	定量值＞5%，高等教育与就业处于"不适应"关系 ①5%＜定量值≤7%，"低不适应"关系 ②7%＜定量值≤100%，"高不适应"关系
个体确定性定量值 =（就业率+就业对口度）÷2	定量值＜80%，高等教育与就业处于"不确定"关系 ①0＜定量值≤60%，"高不确定"关系 ②60%＜定量值＜80%，"低不确定"关系
	定量值≥80%，高等教育与就业处于"确定"关系 ①80%≤定量值≤90%，"低确定"关系 ②90%＜定量值≤100%，"高确定"关系

第三节 教育利益冲突与协调理论的解释

马克思指出，人们奋斗争取的一切，都同他们的利益密切相关。恩格斯指出，每一既定社会的经济关系首先表现为利益。[①]列宁进一步肯定了马克思的利益思想，指出一切思想都植根于人们经济关系的状态之中，在历史发展中利益推动着民族的生活。可见，利益推动着社会生产和社会生活的发展，在社会历史发展进程中有着极为重要的作用和地位。利益作为人类社会发展及其矛盾和动力认识的重要基点，是人类生产生活经验中必不可少的推动力。17世纪以来利益被称为一个“新的范式”，通过这种“新的范式”，很多类型的问题都找到了答案。[②]因此，基于利益的不同理论中的许多使用路径，把利益看作一个新的范式或者新的观点是可行的。可见，以利益作为社会变迁、事物更迭、制度变更的基本逻辑是可行的。鉴于利益推动着社会生产生活，教育利益作为利益在教育活动中的展现，推动教育活动的动机或动因是不同群体和个人所追求的于己有利的教育利益。因此，本节尝试引入教育利益冲突与协调理论作为解释高等教育与就业关系变迁的逻辑理路。

一、高等教育与就业关系的利益属性及其类型

现有对利益的界定主要存在四种观点：一是从人的主观性出发，将利益看成人的需要、主观情欲的诉求。在这种观点下，利益用来解释主体行为的动力或本身即是一种来自主体内部的动力。既然利益来自行为主体内部，作为一种动力，也可以用以表达行为主体现在的需要是什么。美国社会学家斯莫尔界定出利益的六大类型：健康利

① 马克思恩格斯选集：第三卷[M].北京：人民出版社，1995：209.

② LRISHMAN, ALBERT O.The passions and the interests: political arguments for capitalism before its triumph[M].NJ: Princeton University Press, 1977: 42.

益、财富利益、社交性利益、知识利益、美的利益和正当性利益。[①]二是将利益界定为纯客观的事物，即利益是物质的、实物的和客观的。政治学学者指出，利益是基于一定生产基础的获得社会内容和特性的需要。[②]三是将利益看成主观和客观的统一，指出利益的内容是客观的，具体表现形式是主观的。《中国大百科全书·哲学卷》指出，利益是人们通过社会关系表现出来的不同需要。[③]四是利益实质上表现出一种关系，是社会关系、物质关系、经济关系的体现。利益需要主体以一定的社会关系为中介，以社会实践为手段，以社会实践成果为内容，以主观欲求为形式，以自然生理需要为前提，使需要主体与需要客体之间的矛盾得到克服，需要主体之间对需要客体进行某种程度的分配，从而使需要主体得到满足。[④]它体现出一种社会生产关系和社会分配关系。

教育利益是利益在教育活动中的基本表现，纵观现有对教育利益概念的界定，有从外部条件中界定出教育利益概念的，指出教育利益是教育主体从教育过程和结果中获得的、能满足其需求的物质财富或者非物质财富；[⑤]教育系统存在着功能和实体上的需求，教育系统就成为一种具有主体性的利益实体，我们把能够满足教育系统生存和发展为基础的各方面的客体性资源称为教育利益。[⑥]也有从利益本质出发，指出教育利益是进行教育权利、机会和其他物质资源分配的过程中所形成的一定性质的社会关系，并明确了教育利益与政治利益、经济利益等其他利益关系的区别和联系。[⑦]

---

① SMALL A.General sociology[M].IL: University of Chicago Press, 1905: 433.

② 王浦劬.政治学基础[M].北京:北京大学出版社,1995:53.

③ 中国大百科全书总编辑委员会《哲学》编辑委员会.中国大百科全书·哲学[Z].北京:中国大百科全书出版社,1987:483.

④ 王伟光.利益论[M].北京:中国社会科学出版社,2010:80.

⑤ 褚宏启.教育利益的界定甄别与法律调整——运用法律手段解决教育中的“老大难”问题[J].教育学报,2013,9(4):23-30.

⑥ 曲正伟.教育利益论[D].长春:东北师范大学,2007.

⑦ 阮成武.论教育的利益定位与边界[J].安徽师范大学学报(人文社会科学版),2014(3):344-350.

(一)教育利益关系

列宁指出,必须到生产关系中间去探求社会现象的根源,必须把这些现象归结为一定阶级的利益。[①]美国社会学家埃及贝尔进一步表示,一切现象都应被看作处于关系之中,而且只有关系能够用来解释一切。[②]因此,认识世界、分析世界和改造世界必须从利益关系出发,只有理解这些利益才能得到理解历史发展的现实过程的钥匙。[③]可见,利益属于关系范畴,利益问题归根到底是一个关系问题。

利益作为一种关系范畴,是一切社会关系产生、发展和变化的根源,一定的社会关系就是一定利益关系的体现,而一定的利益关系是由一定的生产关系、经济关系所决定的。一定的经济关系又决定一定的利益关系,一定的利益关系又决定一定的社会政治、文化等更为广泛的社会关系。[④]因此,利益关系是建立在一定的社会关系中的围绕特定的利益而形成的相互关系。

马克思将利益作为人类历史发展的重要起点,在马克思理论中,教育定位于生产力、生产关系和社会关系构成的广义社会之中,马克思对教育利益的分析是放置在生产关系中的,以资本主义社会中工人阶级的教育利益为研究核心,主要包括两方面。其一,教育与经济(生产)的关系决定着教育利益。马克思曾指出,物质生活的生产方式制约着整个社会生活、政治生活和精神生活。[⑤]社会物质生产决定着社会其他方面,也就对教育具有决定性的作用,如关系着教育的数量、结构、质量等多方面,因此,在教育利益的输入、协调、整合、输出过程中经济属性是第一性的。马克思在《资本论》的第一卷中重点阐述了商品、货币、资本等问题,谈及了经济利益和教育利益的形成。

① 列宁全集:第一卷[M].北京:人民出版社,1986:464.

② MEYERBEER M. Manifesto for a relational sociology[J].American Journal of Sociology,1997(2):281-317.

③ 普列汉诺夫.普列汉诺夫哲学著作选集:第一卷[M].曹葆华,译.北京:生活·读书·新知三联书店,1959:675.

④ 彭劲松.当代中国利益关系分析[M].北京:人民出版社,2007:2.

⑤ 马克思恩格斯全集:第二卷[M].北京:人民出版社,1995:32.

一方面,劳动创造经济利益。通过劳动形成商品的价值和生产的使用价值,而劳动是教育和训练的结果。要改变一般人的本性,使他获得一定的劳动技能和技巧,成为发达的和专门的劳动力,就要有一定的教育或训练,而这就得花费或多或少的商品等价物。[①]另一方面,教育利益的产生需要经济和物质的投入。比社会平均劳动较高级较复杂的劳动,比普通劳动力需要较高的教育费用,要花费较多的劳动时间,因此它具有较高的价值。[②]其二,社会生产关系制约着教育利益。马克思主义从人的社会属性出发,指出社会关系是构成利益的社会基础,要求在分析利益形成和协调时要与所处的社会关系相联系。马克思曾指出"每一既定社会的经济关系首先表现为利益"[③],可见利益的社会基础是一种社会关系。在社会存在和意识的作用中,人的社会存在决定着人的意识。[④]马克思从资本主义生产方式和社会关系角度分析了资本家对工人剩余价值的剥削,在这种剥削下造成受教育权的剥夺、智力的荒废和身体成长畸形等问题。为保证生产的顺利进行,工人接受教育成为必然,此时资本家为最大限度地逐利,会最大限度地减少教育费用,降低教育成本,将工人的培训和教育限定在刚好能满足生产的最低水平。正如恩格斯所言,既然资产阶级所关心的只是工人的最起码的生活,那我们也就不必奇怪他给工人受的教育只有合乎他本身利益的那一点点。[⑤]为此,资产阶级转向了教育工厂,通过资本交换教师的劳动能力。实际上,在这种经济利益下派生出了一种剥削的教育利益,可见社会生产关系制约着教育利益的投入和分配。

教育利益关系是利益关系在教育领域中的主要体现,是人们在开展教育实践中,围绕追求个体成长和发展、满足自身生存和需要、实现社会进步和发展的教育活动中的各种利益而形成的一种人际社会关系。譬如我国社会主义建设过程中,在市场经济体制建立和完

① 马克思恩格斯全集:第二十三卷[M].北京:人民出版社,1972:195.
② 马克思恩格斯全集:第二十三卷[M].北京:人民出版社,1972:223.
③ 马克思恩格斯选集:第三卷[M].北京:人民出版社,2012:258.
④ 马克思恩格斯全集:第二卷[M].北京:人民出版社,1995:38.
⑤ 马克思恩格斯全集:第二卷[M].北京:人民出版社,1972:395.

善的背景下，经济所有制关系、社会资源分配关系等主要的生产关系决定了我国社会的各种复杂的利益关系。这些复杂的利益关系在教育领域中或直接或间接影响着教育权的保障、教育资源的获取、就业机会和收入的获得，从而决定着各种社会人际关系的产生和发展。可见，认识关系变迁必须从基本利益关系出发，从教育利益关系出发。探析我国改革开放以来高等教育与就业关系的变迁历程是认识两者关系变迁的基本逻辑理路。

（二）教育利益的主要类型

教育利益不仅包括教育需求、教育价值，还涉及教育功能和社会关系，它反映在教育活动中。教育利益产生于教育利益主体的教育需要[①]，政府、高等学校和受教育者会受利益的驱动来实现自身利益的最大化，对利益的追求会导致各利益主体之间的利益博弈。[②]学界对教育利益分类的探究并不多，归纳可知，对教育利益主要从宏观、中观和微观三方面实施分类，具体分类见表1–2。

表1–2 教育利益基本类型

分类依据	教育利益类型	基本内涵
利益主体[③]	国家教育利益	在国家层面，以能够满足教育系统生存和发展为基础的各方面的客体性资源
	市场和社会教育利益	在市场和社会层面，以能够满足教育系统生存和发展为基础的各方面的客体性资源
	管理部门教育利益	在教育主管部门层面，以能够满足教育系统生存和发展为基础的各方面的客体性资源

① 阮成武．教育利益协调的制度创新[M]．北京：教育科学出版社，2017：88.

② 李欣然．高等教育中“经济人”主体利益博弈分析[J]．高教探索，2015(3)：35–39，52.

③周倩．高等教育改革中不同利益主体间的博弈[J]．国家教育行政学院学报，2011(3)：22–26.

续 表

分类依据	教育利益类型	基本内涵
利益主体	学校教育利益	在学校层面，以能够满足教育系统生存和发展为基础的各方面的客体性资源
	受教育者教育利益	在受教育者层面，以能够满足教育系统生存和发展为基础的各方面的客体性资源
	家庭教育利益	在家庭层面，以能够满足教育系统生存和发展为基础的各方面的客体性资源
表现形式	内在利益	教育的内在利益是教育利益主体接受教育并由其本人享用的那部分利益，包括：提高受教育者本人的生产力；受教育水平越高，积累人力资本时的效率就越高；教育改变了人们对闲暇价值的评判；受教育程度与失业率呈负相关关系；教育与工作条件、福利待遇、生活质量呈正相关关系[①]
	外溢利益	教育的外溢利益是由受教育者支付教育成本而由社会享用的那部分教育利益。包括：加快社会技术进步与信息传播；提高家庭内部的生产力；提高劳动力市场双向选择的效率；改善受教育者本人、配偶及其家庭成员的健康状况；提高受教育者子女的品质；社会犯罪率下降；提高社会和谐程度；提高消费者的选择效率；提高婚姻选择的效率[②]

① 蔡增正.论教育的内在利益与外溢利益[J].江苏高教，2001(4)：33-36.

② 蔡增正.论教育的内在利益与外溢利益[J].江苏高教，2001(4)：33-36.

续 表

分类依据	教育利益类型	基本内涵
价值取向	教育的民生利益	教育民生利益是国家和政府发挥公共资源的作用，提供一定的教育利益客体，让社会成员接受教育并由此实现教育的内部利益[①]
	教育的公共利益	公共利益是被一定社会群体中的不确定的多数人所认可和享有的利益。[②]教育从政治（政府）或经济（市场）领域剥离出来，既不属于政治领域，也不属于经济领域，而是属于社会（公共）领域，[③]成为既非公益亦非营利的“第三部门”。教育利益的分配不再由政府垄断，而是在公共领域通过民主协商、对话和自愿选择来进行[④]

二、教育利益冲突引起的高等教育与就业关系失调

人的自然需求和社会需求的千差万别决定了不同利益主体间追求利益的差异化。个体与个体之间、群体与群体之间的利益差别是利益矛盾产生、利益分化甚至利益冲突的基本原因。利益差别的加大，不仅增加了利益矛盾出现的可能性，也将引发利益分化和利益冲突。利益冲突理论将利益差别看作冲突的缘起，在利益差别的现实背景下，利益矛盾逐步显现，出现利益分化甚至走向利益冲突。马克思主义认为利益冲突是推动社会发展的动力因素。改革开放以来，教育利益冲突导致了高等教育与就业关系的失衡，推动着两者关系

① 阮成武. 教育利益协调的制度创新[M]. 北京：教育科学出版社，2017：144.

② 蒲蕊. 公共利益：公共教育体制改革的基本价值取向[J]. 教育研究与实验，2007(1)：34-37.

③ 刘复兴. 教育政策的价值分析[M]. 北京：教育科学出版社，2003：62.

④ 阮成武. 教育利益协调的制度创新[M]. 北京：教育科学出版社，2017：115.

进一步变迁。

(一)教育利益矛盾与冲突的产生与类型

利益差别必然导致利益矛盾,利益差别的普遍存在也进一步说明了利益矛盾的普遍性。可见,利益矛盾在社会中是必然存在的。马克思主义唯物辩证法将普遍联系看作最根本的法则,看作世间万物普遍遵循的基本原则。而矛盾是事物内部和事物之间对立统一的辩证关系,是一种最为稳定、起基础性作用的关系。按照矛盾的来源,利益矛盾可以分为利益外部矛盾和利益内部矛盾。其中,利益外部矛盾是利益关系与社会生产之间的矛盾,利益内部矛盾是利益本身内在的矛盾。[①]而利益内部矛盾最为直观和直接,利益外部矛盾通过利益内部矛盾表现出来。教育利益矛盾则是教育活动中利益矛盾的展现,其中,教育利益外部矛盾表示教育事业与社会生产之间的矛盾关系;教育利益内部矛盾多体现在教育利益相关主体间。(见表1-3)因此,全面把握教育利益矛盾必须综合考察教育利益外部矛盾和教育利益内部矛盾之间的关系。

表1-3　教育利益矛盾的基本类型

基本类型	分类依据	具体类型
利益内部矛盾[②]	利益客体的内在矛盾	教育利益的利己性和利他性的内在矛盾
		个别教育利益、局部教育利益与一般教育利益、整体教育利益的矛盾
		根本、长远教育利益与既得、近期教育利益的矛盾
	利益主体之间的矛盾	个体教育利益
		群(集)体教育利益
		国家教育利益

① 王伟光.利益论[M].北京:中国社会科学出版社,2010:159-160.

② 王伟光.利益论[M].北京:中国社会科学出版社,2010:160-161.

续 表

基本类型	分类依据	具体类型
利益内部矛盾	利益群(集)体之间的矛盾	阶级教育利益
		阶层教育利益
		民族教育利益
		国家教育利益
		企业教育利益
		财团教育利益
		政党教育利益
利益外部矛盾	教育与经济发展	教育发展的速度、规模、结构、质量与经济发展的速度、规模、结构、水平之间的矛盾
	教育与政治发展	教育发展的性质、类型与政治的性质、类型之间的矛盾
	教育与文化发展	教育发展的速度、规模、结构、质量与文化发展的保存、传播、更新、交流之间的矛盾
	教育与科技发展	教育发展的速度、规模、结构、质量与科技发展的速度、规模、结构、水平之间的矛盾
	教育与人口发展	教育发展的速度、规模、结构、质量与人口发展的速度、规模、结构、水平、质量之间的矛盾

利益差别的存在是利益矛盾出现的起点，利益矛盾的普遍性又引起利益分化，强烈的、激烈的利益分化将可能引起利益冲突。冲突是不一致、不和谐的社会动态过程，利益冲突是利益主体基于利益差别和矛盾而产生的利益纠纷和利益争夺，[①]是利益矛盾积累到一定程度所产生的一种激烈对抗态势。[②]尽管利益矛盾并不等于利益分化，利益分化的出现也不代表是利益冲突的必然结果，但利益差别所引起的利益分化和矛盾是利益冲突的起点，即当利益矛盾无法得到有效调和时，利益矛盾的加剧和激化导致利益冲突的发生。可见，利益

① 王伟光.利益论[M].北京：中国社会科学出版社，2010：165.

② 汪宗田.马克思主义制度经济理论研究[M].北京：人民出版社，2014：146.

冲突是利益矛盾激化的极端表现。利益冲突的发展阶段首先表现为利益主体间不相容的利益分化和矛盾,其次发展为不同利益主体之间的僵持与威胁,最后直接表现为外部的敌对态度和行为。教育利益冲突就是在社会转型过程中,教育利益的相关主体之间追求的教育利益目标不同,自觉或不自觉地将利益主体置于对立之中,逐步发展到情感、态度、观念甚至行为上的对立,从而引起教育体制、教育政策、教育与社会子系统间关系的变化。

(二)教育利益矛盾及冲突导致高等教育与就业关系失调

教育利益在高等教育与就业关系的形成和变化中起着重要的推动作用。改革开放后我国社会不断发展,教育利益关系也发生了转变。根据表1–2和1–3的归纳,改革开放后的40多年来,我国教育利益在内部矛盾中存在着个体教育利益、群体教育利益和国家教育利益之间的矛盾;在教育利益外部矛盾中出现了教育与经济发展之间的矛盾和教育与政治发展之间的矛盾。在高等教育与就业关系领域中直观表现为高等教育培养的大学生与社会经济发展对人才的需求能否顺利对接,大学生如何更好地利用所学投身国家建设和服务社会等现实问题。随着经济社会的发展和民众对受教育的渴望,这种利益差别和矛盾进一步扩大,甚至上升为利益冲突。这种教育利益冲突包括:受教育权的扩大加大了毕业生个体就业的压力,经济快速发展加剧了用人单位间对优秀人才的竞争,民众生活水平的提高提升了基层对大学生的渴望。在此基础上,“大学生就业难”“企业用工荒”和“基层求贤若渴”多方矛盾开始出现。

(三)教育利益冲突推动高等教育与就业关系变迁

首先,随着我国经济社会的快速发展,社会各行各业对人力资本的需求上升,加剧了不同利益主体对大学生的竞争。一方面,受长期以来城乡二元结构体制和行业发展的制约,经济落后地区、新兴企业对人才的吸引力不足，成为阻碍地区或企业发展的关键因素，也不利于国家经济的快速发展。另一方面，随着市场经济体制的建立和完善，要求充分发挥市场在人力资源配置中的基础性作用。而市场经济固有的缺陷，使得一些关注国计民生和国家战略的事业和行业无法实现有效的人才补给。为满足经济建设对人才的需求，国家充分发挥宏观调控的职能，出台了一系列旨在促进毕业生就业的政策，包括"三支一扶"计划、农村特岗教师计划、西部计划、选拔选调生等，引导毕业生面向基层就业和鼓励大学毕业生去中小企业就业。在市场经济和国家引导的双重作用下，高等教育与就业的关系也发生转变。其次，社会发展进一步扩大了民众对教育的需求，上大学不再是少数精英阶层的特权，逐渐成为公民的基本教育利益诉求。20世纪90年代末，我国高等教育规模开始扩张，大学生人数迅速上涨。一方面，高校扩招，短期内使得改革开放后初步建立起的社会主义市场经济体制无法与之适应，经济发展和高等教育发展矛盾凸显，大学生就业质量下降。另一方面，高校扩招使得大学毕业生成倍上涨，一时间就业市场对大批涌入的劳动力显出乏力，大学生就业形势趋向严峻。

三、教育利益协调促进高等教育与就业关系重构

一方面，由于社会合作存在着利益的一致性，所有人都有可能过着比他们仅靠自己的努力独自生存更好的生活；另一方面，由于这些人对由他们协力创造的较大利益怎样分配并不是无动于衷的，这样就产生了一种利益冲突，就需要一系列原则指导利益分配。[①]可见，社会中，不同利益主体和利益关系导致利益差别的出现，随着差别的加大，表现出一定的利益矛盾甚至利益冲突。随着社会政治、经济、文化的发展，利益关系格局会随之发生变化，为维持社会稳定，维持一定利益关系格局的平衡，确保社会正常运行，就需要对现有的利益矛盾进行协调。改革开放后，高等教育与就业关系的变迁历程，即不

---

① 约翰·罗尔斯.正义论[M].何怀宏，何包钢，廖申白，译.北京：中国社会科学出版社，1988：2.

同的教育主体因利益差异引发的教育利益冲突而导致两者关系失衡，再通过一定机制和制度对教育利益加以协调，实现两者关系由失衡走向重构的过程。

（一）教育利益由冲突走向协调的必要性、内容及其限度

利益差别的客观存在，形成了纵横交错的利益体系，随着利益分化和利益冲突的出现，相互争夺和对抗的事件时有发生，社会发展受阻。因此，需要建立一种合适的模式来调和人们的利益矛盾，即利益协调。利益协调是对不同的利益矛盾和利益冲突加以缓和、协调的过程，使得不同的利益主体走向和谐。教育利益协调则是为了缓和、调解或消除因利益分化而引起的教育利益差别、矛盾、冲突，维护教育整体利益关系和谐而建立的一种调节、兼顾、控制和约束机制。[①]协调各教育主体的教育利益关系和利益矛盾，缓解利益冲突，实现教育利益协调，能最大限度地调动民众的积极性，不断满足民众日益增长的教育利益需求，缓和因教育利益矛盾引起的社会分化、矛盾和冲突，实现教育事业与社会的共同发展。表1-4总结了教育利益协调的基本内容。

表1-4　教育利益协调的基本内容

项目	主要方式	基本内涵
利益协调机制[②]	经济协调	重在协调教育事业发展中经济、物质方面的利益矛盾，发挥经济制度和经济体制的作用，运用经济法规、经济政策、经济管理等多种经济手段和方法，是利益协调中的主要手段和基本机制
	政治协调	利用国家的职能、政治制度及其各类政治手段对教育事业发展中的利益矛盾进行协调

① 阮成武.教育利益协调的制度创新[M].北京:教育科学出版社,2017:130.

② 王伟光.利益论[M].北京:中国社会科学出版社,2010:243-258.

续 表

项目	主要方式	基本内涵
利益协调机制	法律协调	通过法律的形式将利益制度固定下来,以保障教育事业稳步发展
	道德协调	通过利用广泛性的社会规范来协调好各种利益关系,确保教育事业稳步发展
教育利益协调模式①	教育利益的个人优先模式	以个体的教育利益为中心,并且个体之间应平等地享有教育利益。基本特点:大众取向、私利取向、公平取向、个人选择
	教育利益的国家优先模式	以社会共同善优先为基本指向,坚持"国家本位",当个体教育利益与国家教育利益发生冲突时,个体应服从国家。基本特点:精英取向、公益取向、效率至上、政府主导
	教育利益的民生优先模式	国家和政府发挥公共资源的作用,提供一定的利益客体,让社会成员接受教育并由此实现教育的内部利益。基本特点:大众取向、私利取向、效率至上,政府主导和个人选择兼重,但存在冲突
教育利益协调模式	教育利益的公共性优先模式	重视教育利益的大众取向,并强调公平至上。基本特点:大众取向、公益取向、公平至上、政府主导
	教育利益的统筹共享模式	统筹不同利益关系,实现不同利益主体间的教育利益的共享。基本特点:精英取向与大众取向整合、公益与私益、公平与效率、政府主导和个人选择统筹,实现利益共享

教育利益的协调总是围绕着一定的价值取向,即教育利益协调总是在一定的时代背景和社会条件下依据这些价值限度进行利益整合和协调。这种价值限度主要包括:(1)公平与效率的价值限度。公

① 阮成武.教育利益协调的制度创新[M].北京:教育科学出版社,2017:140-152.

平和效率是人类社会生活中的重要范畴，教育公平一直被视为教育发展的基本价值目标，也就成为教育利益协调的核心和标准。随着改革开放的推进，在经济利益分化的大环境下，城乡、个体、群体间教育利益出现差异、分化甚至冲突，以往的教育政策和制度无法协调利益分化带来的矛盾，人们开始转向关注对教育效率的优化。长期以来，公平和效益难以兼顾，构成了教育利益协调的第一个基本价值限度——公平与效率的价值限度。(2)国家主导与市场主导的价值限度。改革开放后，关于教育应如何发展出现了两大对立观点，一方支持国家力量主导教育发展，坚持教育的公益性；另一方支持以市场力量为主导，提倡教育产业化。以国家主导引领教育事业发展和以市场为导向促进教育发展成为教育利益协调的第二个基本价值限度。(3)国家优先与个体优先的价值限度。当国家利益与个体利益发生冲突和矛盾时，应优先保护或实现大多数人的最大利益，要求个人应服从国家利益的导向属于国家优先的价值导向。相反，当个体利益和国家利益出现冲突和矛盾时，主张个体的自由和选择应优先，以确保每一个个体不受侵犯的观点属于个体优先的价值取向。国家优先与个体优先构成了教育利益协调的第三个基本价值限度。

(二)教育利益协调推动高等教育与就业关系的重构

教育利益协调总是在一定的价值取向指导和支配下完成的，新中国成立后的一段时间，在计划经济体制下，大学生就业一直采取国家统包统分的就业体制，即国家保障毕业生就业权利，以统筹配置的方式将大学毕业生安排至合适的工作岗位上。这种方式是以国家为主导，在确保国家利益优先的前提下实施的大学生就业制度，不仅在一定程度上确保了教育的公平性，也确立了高等教育与就业的明确关系，即接受高等教育便意味着一个相对稳定的确定的工作岗位。改革开放后，随着市场经济体制的建立和完善，“效率优先，兼顾公平”在教育领域中成为基本的价值诉求。毕业生就业也逐渐由“国家统筹”“统一分配”转为“自主择业”“市场选择”，大学生自由择业制度逐步全面实施并向纵深推进,实质上这一价值追求的宗旨在于"更有效、合理地配置毕业生资源"。这一宗旨体现了国家最优和个体最优的最佳结合,也是社会对效率和公平的终极价值追求。[①]在对国家利益、个体利益、用人单位利益的综合协调下,大学生就业政策几经更迭,高等教育对就业影响的程度和作用方式也发生了改变,促进了高等教育与就业关系的重构。

四、高等教育与就业关系变迁的分析框架

现实中的利益关系并不是永远和谐一致的,利益分化是社会生活中客观存在的矛盾现象。根据教育利益关系理论,不同利益主体在利益目标、利益内容、利益选择和利益实现方式等方面的差异,引起了利益的分化甚至冲突,进而推动着事物的变化与发展。从本质上说,改革开放以来高等教育与就业关系的演进,是不同时期不同主体之间教育利益关系平衡、失衡、再平衡的矛盾运动过程。教育利益作为利益关系在教育活动中的基本表现,教育政策制定应基于教育利益分析,政策目标的确定应促进教育利益实现,政策实施过程应加强教育利益协调。[②]政府的教育政策是对社会公共利益进行分配,政策制定在于协调各种利益关系。正如美国著名政治学家戴维·伊斯顿所言:"公共政策是对全社会的价值做有权威的分配。"高等教育与就业关系的变迁历程与公共政策有着紧密的联系,可见利益关系是政府政策制定和安排的内在基础。纵观改革开放以来高等教育与就业关系的演进历程可以发现,两者关系的变迁历程即不同主体间教育利益分化和调节的过程。根据教育利益关系理论,高等教育与就业的关系受国家教育政策的调控,这种调控是对国家利益、个体利益和公共利益的不同配置。在教育利益冲突和协调理论的指导下,本研究尝试构建出高等教育与就业关系变迁的分析框架(见图1-5),以

① 韦颖.改革开放以来我国大学生就业政策的变迁——基于支持联盟框架的分析[J].高等教育研究,2015,36(5):48-54.

② 阮成武."素质教育新规"触动谁的敏感神经[J].教育研究,2011(6):17-22.

解释改革开放后高等教育与就业关系变迁的内在机理。

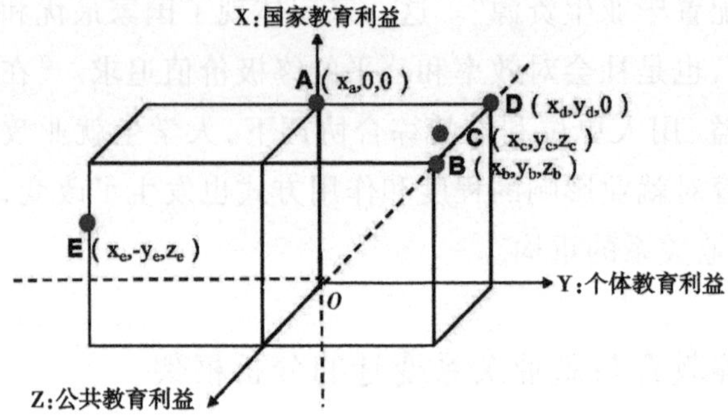

图1-5　高等教育与就业关系变迁的分析框架

(一)利益矛盾失衡的高等教育与就业关系逻辑

表1-5显示利益矛盾失衡的教育利益关系有三种基本类型,分别是某项教育利益至上、放弃某项(些)教育利益和牺牲某项(些)教育利益。改革开放后,高等教育与就业关系变迁中,国家利益、个体利益和公共利益在不同时期占据着不同的地位,存在国家利益至上、个体利益至上和利益分化矛盾凸显三种类型。

1.国家利益至上的高等教育与就业关系逻辑

国家利益至上在毕业生就业中通常表现为"国家优先",即当个人利益和国家利益发生冲突时,个人应服从国家。为了国家需要,政府会对有限的毕业生资源进行集中配置和使用,以国家利益为重。新中国成立后到改革开放初期一段时间内实行"统包统分"的毕业生分配制度,这一制度的实施显示的是国家利益至上的利益分配方式。

2.个体利益至上的高等教育与就业关系逻辑

就业是个人和家庭获得物质收入和精神收益的重要途径,个体利益至上在毕业生就业中通常表现为"个人自主",即要求就业中享有公平、有序的就业机会和就业环境。由此看来,此关系逻辑注重市场的自由调节和个人的自由选择,表现为"自主择业"的毕业生分配制度。

3. 利益分化矛盾凸显的高等教育与就业关系逻辑

主体间不同的需求反映出利益差别的普遍性，教育和就业作为重要的民生事项，关系着民众的生产生活。大学生作为拥有先进知识的高级专门人才，对社会方方面面都产生着重要的影响。改革开放后，随着社会的发展，不同主体间的利益差异逐步显现，如：为实现个人就业理想的个体教育利益、为促进企事业更长远发展的群体教育利益、为完成国家战略发展需要的国家教育利益。在大学生就业中不同主体间的利益需求产生差异，出现了利益矛盾。个体利益要求充分尊重个体选择的权利，群体利益需要保障更多的大学生就业保障部门和行业的发展，国家利益旨在引导更多毕业生投身国家建设，不同的利益诉求都对毕业生数量和质量提出了更高的要求。20世纪90年代末，以国家为主导的高等教育规模的扩张，大幅度地提高了大学生的数量，而大学生数量的快速上涨也引起了人才市场矛盾，大学生就业形势日趋严峻。高等教育与就业关系变迁分析框架的理论解释见表1–5。

表1–5　高等教育与就业关系变迁分析框架的理论解释

主要类型		图形呈现	图形含义解释
矛盾失衡的教育利益关系	某项教育利益至上	$A(x_a, 0, 0)$	国家教育利益作为唯一的考量
	放弃某项（些）教育利益	$D(x_d, y_d, 0)$，$x_d = y_d$	同等考虑国家教育利益和个体教育利益，但放弃公共教育利益
	牺牲某项（些）教育利益	$E(x_e, -y_e, z_e)$，$z_e > x_e > -y_e$	牺牲个体教育利益
协调统筹的教育利益关系	平等考虑各项教育利益	$B(x_b, y_b, z_b)$，$x_b = y_b = z_b$	同等考虑国家教育利益、个体教育利益和公共教育利益
	有侧重点地考虑某项（些）教育利益	$C(x_c, y_c, z_c)$，$x_d > y_d > z_d$	重点关注国家教育利益，同时兼顾个体教育利益和公共教育利益

(二)利益协调的高等教育与就业关系逻辑

当或平等或均衡地将不同主体的利益差异加以统筹时,利益协调将会出现。就业是实现国家安定、个人生存的活动,与个人、家庭、国家利益息息相关,是一种公共利益。公共利益是一种对个人利益的超越,是公众对社会文明状态的一种愿望和需要,主要特点是整体性和普遍性。[①]近年来,就业压力加大、就业质量不高等问题相继出现,民众诉求难以满足。在对美好生活向往的追求下,公众对就业的质量和水平提出了更高的要求。在毕业生就业中,国家利益、个人利益和公众利益虽然有所分化,但在提高毕业生就业水平上愿望是一致的,因为就业水平的提高,有利于保障国家安定和发展、改善个体生存和发展的质量。这种共同的利益诉求就为利益协调提供了可能。在这一背景下,国家通过教育实现社会管理职能,个体通过教育实现个人追求,人民群众通过接受良好教育以增强发展能力、改善生活质量的愿望日益强烈,教育成为关系千家万户切身利益的"民生之盼"。[②]因此,为促进毕业生更充分、更高质量就业,实现国家、公众和毕业生的共同期盼,以利益协调为核心,毕业生就业政策需多样化、公平性发展。

① 蒲蕊.公共利益:公共教育体制改革的基本价值取向[J].教育研究与实验,2007(1):34-37.

② 谢维和,李乐夫,孙凤,等.中国的教育公平与教育发展[M].北京:教育科学出版社,2008:54.

第二章 改革开放以来高等教育与就业关系的变迁历程

1978年后，我国政治、经济、文化、教育、科技、生活等方方面面都发生了翻天覆地的变化。在高等教育领域，"恢复高考"的决定为我国社会发展和经济腾飞奠定了良好的人才基础，不但具有深远的历史意义，而且具有重大的现实意义。1977年9月，教育部在北京召开全国高等学校招生工作会议，决定恢复全国高等院校招生考试，恢复高考，选拔人才。1977年10月12日，国务院正式宣布当年立即恢复高考。1977年10月21日，各大媒体公布恢复高考的消息，指出中央决定于当年11—12月在全国范围内举行高考。据统计，1977年共有570万名高考生，录取27万名大学生。正是有了高考才有了人才储备，为改革开放、民族崛起奠定了基础[①]，可见，高考制度的恢复为经济建设提供了智力保障。现有的研究表明，高等教育对就业有着显著的积极影响。本书旨在探析高等教育与就业的关系，基于高考制度恢复后的第一届学生于1978年春入学，1982年毕业，因此本书的研究时间段界定为1982年至2019年。

本章在第一章研究框架的基础上，构建出"双维交叉"的分析框架，即高等教育与就业的"确定性"维度和高等教育与就业的"适应性"维度，各维度分别确定了两大测量指标，具体是"毕业生就业率""毕业生就业专业对口度"和"毕业生就业规模匹配度""毕业生就业结构匹配度"来衡量改革开放以来高等教育与就业关系的变迁历程。

① 王润."记忆的微光"："恢复高考"的自传式书写与新媒介记忆研究[J].新闻记者，2019(9)：17.

具体测算方法如下：

毕业生就业率是将毕业生总人数与毕业生中未就业的人数相比较的一个变量。本研究将此变量公式界定为：高校毕业生就业率=[(毕业生总人数-未就业毕业生人数)÷毕业生总人数]×100%，即高校毕业生就业率=毕业生中已就业的人数÷毕业生总人数×100%。根据概念界定，本章选用毕业生初次就业率，将毕业生升学、基层服务等形式作为就业的方式，均计入毕业生就业统计中。

毕业生就业专业对口度是指大学生所学专业与从事岗位间的相关性，旨在考察大学毕业生所学与从事生产的相关程度。毕业生就业专业对口度=就业对口的毕业生人数÷已就业的毕业生总人数×100%。就业率和对口度值越大，说明高等教育对就业的指向性越高，即确定程度越大。

毕业生就业规模匹配度是将高等教育的发展与经济发展规模相联系，旨在考察大学毕业生的规模与经济发展水平相适应的程度，分为阶段内总体规模匹配度和各年度规模匹配度。一是，阶段内总体规模匹配度=|高校毕业生平均增长率 - GDP平均增长率|，规模匹配度值越大，说明地区高等教育培养的毕业生规模与地区经济发展规模的匹配度越低，即越不匹配。二是，各年度规模匹配度=高校毕业生增长率 - GDP增长率，当规模匹配度值>0时，表示毕业生人数的增长规模大于地区经济发展的增长水平；当规模匹配度值<0时，表示毕业生人数的增长规模小于地区经济发展的增长水平；规模匹配度绝对值越大，说明地区高等教育培养的毕业生规模与地区经济发展规模的匹配度越低，即越不匹配。对规模匹配度的测量将涉及高校毕业生人数、国内生产总值两大指标。其中，高校毕业生人数采用普通本专科人数之和；鉴于价格变动的因素，本章中的国内生产总值以1980年的价格作为基期进行核算，以确保构建的统计量确切反映量的变化。

毕业生就业结构匹配度是将高等教育的发展与产业结构相联系，旨在考察大学毕业生的规模与产业结构水平相适应的程度，包括阶段内总体结构匹配度和各年度结构匹配度。一是，阶段内总体结

构匹配度 =(f_1 × |第一产业对应的高校毕业生平均增长率 - 第一产业产值的平均增长率| + f_2 × |第二产业对应的高校毕业生平均增长率 - 第二产业产值的平均增长率| + f_3 × |第三产业对应的高校毕业生平均增长率 - 第三产业产值的平均增长率|),其中,$f_1 + f_2 + f_3 = 1$,反映各产业在国民经济中所占的比重。值越大,说明地区高等教育培养的各学科毕业生的结构与地区产业结构的匹配度越低,即越不匹配。二是,各年度结构匹配度=(f_1 × |第一产业对应的高校毕业生增长率 - 第一产业产值的增长率| + f_2 × |第二产业对应的高校毕业生增长率 - 第二产业产值的增长率|+f_3 × |第三产业对应的高校毕业生增长率 - 第三产业产值的增长率|),其中,$f_1 + f_2 + f_3 = 1$,反映各产业在国民经济中所占的比重。当各产业匹配度(各产业对应的高校毕业生增长率 - 产业产值增长率)>0时,表示各产业对应的毕业生人数的增长大于地区相应产业产值的增长;当各产业匹配度(各产业对应的高校毕业生增长率 - 产业产值增长率)<0时,表示各产业对应的毕业生人数的增长小于地区相应产业产值的增长。各产业匹配度绝对值越大,说明地区高等教育培养的各学科毕业生的结构与地区产业结构的匹配度越低,即越不匹配。对结构匹配度的测量将涉及第一产业高校毕业生人数、第二产业高校毕业生人数、第三产业高校毕业生人数、第一产业产值、第二产业产值、第三产业产值六项指标。其中,第一、第二、第三产业对应的高校毕业生人数采用普通本专科人数之和;鉴于价格变动的因素,第一、第二、第三产业的产值以1980年的价格作为基期进行核算,以确保构建的统计量确切反映量的变化。

根据上述测量指标,通过计算获取改革开放以来高等教育与就业关系的各项测量指标值,结合第一章给定的研究分析框架和指标界定范围,将改革开放以来高等教育与就业关系的变迁过程划分为四个阶段,分别是"确定-不适应性"关系阶段(1982—1995年)、"确定-适应性"关系阶段(1996—2001年)、"不确定-不适应"关系阶段(2002—2006年)、"适应-不确定性"关系阶段(2007—2019年)。本章将对此展开详细描述和分析。

第一节 高等教育与就业的"确定-不适应性"关系阶段(1982—1995年)

1977年恢复高考以来,1982年迎来恢复高考后的第一届毕业生。新中国成立后,我国采取了"统包统分"的大学毕业生就业体制。统包统分是由国家统一招生、统包大学生上学所有费用、毕业时统一分配的大学毕业生分配制度。这是建立在我国计划经济体制之下的毕业生分配政策,它以国家统筹规划为核心、以国家统招统销为关键、以工作统一分配为特征。这一制度一直持续到1996年1月9日,人事部颁布《国家不包分配大专以上毕业生择业暂行办法》(以下简称《办法》),开启了大专以上毕业生毕业后国家不负责分配工作的进程。因此,本研究将1996年颁布的《办法》列为阶段划分的重要依据,将此前的时段列为第一阶段。而事实上,在1982—1995年的这14年间,我国高校毕业生就业有很强的国家分配导向。根据"毕业生就业率""毕业生就业专业对口度""毕业生就业规模匹配度"和"毕业生就业结构匹配度"等指标可以得出,由于受国家计划经济体制的影响,1982—1995年,虽然高等教育的社会适应性不足,但高等教育与个体就业的确定性显著。本研究将这一阶段定义为"确定-不适应性"关系阶段。

一、毕业生就业率保持高水平,接受高等教育就意味着端上"铁饭碗"

毕业生就业率是当年毕业生中就业的人数与毕业生总人数的比值。计算中,将毕业生升学、基层服务等均纳入毕业生就业的范畴中。表2-1对某科技大学1982—1990届的毕业生就业情况进行了描述,其中,毕业生中已就业的人数包括毕业生分配工作人数和毕业生录取研究生人数。因此,表2-1中高校毕业生就业率=(毕业生分配工作人数+毕业生录取研究生人数)÷毕业生总人数×100%。根据表2-1可知,9年间该大学共计招收6131名大学生,去除减少学生(包括未毕业出国、因病去世等原因造成的学籍变动），实际毕业人数5839人。实际毕业人数包括两部分，一是考取研究生继续升学的人数，共3410人，二是获分配工作人数，共2430人。如果将升学人数纳入毕业生就业，该校9年间的就业率达100%。可见，获得毕业资格的学生均就业，就业的方式是升学或分配工作。同样，江汉大学1984年的274名毕业生全部推荐到154个单位工作，就业率达100%。①因此，该阶段，接受过高等教育，符合毕业条件，便意味着国家统一分配工作，接受高等教育直接对应分配就业岗位。此阶段高校毕业生的毕业人数与就业人数基本相等。详见表2-1。

此阶段，国家对大学生就业的政策是统一分配，要求认真执行国务院批准下达的毕业生分配计划和教育部制订的毕业生调配计划。同时，规定了对学业成绩不合格不能毕业的学生的处理，发放修业证书，列入分配计划，根据学生个人的具体情况，安排适当工作。同样，1981年由教育部、国家计划委员会、国家人事局联合发布的《高等学校毕业生调配派遣办法》中，明确表示在学校的调配计划内，可以采取学生自愿报名、学校推荐和用人单位考核相结合的办法，试行择优分配。同时规定对修业期满、未取得毕业资格的结业生，由入学前所在地方计划、调配部门在本地区范围内安排适当工作。可见，高等教育与毕业生就业关系呈现出高度相关，接受高等教育也就获得了分配机会，即获得工作的机会（升学或分配单位）。

① 张秀亭，张晓明．论“不包分配”[J]．江汉大学学报（社会科学版），1991（A1）：77-80.

表2-1　某科技大学1982—1990届本科毕业生就业情况统计[①]

届别	招生人数	在校(未毕业)出国人数			学籍变化人数	毕业时人数	毕业时录取研究生人数						毕业时分配人数						就业率
		自费	公派	小计			校内	院内	院外	国外	小计	占毕业生比例	校内	院内	部委	地方	小计	占毕业生比例	
1982届	738	12	0	-12	-20	706	163	123	119	28	433	61.33%	56	183	18	16	273	38.67%	100%
1983届	999	6	98	-104	+10	905	175	180	92	8	455	50.28%	54	190	71	135	450	49.72%	100%
1984届	526	1	21	-22	-15	489	128	54	33	22	237	48.47%	25	75	114	38	252	51.53%	100%
1985届	557	2	7	-9	-15	533	203	96	102	31	432	81.05%	18	19	35	29	101	18.95%	100%
1986届	566	0	0	0	+8	574	149	237	45	43	474	82.58%	0	34	40	26	100	17.42%	100%
1987届	599	11	0	-11	-14	574	178	92	91	36	397	69.16%	8	53	51	65	177	30.84%	100%
1988届	662	11	0	-11	-13	638	169	87	89	40	385	60.34%	5	45	63	140	253	39.66%	100%
1989届	715	17	0	-17	-12	686	110	60	70	75	315	45.92%	2	69	63	237	371	54.08%	100%
1990届	778	20	0	-20	-24	734	94	90	52	46	282	38.42%	10	161	61	220	452	61.58%	100%
合计	6140	80	126	-206	-95	5839	1369	1019	693	329	3410	58.40%	178	829	516	906	2429	41.60%	100%

① 招生办公室.1982年—1990年本科毕业生分配去向初步分析[J].研究生教育研究,1991(1):90.

二、高等教育与经济发展匹配不足，但毕业生岗位对口度处于高水平

毕业生就业匹配度是将毕业生就业作为社会发展中的子系统，用来衡量毕业生与经济发展的规模、结构和社会岗位匹配程度的指标。可见，开展匹配度的测量具有现实价值和实践意义。通过计算发现，该阶段的毕业生就业规模匹配度和结构匹配度不足，但毕业生就业专业对口度处于良好水平。

（一）毕业生就业规模匹配度

毕业生就业规模匹配度是衡量高校毕业生规模与社会经济发展规模的匹配程度，值越大，说明高等教育总体规模与经济发展规模的适应程度越低。根据表2-2和图2-1可以得出：

第一，1982—1995年总体规模匹配度。由表2-2可知，该阶段总体规模匹配度=|高校毕业生平均增长率 - GDP平均增长率|=|19.74% -10.32%|=9.42%。

第二，1982—1995年年度规模匹配度。表2-2对1982—1995年我国高等教育与毕业生就业规模匹配度进行了分析，1981—1995年的15年间，毕业生就业规模匹配度依次为-9.87%、217.41%、-37.46%、-29.52%、-3.33%、15.42%、23.71%、-7.27%、-0.05%、2.68%、-9.26%、-15.85%、-19.35%、-1.48%、15.42%。可知，1981年，1983—1985年，1988—1989年，1991—1994年，高校毕业生人数的增长规模小于地区经济的增长规模。1982年，1986年，1987年，1990年，1995年，高校毕业生人数的增长规模大于地区经济的增长规模。其中，1982年高校毕业生人数的增长规模远远大于地区经济的增长规模，高等教育规模和经济增长规模的匹配度低。出现这一情况的原因在于1982年高校毕业生人数相较于1961年增长了3.26倍，1982年恢复高考后的第一届大学生毕业，高校毕业生人数急剧增加，而经济发展处于稳步增长水平。因此，1982年出现了高校毕业生规模与

经济增长规模匹配度低的情况。

表2-2　1982—1995年我国高等教育与就业的规模匹配度

年份	普通本专科人数/万	毕业生增长率	国内生产总值/亿元	国内生产总值增长率	规模匹配度
1982年	45.7	226.43%	5257.00	9.02%	217.41%
1983年	33.5	−26.70%	5823.10	10.77%	−37.46%
1984年	28.7	−14.33%	6707.80	15.19%	−29.52%
1985年	31.6	10.10%	7608.70	13.43%	−3.33%
1986年	39.3	24.37%	8289.60	8.95%	15.42%
1987年	53.2	35.37%	9256.00	11.66%	23.71%
1988年	55.3	3.95%	10294.70	11.22%	−7.27%
1989年	57.6	4.16%	10727.80	4.21%	−0.05%
1990年	61.4	6.60%	11148.30	3.92%	2.68%
1991年	61.4	0.00%	12180.91	9.26%	−9.26%
1992年	60.4	−1.63%	13913.62	14.22%	−15.85%
1993年	57.1	−5.46%	15845.34	13.88%	−19.35%
1994年	63.7	11.56%	17911.04	13.04%	−1.48%
1995年	80.5	26.37%	19873.00	10.95%	15.42%
平均值	52.12	21.49%	11059.78	10.69%	10.79%

1. 数据来源：国内生产总值和本专科人数根据《中国统计年鉴》整理。（国家统计局. 中国统计年鉴[M]. 北京：中国统计出版社，2019.）

2. 国内生产总值以1980年的价格作为基期进行核算。

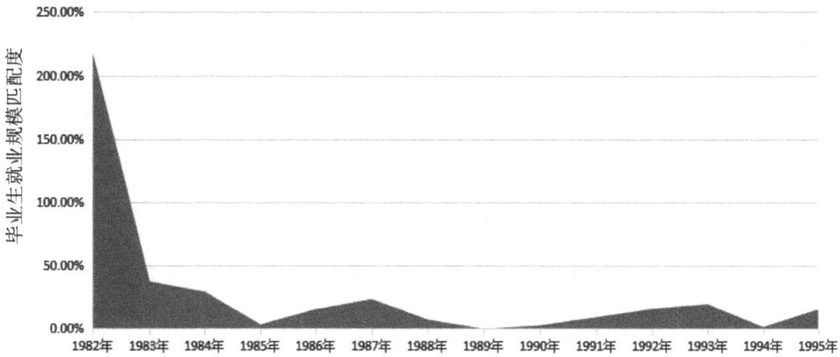

图2-1 1982—1995年毕业生就业规模匹配度对比图(绝对值)

(二)毕业生就业结构匹配度

毕业生就业结构匹配度是衡量高校毕业生学科结构与产业结构发展的匹配程度,值越大,说明高等教育的科类结构与社会产业结构的适应程度越低。根据表2-3和图2-2可以得出:

第一,1982—1995年总体结构匹配度。由表2-3可知,该阶段总体规模匹配度=(f_1 × |第一产业对应的高校毕业生平均增长率 - 第一产业产值的平均增长率| + f_2 × |第二产业对应的高校毕业生平均增长率 - 第二产业产值的平均增长率| + f_3 × |第三产业对应的高校毕业生平均增长率 -第三产业产值的平均增长率|),其中,$f_1 + f_2 + f_3 = 1$,反映各产业在国民经济中所占的比重。该阶段总体规模匹配度 = 22.75% × |46.41%−5.44%| +49.89% × |149.78%−12.88%| +27.36% × | 14.86%−12.06% | =78.40%。

第二,1982—1995年年度结构匹配度。表2-3对1982—1995年我国高等教育与毕业生就业的结构匹配度进行了分析,在各产业匹配度上,1982年,1986年,1990年和1995年,三大产业的年度结构匹配度值均大于0,表明这4年的三大产业对应的毕业生人数的增长均大于地区相应产业产值的增长。同时,1982—1995年毕业生就业结构匹配度依次为710.73%、79.58%、440.74%、11.79%、25.45%、21.10%、6.20%、2.98%、2.77%、9.57%、16.41%、21.15%、2.06%、15.03%。其中,

1982—1984年毕业生就业结构匹配度值大，表明这两年高等教育中的毕业生学科结构与产业结构的匹配度低。进一步分析发现，两者结构不匹配的主要原因在于恢复高考后的前几年，毕业生人数激增，毕业生人数的增长远远超过了各产业产值的增长。详见表2-3、图2-2。

表2-3　1982—1995年我国高等教育与就业的结构匹配度

年份	各类产业	毕业生人数	产业值/亿元	各产业所占比重	毕业生增长率	各产业比重增长率	各产业匹配度	结构匹配度
1982年	第一产业	38050	1622.1	30.86%	330.67%	11.53%	98%	710.73%
	第二产业	172236	2371.5	45.11%	1311.89%	5.57%	589%	
	第三产业	246958	1263.4	24.03%	108.22%	12.65%	23%	
1983年	第一产业	4335	1757.1	30.17%	-88.61%	8.32%	-29%	79.58%
	第二产业	11405	2617.8	44.96%	-93.38%	10.39%	-47%	
	第三产业	319604	1448.2	24.87%	29.42%	14.63%	4%	
1984年	第一产业	18516	1983.5	29.57%	327.13%	12.88%	93%	440.74%
	第二产业	97546	2995.3	44.65%	755.29%	14.42%	331%	
	第三产业	170875	1729.0	25.78%	-46.54%	19.39%	-17%	
1985年	第一产业	20718	2020.0	26.55%	11.89%	1.84%	3%	11.79%
	第二产业	97672	3546.5	46.61%	0.13%	18.40%	-9%	
	第三产业	197994	2042.1	26.84%	15.87%	18.11%	-1%	
1986年	第一产业	36015	2087.1	25.18%	73.83%	3.32%	18%	25.45%
	第二产业	119213	3908.9	47.15%	22.05%	10.22%	6%	
	第三产业	237564	2293.7	27.67%	19.99%	12.32%	2%	
1987年	第一产业	31341	2185.3	23.61%	-12.98%	4.71%	-4%	21.10%
	第二产业	156065	4440.3	47.97%	30.91%	13.59%	8%	
	第三产业	344524	2630.4	28.42%	45.02%	14.68%	9%	
1988年	第一产业	30301	2240.8	21.77%	-3.32%	2.54%	-1%	6.20%
	第二产业	173585	5077.0	49.32%	11.23%	14.34%	-2%	
	第三产业	349580	2976.9	28.92%	1.47%	13.17%	-3%	
1989年	第一产业	30970	2309.8	21.53%	2.21%	3.08%	0%	2.98%
	第二产业	186582	5267.3	49.10%	7.49%	3.75%	2%	
	第三产业	358690	3150.7	29.37%	2.61%	5.84%	-1%	

续表

年份	各类产业	毕业生人数	产业值/亿元	各产业所占比重	毕业生增长率	各产业比重增长率	各产业匹配度	结构匹配度
1990年	第一产业	33413	2479.0	22.24%	7.89%	7.33%	0%	2.77%
	第二产业	195841	5434.5	48.75%	4.96%	3.17%	1%	
	第三产业	390094	3234.8	29.02%	8.76%	2.67%	2%	
1991年	第一产业	30826	2537.4	20.71%	−7.74%	2.35%	−2%	9.57%
	第二产业	206268	6183.7	50.46%	5.32%	13.79%	−4%	
	第三产业	382549	3532.5	28.83%	−1.93%	9.20%	−3%	
1992年	第一产业	30389	2655.3	18.81%	−1.42%	4.65%	−1%	16.41%
	第二产业	207007	7484.4	53.02%	0.36%	21.03%	−11%	
	第三产业	372294	3977.6	28.18%	−2.68%	12.60%	−4%	
1993年	第一产业	27343	2778.8	17.15%	−10.02%	4.65%	−3%	21.15%
	第二产业	196216	8962.1	55.31%	−5.21%	19.74%	−14%	
	第三产业	352263	4461.7	27.54%	−5.38%	12.17%	−5%	
1994年	第一产业	27856	2888.5	15.66%	1.88%	3.95%	0%	2.06%
	第二产业	228922	10588.0	57.40%	16.67%	18.14%	−1%	
	第三产业	380639	4968.9	26.94%	8.06%	11.37%	−1%	
1995年	第一产业	32975	3031.2	14.75%	18.38%	4.94%	2%	15.03%
	第二产业	295839	12051.8	58.64%	29.23%	13.83%	9%	
	第三产业	476583	5469.8	26.61%	25.21%	10.08%	4%	
平均值	第一产业	—	—	22.75%	46.41%	5.44%	—	78.40%
	第二产业	—	—	49.89%	149.78%	12.88%	—	
	第三产业	—	—	27.36%	14.86%	12.06%	—	

1. 数据来源：各产业产值和本专科人数根据《中国统计年鉴》整理。(国家统计局. 中国统计年鉴[M]. 北京：中国统计出版社，2019.)

2. 产业产值以1980年的价格作为基期进行核算。

3. 根据《中国统计年鉴》中各时期对高等学校分学科学生的统计口径变化，本表中各产业毕业生人数的统计口径如下：1982—1989年，第一产业毕业生=农科毕业生+林科毕业生，第二产业毕业生=工科毕业生，第三产业毕业生=总数-农科毕业生-林科毕业生-工科毕业生。1990—1993年，第一产业毕业生=农科毕业生+林科毕业生，第二产业毕业生=工科毕业生，第三产业毕业生=医科毕业生+师范毕业生+文科毕业生+理科毕业生+财经毕业生+政法毕业生+体育毕业生+艺术学毕业生。1994—1995年，第一产业毕业生=农科毕业生，第二产业毕业生=工科毕业生，第三产业毕业生=哲学毕业生+经济学毕业生+法学毕业生+教育学毕业生+文学毕业生+历史学毕业生+理学毕业生+医学毕业生。

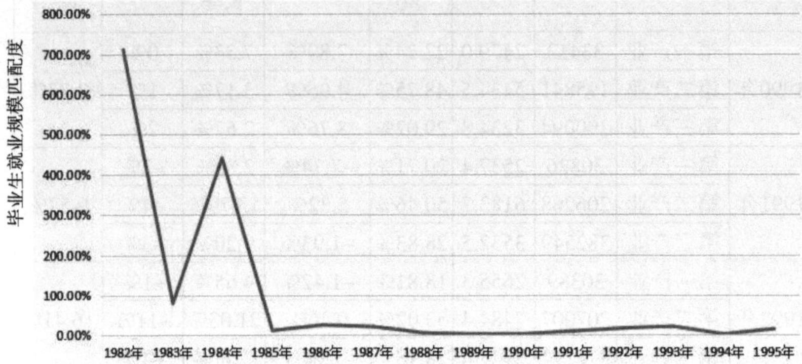

图2-2　1982—1995年毕业生就业规模匹配度对比图

（三）毕业生就业专业对口度

毕业生就业专业对口度用来衡量毕业生所学专业与社会岗位之间的匹配程度。专业对口度值越大，说明高等教育所开设的专业与社会岗位需求间的适应程度越高。表2-4对某师范大学物理教育专业的1982—1995届的本科毕业生就业专业对口情况进行了描述。为更精确地计算出毕业生的就业专业对口度，表2-4毕业生中已就业的人数将信息缺失或未就业、留学、入伍人数排除。毕业生就业专业对口度=[对口就业人数÷(毕业生人数-信息缺失或未就业人数-入伍或留学人数)]×100%。根据表2-4可知，14年间该大学物理教育专业共有毕业生1405人，对口就业人数是1193人。排除信息缺失或未就业人数、留学、入伍人数，毕业生共计1315人，14年间的专业对口度为90.55%，即约九成的毕业生在毕业时获得与专业相关的工作岗位，毕业生就业专业对口度处于高水平。详见表2-4。

表2-4　某师范大学1982—1995届物理教育专业本科毕业生就业专业对口情况统计

届别	毕业生人数	就业情况统计				专业对口度
		部队或留学人数	不对口就业人数	信息缺失或未就业人数	对口就业人数	
1982届	57	0	2	0	55	96.49%
1983届	97	2	8	0	87	91.58%
1984届	122	1	17	0	104	85.95%
1985届	119	8	12	10	89	88.12%
1986届	96	6	2	2	86	97.73%
1987届	131	0	1	0	130	99.24%
1988届	143	2	11	16	114	91.20%
1989届	71	0	15	0	56	78.87%
1990届	101	4	10	7	80	88.89%
1991届	79	0	1	0	78	98.73%
1992届	97	0	8	19	70	89.74%
1993届	59	0	8	0	51	86.44%
1994届	70	0	14	2	54	79.41%
1995届	67	0	3	4	60	95.24%
合计	1405	23	122	67	1193	90.55%

1. 数据来源：某师范大学物理教育专业毕业生就业情况统计。

2. 对口就业人数指毕业生从事教育行业（包括各级各类学校、教育行政部门）和升学。

事实上，“专业对口”是这一时期毕业生分配的重要原则，即根据毕业生所学专业分配到适合的岗位。在对毕业生分配中规定认真贯彻落实“专业对口”这一原则。为进一步强化“学以致用”，对已分配的毕业生也通过调整等方式实现专业对口，确保学以致用。1978年《教育部关于加强中小学教师队伍管理工作的意见》中明确指出，“近几年来，已调到其他战线工作的教师，本人适合教学工作的，应尽量调回教育战线”,[1]此后,安徽省对1966—1970届大学毕业生中用非所学的6000多人进行了对口调整,其中600人到学校担任了教师。[2]1981年《高等学校毕业生调配派遣办法》,明确将“学用一致”作为毕业生调配派遣的重要原则。在此后的分配工作中,这一原则贯穿始终。

三、高等教育与就业的“确定-不适应性”关系阶段的确立

根据第一章确定的高等教育与就业关系的分析维度和界定的测量指标,从社会适应性和个体就业确定性两方面来划分高等教育与毕业生就业的关系类型。社会适应性定量值=(规模匹配度+结构匹配度)÷2。其中,定量值<5%,社会适应性高;定量值>5%,社会适应性低。个体确定性定量值=(就业率+就业就对口度)÷2。其中,定量值<80%,个体确定性低;定量值>80%,个体确定性高。归纳前节统计的本阶段高等教育与毕业生就业关系的指标值(见表2-5)可知,社会适应性定量值44.60%>5%,社会适应性低;个体就业确定性定量值95.28%>80%,个体确定性高。属于高等教育与就业关系的“确定性”和“不适应性”维度。进一步分析发现,本阶段适应性定量值为44.60%,7%<44.60%≤100%,可见该阶段的不适应性属于“高不适应性”;确定性定量值为95.28%,90%≤95.28%≤100%,该阶段的确定性属于“高确定性”。因此,本研究将本阶段高等教育与就业关系的类型界定为“确定-不适应性”关系,具体表现为“高确定性”和“高不适应性”。

① 何东昌.中华人民共和国重要教育文献(1976—1990)[M].海口:海南出版社,1998:1590.

② 何东昌.中华人民共和国重要教育文献(1976—1990)[M].海口:海南出版社,1998:1616.

表2-5　1982—1995年高等教育与就业关系指标值

测量指标	数值	类型指标
规模匹配度	10.79%	适应性:44.60%
结构匹配度	78.40%	
就业率	100.00%	确定性:95.28%
专业对口度	90.55%	

第二节　高等教育与就业的"确定-适应性"关系阶段(1996—2001年)

在"确定-不适应性"阶段,高校毕业生就业采取国家分配的方式,尽管在计划经济体制下存在高等教育整体规模和结构与社会经济、产业结构不相适应的情况,但在个人层面,高等教育与毕业生就业呈现出一种特定的确定性关系。改革开放初期,我国社会发生了翻天覆地的变化。一方面,建立起了社会主义市场经济体制。1992年10月党的十四大明确提出,我国经济体制改革的目标是建立社会主义市场经济体制,确立了建立市场经济的目标。十四届三中全会通过了《中共中央关于建立社会主义市场经济体制若干问题的决定》,规划了我国社会主义市场经济的基本框架。2002年,十六大宣告我国社会主义市场经济体制初步建立。另一方面,"统包统分"的毕业生就业分配制度逐步取消。1996年1月9日,人事部颁布《国家不包分配大专以上毕业生择业暂行办法》,规定了取得国家承认的大专以上学历毕业生的就业事宜。办法中明确毕业生通过人才市场在多种所有制范围内自主择业,可以从事专业技术工作、管理工作,也可以在其他岗位工作。此后,各省、自治区、直辖市根据各自具体情况制定实施细则,"自主择业"的就业制度在全国范围内开始推广。2000年,在全国范围内全面推行"自主择业",至此"统包统分"的毕业生就业分配制度退出了历史舞台。同时,1999年我国开始大学生扩招,此后大学生人数迅速增加,2002年扩招后的大学生逐步毕业,大学毕业生人数大幅上涨。因此,本研究将“高校扩招”作为第二阶段的划分依据,将1996—2001年列为第二阶段。

1996—2001年这6年间,我国因地区差异存在着两种毕业生就业制度,既存在着“统一分配”的就业制度,也存在着“双向选择”的就业制度。实际上,不包分配制度在20世纪80年代的职业大学中便存在。一直以来,职业大学实行国家不包分配、学校择优推荐的分配制度,[①]这种就业政策能够使学生克服一进校便拿到铁饭碗而可以不求上进、等吃“大锅饭”的错误想法,从而充分发挥学生的积极性,促进学生努力成为合格的人才。[②]1988年,教育委员会表示“上学交费,不包分配,平等竞争,双选就业”是我国高校毕业生分配制度改革的目标模式。1996年,开启了普通高等学校不包分配的毕业生就业政策的改革,这一改革的实施与所处的经济环境密切相关。基于此,本研究将1996—2001年这6年划分为第二阶段,这一阶段同时存在着两种毕业生就业制度,是由“统包统分”向“供需见面,双向选择”转型的时期。这一阶段最为显著的特点是“转向”,即前一阶段的特征逐步消失,后一阶段的特征逐渐彰显。根据分析发现,这一阶段高等教育的社会适应性和高等教育与个体就业的确定性较上阶段均有所上升。本研究将这一阶段定义为“确定-适应性”关系阶段。

一、毕业生就业率随着教育层次的提升而提高,但专科生就业率低

1999年教育部首次公布45所直属高校本专科毕业生一次就业率。[③]表2-6对教育部直属的45所院校的毕业生就业情况进行了描述。总体上看,本科生和研究生,1999年的就业率都低于2000年;而专科生,1999年的就业率高于2000年。同时不同教育层次的毕业生的就业率从高到低依次是研究生、本科生和专科生。可见,一方面,

① 张长富.坚持“择优推荐”做好毕业生分配工作[J].高教研究,1988(0):30-31.

② 陈平.“不包分配”与“择优录用”[J].教育与职业,1986(1):31.

③ 后文对毕业生就业率的统计中,将升学、出国留学、入伍等情况作为就业统计在毕业生就业率中。

本科生和研究生的就业率出现上升态势,专科生的就业率呈下降趋势。另一方面,研究生就业率略高于本科生,但两者的就业率都远远高于专科生,即接受高等教育的层次越高,就业率越高。

表2-6 1999—2000年毕业生就业率统计

年份	研究生	教育部直属高校	
		本科	专科
1999年	91.70%	85.00%	54.00%
2000年	93.60%	90.12%	44.90%

1. 数据来源:辽宁省教委高校毕业生就业指导服务中心.2001年大学毕业生就业指导与政策咨询[M].沈阳:辽宁大学出版社,2000:97.

2. 毕业率统计时间点是6月初。

二、高等教育与经济发展和社会岗位的匹配度呈现"双高"特征

毕业生就业匹配度是毕业生数量和质量与社会经济发展水平、产业需求、劳动力市场的相关性和一致性指标,是用来检验高等教育与社会发展、市场需求、个体发展适应性的重要指标。本书从社会视角出发,将高等教育与毕业生就业、社会发展相结合,从数量、质量两方面探讨高等教育与就业的关系。具体从高校毕业生规模与地区经济规模的匹配度、高校毕业生专业结构与地区经济产业结构的匹配度和高校毕业生就业专业对口度三个指标全面探讨高等教育与就业的关系,以获取直观的定量测量结果。结果显示,该阶段的规模匹配度、结构匹配度和专业对口度都处于良好水平。

(一)毕业生就业规模匹配度

毕业生就业规模匹配度是从经济发展的增幅与毕业生人数的增长,来考察高等教育规模与经济发展的适应程度,规模匹配度数值与匹配度成反比。根据表2-7和图2-3可以得出:

第一,1996—2001年总体规模匹配度。由表2-7可知,该阶段总

体规模匹配度 = |高校毕业生平均增长率 - GDP平均增长率| = |4.40% -8.58% | =4.18%。相较上一阶段有所下降,表明这一阶段的高校毕业生规模与国家经济发展规模的匹配度上升,即这一阶段的高等教育与毕业生就业的规模匹配度上升,高等教育规模与经济发展规模的适应度向更好的方向转变。

第二,1996—2001年年度规模匹配度。表2-7对1996—2001年我国高等教育与毕业生就业的规模匹配度进行了分析,1996—2001年规模匹配度依次为-5.70%、-10.43%、-7.73%、-5.49%、3.54%、0.71%。可知,1996—1999年的4年间,高校毕业生人数的增长规模小于地区经济的增长规模;2000年和2001年两年间高校毕业生人数的增长规模大于地区经济的增长规模。总体上规模匹配度的绝对值在降低,可见,在市场经济的建设过程中,高校毕业生规模与经济发展规模的适应性上升。详见表2-7、图2-3。

表2-7　1996—2001年我国高等教育与毕业生就业的规模匹配度

年份	普通本专科人数/万	毕业生增长率	国内生产总值/亿元	国内生产总值增长率	规模匹配度
1996年	83.9	4.22%	21844.94762	9.92%	-5.70%
1997年	82.9	-1.19%	23862.67479	9.24%	-10.43%
1998年	83.0	0.12%	25734.97061	7.85%	-7.73%
1999年	84.8	2.17%	27706.68193	7.66%	-5.49%
2000年	95.0	12.03%	30058.98392	8.49%	3.54%
2001年	103.6	9.05%%	32564.62614	8.34%	0.71%
平均值	—	4.40%	—	8.58%	4.18%

1. 数据来源:国内生产总值和本专科人数根据《中国统计年鉴》整理。(国家统计局.中国统计年鉴[M].北京:中国统计出版社,2019.)

2. 国内生产总值以1980年价格作为基期进行核算。

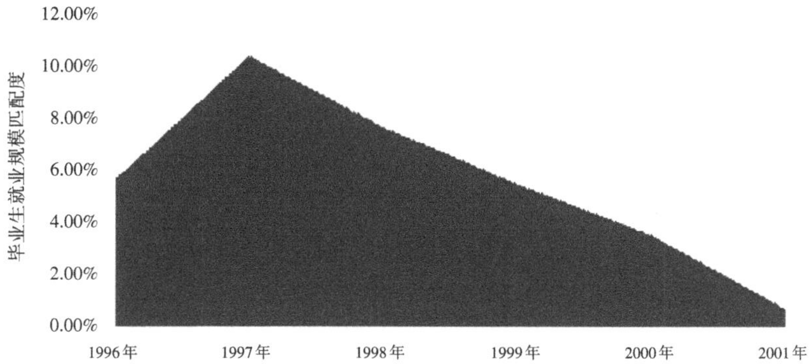

图2-3　1996—2001年毕业生就业规模匹配度对比图(绝对值)

(二)毕业生就业结构匹配度

毕业生就业结构匹配度从产业结构调整与毕业生人数的增长,来考察高等教育结构与产业结构的适应程度,结构匹配度数值与匹配度成反比。根据表2-8、表2-9和图2-4可以得出:

第一,1996—2001年总体结构匹配度。由表2-8可知,该阶段总体结构匹配度 = (f_1 × |第一产业对应的高校毕业生平均增长率 - 第一产业产值的平均增长率| + f_2 × |第二产业对应的高校毕业生平均增长率 - 第二产业产值的平均增长率| + f_3 × |第三产业对应的高校毕业生平均增长率 - 第三产业产值的平均增长率 |),其中,$f_1+f_2+f_3=1$,反映各产业在国民经济中所占比重。该阶段总体结构匹配度 = 12.39% × | -0.15% - 3.27% | + 60.50% × | 3.65% - 9.61% | + 26.96% × | 6.57% - 9.56% | = 4.8%。相较上一阶段有所下降,表明这一阶段的高校毕业生人数与产业结构的匹配度上升,即这一阶段的高等教育与毕业生就业的结构匹配度上升,高等教育结构与产业结构的适应度向更好的方向转变。

第二,1996—2001年本专科结构匹配度。由表2-8可知,该阶段本科生结构匹配度 =(f_1 × |第一产业对应的本科毕业生平均增长率 - 第一产业产值的平均增长率| + f_2 × |第二产业对应的本科毕业生平均增长率 - 第二产业产值的平均增长率| +f_3 × |第三产业对应的本科毕

业生平均增长率－第三产业产值的平均增长率|)，其中，$f_1+f_2+f_3=1$，反映各产业在国民经济中所占比重。该阶段本科生结构匹配度＝12.39%×|4.97%－3.27%|＋60.50%×|9.64%-9.61%|+26.96%×|17.59%－9.56%|＝2.39%。该阶段专科生结构匹配度＝(f_1×|第一产业对应的专科毕业生平均增长率－第一产业产值的平均增长率|＋f_2×|第二产业对应的专科毕业生平均增长率－第二产业产值的平均增长率|+f_3×|第三产业对应的专科毕业生平均增长率－第三产业产值的平均增长率|)，其中，$f_1+f_2+f_3=1$，反映各产业在国民经济中所占比重。该阶段专科生结构匹配度＝12.39%×|-8.50%－3.27%|＋60.50%×|-1.72%－9.61%|＋26.96%×|1.11%－9.56%|＝10.60%。同一阶段中，本科阶段的毕业生就业结构匹配度优于专科阶段的毕业生就业结构匹配度，即高等教育层次中的本科阶段的教育与产业结构发展的适应度更佳。

第三，1996—2001年年度结构匹配度。表2-9对1996—2001年我国高等教育与毕业生就业的结构匹配度进行了分析，在各产业匹配度上，1997年(本专科总体)和1997年(本科)、1998年(本科)三大产业的结构匹配度值均>0，表明此时三大产业对应的毕业生人数的增长均大于地区相应产业产值的增长。这一时期，专科各产业的结构匹配度值大部分<0，得出专科毕业生的增长速度慢于对应的产业产值的增长。同时，本专科总体上1996—2001年的结构匹配度依次为5.68%、9.27%、0.81%、29.74%、2.49%、8.79%；本科6年间结构匹配度依次为3.73%、50.42%、4.44%、39.76%、2.72%、7.74%；专科6年间结构匹配度依次为7.72%、25.43%、7.31%、11.17%、2.31%、12.54%。其中，1999年(本专科总体)、1997年(本科)、1999年(本科)结构匹配度值大，表明此时对应的高等教育中的各学科毕业生结构与地区产业结构的匹配度低。究其原因可知，1997和1999两年的毕业生数量较上年变化较大，尤其是1997年第三产业对应的本科毕业生增长率近80%，对结构匹配度数值影响较大。详见表2-8、表2-9和图2-4。

表2-8 1996—2001年我国高等教育与毕业生就业结构匹配度(一)

年份	各类产业	本专科毕业生人数/人	本科毕业生人数/人	专科毕业生人数/人	产业值/亿元	各产业所占比重	毕业生增长率	本科毕业生增长率	专科毕业生增长率	各产业增长率	本专科各产业匹配度	本科各产业匹配度	专科各产业匹配度
1996年	第一产业	33032	17443	15589	3183.98	14.05%	0.17%	6.59%	-6.15%	5.04%	-0.68%	0.22%	-1.57%
	第二产业	315005	160435	154570	13509.09	59.60%	6.48%	7.79%	5.15%	12.09%	-3.35%	-2.57%	-4.14%
	第三产业	490601	169316	321285	5973.96	26.35%	2.94%	5.64%	1.57%	9.22%	-1.65%	-0.94%	-2.01%
1997年	第一产业	35959	23379	12580	3293.43	13.27%	8.86%	34.03%	-19.30%	3.44%	0.72%	4.06%	-3.02%
	第二产业	380946	251608	129338	14924.58	60.14%	20.93%	56.83%	-16.32%	10.48%	6.29%	27.88%	-16.12%
	第三产业	583488	304692	278796	6597.11	26.59%	18.93%	79.95%	-13.22%	10.43%	2.26%	18.48%	-6.29%
1998年	第一产业	38325	27056	11269	3406.48	12.71%	6.58%	15.73%	-10.42%	3.43%	0.40%	1.56%	-1.76%
	第二产业	412393	280301	132092	16253.33	60.62%	8.25%	11.40%	2.13%	8.90%	-0.39%	1.52%	-4.11%
	第三产业	632909	345778	287131	7151.40	26.67%	8.47%	13.48%	2.99%	8.40%	0.02%	1.36%	-1.44%
1999年	第一产业	28070	17453	10617	3499.51	12.11%	-26.76%	-35.49%	-5.79%	2.73%	-3.57%	-4.63%	-1.03%
	第二产业	326180	195354	130826	17586.64	60.86%	-20.91%	-30.31%	-0.96%	8.20%	-17.71%	-23.43%	-5.58%
	第三产业	493367	228128	265239	7812.82	27.03%	-22.05%	-34.02%	-7.62%	9.25%	-8.46%	-11.70%	-4.56%
2000年	第一产业	30370	19154	11216	3580.99	11.40%	8.19%	9.75%	5.64%	2.33%	0.67%	0.85%	0.38%

续 表

年份	各类产业	本专科毕业生人数/人	本科毕业生人数/人	专科毕业生人数/人	产业值/亿元	各产业所占比重	毕业生增长率	本科毕业生增长率	专科毕业生增长率	各产业增长率	本专科各产业匹配度	本科各产业匹配度	专科各产业匹配度
	第二产业	354291	212905	141386	19252.71	61.29%	8.62%	8.98%	8.07%	9.47%	-0.52%	-0.30%	-0.86%
	第三产业	565106	263565	301541	8576.61	27.31%	14.54%	15.53%	13.69%	9.78%	1.30%	1.57%	1.07%
2001年	第一产业	28543	19005	9538	3675.45	10.80%	-6.02%	-0.78%	-14.96%	2.64%	-0.93%	-0.37%	-1.90%
	第二产业	349097	219563	129534	20887.54	61.40%	-1.47%	3.13%	-8.38%	8.49%	-6.11%	-3.29%	-10.36%
	第三产业	658683	329271	329412	9456.52	27.80%	16.56%	24.93%	9.24%	10.26%	1.75%	4.08%	-0.28%
平均值	第一产业	—	—	—	—	12.39%	-1.50%	4.97%	-8.50%	3.27%	-0.59%	0.21%	-1.46%
	第二产业	—	—	—	—	60.65%	3.65%	9.64%	-1.72%	9.61%	-3.61%	0.02%	-6.87%
	第三产业	—	—	—	—	26.96%	6.57%	17.59%	1.11%	9.56%	-0.81%	2.16%	-2.28%

1. 数据来源：各产业值和本专科人数根据《中国统计年鉴》整理。（国家统计局．中国统计年鉴[M].北京：国家统计出版社，2019.）

2. 产业值以1980年价格作为基期进行核算。

3. 根据《中国统计年鉴》中各时期对高等学校分学科学生的统计口径变化，本表中各产业毕业生人数的统计口径如下：1990—2000年，第一产业毕业生=农学毕业生，第二产业毕业生=工学毕业生，第三产业毕业生=哲学毕业生+经济学毕业生+法学毕业生+教育学毕业生+文学毕业生+历史学毕业生+理学毕业生+医学毕业生。2001年，第一产业毕业生=农学毕业生，第二产业毕业生=工学毕业生，第三产业毕业生=哲学毕业生+经济学毕业生+法学毕业生+教育学毕业生+文学毕业生+历史学毕业生+理学毕业生+医学毕业生+管理学毕业生。

表2-9　1996—2001年我国高等教育与毕业生就业结构匹配度(二)

类别	结构匹配度	类别	结构匹配度
总体	5.01%	1998年本科	4.44%
本科	2.39%	1999年本科	39.76%
专科	10.60%	2000年本科	2.72%
1996年本专科	5.68%	2001年本科	7.74%
1997年本专科	9.27%	1996年专科	7.72%
1998年本专科	0.81%	1997年专科	25.43%
1999年本专科	29.74%	1998年专科	7.31%
2000年本专科	2.49%	1999年专科	11.17%
2001年本专科	8.79%	2000年专科	2.31%
1996年本科	3.73%	2001年专科	12.54%
1997年本科	50.42%	—	—

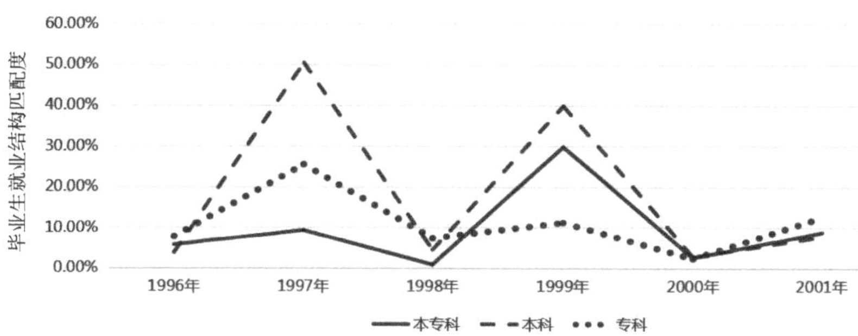

图2-4　1996—2001年毕业生就业结构匹配度对比图(绝对值)

(三)毕业生就业专业对口度

毕业生就业专业对口度是从毕业生所学专业与毕业后从事的工作岗位,来考察大学生所学与生产工作的一致性程度,专业对口度数值与匹配度成正比。表2-10对某师范大学物理教育专业的1996届至2001届的本科毕业生就业情况进行了描述。为更精确地计算出毕业生的专业对口度,表2-10毕业生中已就业的人数将信息缺失或未就业、留学、入伍人数排除。因此,表2-10中专业对口度=[对口就业人数÷(毕业生人数-信息缺失或未就业人数-入伍或留学人数)]×100%。由表2-10可知,6年间该大学物理教育专业共有毕业生488人,对口就业人数是371人。排除信息缺失或未就业、入伍、留学人数共计75人,6年间的专业对口度为89.83%,即近九成的毕业生在毕业时获得与专业相关的工作岗位,毕业生专业对口度处于高水平。与上阶段相比基本持平。

表2-10 某师范大学1996—2001届物理教育专业本科毕业生就业专业对口情况统计

届别	毕业生人数/人	就业情况统计				专业对口度
		入伍或留学人数/人	不对口就业人数/人	信息缺失或未就业人数/人	对口就业人数/人	
1996届	68	0	4	2	62	93.94%
1997届	91	0	11	2	78	87.64%
1998届	69	2	7	7	53	88.33%
1999届	70	0	8	6	56	87.50%
2000届	71	0	4	5	60	90.91%
2001届	119	0	6	51	62	91.18%
合计	488	2	42	73	371	89.83%

1.数据来源:某省属师范大学物理教育专业本科毕业生就业情况统计。

2.专业对口度=[对口就业人数÷(毕业生人数-信息缺失或未就业人数-入伍或留学人数)]×100%。

3.对口就业指毕业生从事教育行业(包括各级各类学校、教育行政部门)和升学。

三、高等教育与就业的"确定-适应性"关系阶段的确立

根据第一章确定的高等教育与就业关系的分析维度和测量指标,从社会适应性和个体就业确定性两方面来划分高等教育与就业的关系类型。可知,社会适应性定量值=(规模匹配度+结构匹配度)÷2。定量值<5%,社会适应性高;定量值>5%,社会适应性低。个体就业确定性定量值=(就业率+就业专业对口度)/2。定量值<80%,个体

就业确定性低;定量值>80%,个体就业确定性高。本阶段高等教育与就业关系指标值见表2-11。社会适应性定量值4.60%<5%,社会适应性高;个体就业确定性定量值83.19%>80%,个体就业确定性高:属于高等教育与就业关系的“确定性”和“适应性”维度。进一步分析发现,本阶段适应性定量值为4.60%,在2.5%~5%内,可见该阶段的适应性属于“低适应性”;个体就业确定性定量值为83.19%,在80%~90%内,所以该阶段的确定性属于“低确定性”。因此,本研究将本阶段高等教育与就业的关系类型界定为“确定-适应性”关系,具体表现为“低确定性”和“低适应性”。

表2-11　1996—2001年高等教育与就业关系指标值

<table>
<tr><th>测量指标</th><th>数值</th><th>类型指标</th></tr>
<tr><td>规模匹配度</td><td>4.18%</td><td rowspan="2">适应性:4.60%</td></tr>
<tr><td>结构匹配度</td><td>5.01%</td></tr>
<tr><td>就业率</td><td>76.55%</td><td rowspan="2">确定性:83.19%</td></tr>
<tr><td>专业对口度</td><td>89.83%</td></tr>
</table>

第三节　高等教育与就业的“不确定-不适应性”关系阶段(2002—2006年)

在“确定-适应性”阶段,高校毕业生就业逐步转向“供需见面,双向选择”的模式。随着社会主义市场经济的建立,我国高等教育的整体规模、结构与社会经济发展规模、产业结构的匹配度提高,于个人而言,高等教育与毕业生就业的数量(就业率)和质量(专业对口度)的明确关系虽稍有降低,但仍处于较高水平。随着改革开放的深入,我国经济快速发展,对人才的需求上升。1998年经济学家汤敏向中央提交了《关于启动中国经济有效途径——扩大招生量一倍》一文,从高校和群众的实际承受力上提出扩招的现实可能,指出扩招能增加消费需求、缓解就业压力、利于提升国家长远竞争力,并草拟从1999年起每年递增25%~30%的扩大招生的计划和实施办法,此后高校开启了扩招的进程。自1999年起，全国普通高校招生人数较上年增长47.32%，并且逐年上升，2002年我国高等教育毛入学率达15%，步入高等教育大众化阶段（详见表2-12）。扩张性的教育政策能否提高年轻一代的潜在就业能力，能否使年轻人更好地为未来工作做准备，引发了人们的讨论。

表2-12 1997—2006年我国高等教育毛入学率统计

年份	高校数/所	本专科招生数/万人	本专科招生数增长率	本专科在校生数/万人	高等教育毛入学率
1997年	1020	100	—	317.4	8.84%
1998年	1022	108.4	8.40%	340.9	9.76%
1999年	1071	159.7	47.32%	413.4	10.5%
2000年	1041	220.6	38.13%	556.1	11.2%
2001年	1225	268.3	21.62%	719.1	12.9%
2002年	1396	320.5	19.46%	903.4	15%
2003年	1552	382.2	19.25%	1109	17%
2004年	1731	447.3	17.03%	1334	19%
2005年	1792	504.5	12.79%	1562	21%
2006年	1867	546.1	8.25%	1739	22%

1. 数据来源：教育部网（教育统计数据）：http://www.moe.gov.cn/s78/A03/moe_560/jytjsj_2019/。

2. 高等教育毛入学率=高等教育在学总规模÷（18—22岁年龄组人口数）×100%（《中国教育监测与评价统计指标体系》）。

自1999年高校扩招以来，2002年和2003年分别迎来了扩招后的第一届专科和本科毕业生。2002—2006年的5年间，大学毕业生人数每年以20%以上的增幅在迅速上涨，直至2007年有所放缓。因此从毕业生人数的增长速度出发，本研究将2002—2006年这5年列为第三阶段，认为这一阶段受高校扩招的影响，高等教育规模迅速扩大，毕业生快速增加。随着市场经济体制的建立和完善，毕业生“自主择业”的就业模式建立，国家不再以行政分配的方式直接干预大学生就业，而是由市场对毕业生就业加以调节。“自主择业”是不同于“统一分配”的一种新的就业模式，有其发生和发展的过程，是变革以往的“国家指令”为“自由选择”，在尊重用人单位和毕业生自由意愿的前提下，由供需双方各自行使选择权开展的就业活动。市场供求关系是供给和需求双方间的相互联系、相互制约，是市场上毕业生人数和用人单位需求关系的反映。高校扩招后，毕业生规模迅速扩大是这一时期最为显著的特点。供给人数的增加对毕业生劳动力市场产生了较大的影响，导致“确定性”和“适应性”指标值显著下降。这一阶段出现了高等教育的社会适应性降低、高等教育与个体就业的不确定性逐步凸显的现象。根据分析结果，本研究将这一阶段定义为高等教育与就业的“不确定-不适应性”关系阶段。

一、毕业生就业率下降，高等教育对就业的指向性减弱

就业率是衡量社会就业情况的重要指标，高校毕业生就业率不仅能够检验高等教育与劳动力市场需求的适应程度，还能反映高等教育对个体就业的确定性程度。表2-13对我国2002—2006年的大学毕业生就业情况进行了描述。总体来看，这一阶段的大学生就业率在70%左右，较上两个阶段有明显的下降趋势。自不包分配以来，毕业生就业率下降明显，高等教育与毕业生就业关系进一步弱化。同时，从同一年度来看，本科生就业率远远高于专科生。

表2-13　2002—2006年毕业生就业率统计

年份	大学生总体	本科生	专科生	数据来源
2002年	73.3%	—	—	《2002年中国就业报告》
2003年	70.0%	83.0%	55.0%	教育部高校学生司：2004年全国普通高等学校毕业生就业基本情况
2004年	73.0%	84.0%	61.0%	教育部高校学生司：2005年全国普通高等学校毕业生就业基本情况
2005年	72.6%	81.7%	62.1%	教育部：2006年全国普通高校毕业生就业工作会议
2006年	70.0%	—	—	《劳动和社会保障部：2006—2007年中国就业报告》
平均值	71.78%	82.9%	59.4%	

注：毕业率指大学生初次就业率，即毕业当年8月份的就业情况。

二、高等教育与经济发展和社会岗位的匹配度呈现“双低”特征

毕业生就业匹配度是从个体发展和社会需求两方面来考量高等教育与毕业生就业的适应性和确定性。本研究从高校毕业生规模与地区经济规模的匹配度、高校毕业生专业结构与地区经济产业结构的匹配度和高校毕业生就业专业对口度三方面展开探析。前两方面是从社会需求视角分析高等教育与社会发展的适应性，第三方面是从教育的个体功能出发探究高等教育对个体就业的确定性。开展毕业生就业匹配度的测量，能进一步分析高等教育与就业的关系。数据显示，该阶段的规模和结构的匹配程度低，毕业生专业对口度良好。

（一）毕业生就业规模匹配度

毕业生就业规模匹配度是从高等教育与社会发展的适应性出发，检验高等教育对社会发展总体情况的适切程度。规模匹配度数值越大，说明高等教育发展规模越不适应经济发展规模。根据表2-14和图2-5可以得出：

第一，2002—2006年总体规模匹配度。由表2-14可知，该阶段总体规模匹配度 = |高校毕业生平均增长率 - GDP平均增长率| = |29.63% - 10.68%| = 18.95%。相较上两个阶段有明显上升，且处于最高值，表明这一阶段的高校毕业生规模与国家经济发展规模的匹配度下降，即这一阶段的高等教育与毕业生就业规模匹配度下降，高等教育规模与经济发展规模的适应度大幅降低，匹配度下降。

第二，2002—2006年本专科规模匹配度。由表2-14可知，该阶段本科生规模匹配度 = |高校本科毕业生平均增长率 - GDP平均增长率| = |17.80% - 10.68%| = 5.12%。该阶段专科生规模匹配度= |高校专科毕业生平均增长率 - GDP平均增长率| = |74.74% - 10.68%| = 64.06%。同一阶段中，本科阶段的毕业生就业规模匹配度明显优于

专科阶段的毕业生就业规模匹配度，即高等教育层次中的本科阶段的教育与产业结构发展的适应性更佳。出现这一现象的原因在于专科生的增长速度远远高于本科生。

第三，2002—2006年年度规模匹配度。表2-14和图2-5对2002—2006年我国高等教育与毕业生就业的规模匹配度进行了分析和对比，2002—2006年的规模匹配度依次为19.92%、30.35%、17.27%、16.92%、10.32%，其中，本科生规模匹配度依次为16.61%、-22.40%、18.63%、11.19%、5.08%，专科生规模匹配度依次为34.39%、232.20%、15.94%、22.67%、15.12%。可知，2002—2006年，高校毕业生人数的增长规模大于地区经济的增长规模，且毕业生的增长速度与经济发展水平的增长速度的匹配度不足。总体上看，这一阶段高等教育规模与经济发展规模的不适应程度处于较高水平，主要表现为高等教育的发展远大于经济的发展。其中，2003年本科毕业生人数的增长规模小于地区经济的增长规模。出现这种现象的原因在于1999年扩招后，我国高等教育规模迅速增大，大学生人数增长迅速，毕业生规模也相应地快速增长，其增长速度远远快于经济发展的速度。

表2-14　2002—2006年我国高等教育与毕业生就业规模匹配度

年份	普通本专科人数/万	普通本科生人数/万	普通专科生人数/万	毕业生增长率	本科毕业生增长率	专科毕业生增长率	国内生产总值/亿元	国内生产总值增长率	规模匹配度	本科生规模匹配度	专科生规模匹配度
2002年	133.7	106	27.7	29.05%	25.74%	43.52%	35538.95783	9.13%	19.92%	16.61%	34.39%
2003年	187.7	92.9	94.8	40.39%	-12.36%	242.24%	39106.37535	10.04%	30.35%	-22.40%	232.20%
2004年	239.1	119.6	119.5	27.38%	28.74%	26.05%	43061.45985	10.11%	17.27%	18.63%	15.94%
2005年	306.8	146.6	160.2	28.31%	22.58%	34.06%	47968.13146	11.39%	16.92%	11.19%	22.67%
2006年	377.5	172.7	204.8	23.04%	17.80%	27.84%	54070.14792	12.72%	10.32%	5.08%	15.12%
平均值	—	—	—	29.63%	16.50%	74.74%	—	10.68%	18.96%	5.82%	64.06%

1. 数据来源：国内生产总值和本专科人数根据《中国统计年鉴》整理。（国家统计局．中国统计年鉴[M].北京：中国统计出版社，2019.）

2. 国内生产总值以1980年价格作为基期进行核算。

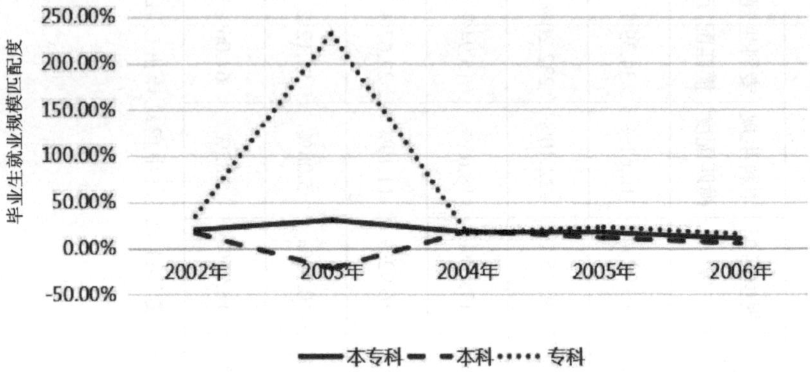

图2-5　2002—2006年毕业生就业规模匹配度对比图(绝对值)

(二)毕业生就业结构匹配度

毕业生就业结构匹配度是从高等教育与产业结构发展的适应性出发,检验高等教育科类结构对产业结构总体情况的适应程度。毕业生就业结构匹配度数值越大,说明高等教育的科类结构越不适应社会产业结构的发展。根据表2-15、表2-16和图2-6可以得出:

第一,2002—2006年总体结构匹配度。由表2-15可知,该阶段总体结构匹配度 = (f_1 × |第一产业对应的高校毕业生平均增长率 - 第一产业产值的平均增长率| + f_2 × |第二产业对应的高校毕业生平均增长率 - 第二产业产值的平均增长率| + f_3 × |第三产业对应的高校毕业生平均增长率 - 第三产业产值的平均增长率|),其中,$f_1+f_2+f_3=1$,反映各产业在国民经济中所占比重。该阶段总体结构匹配度 = 8.99% × | 22.36%-4.20% | +63.05% × | 31.04% - 11.86% | + 27.96% × | 29.17% - 11.33% | =18.71%。相较上两个阶段有所上升,表明这一阶段的高校毕业生人数与产业结构的匹配度下降,即这一阶段的高等教育与毕业生就业的结构匹配度下降,高等教育结构与产业结构的适应度大幅降低,匹配度下降。

第二,2002—2006年本专科结构匹配度。由表2-15可知,该阶段本科生就业结构匹配度 =(f_1 × |第一产业对应的本科毕业生平均增长

率-第一产业产值的平均增长率 | + f_2 × |第二产业对应的本科毕业生平均增长率 - 第二产业产值的平均增长率 | + f_3 × |第三产业对应的本科毕业生平均增长率 - 第三产业产值的平均增长率|),其中,$f_1 + f_2 + f_3 = 1$,反映各产业在国民经济中所占比重。该阶段本科生就业结构匹配度 = |8.99% × |14.57%-4.20%| + 63.05% × |21.67%-11.86%| + 27.96% × | 27.95%-11.33% | =11.76%。该阶段专科生就业结构匹配度 =(f_1 × |第一产业对应的专科毕业生平均增长率 - 第一产业产值的平均增长率| + f_2 × |第二产业对应的专科毕业生平均增长率 - 第二产业产值的平均增长率| + f_3 × |第三产业对应的专科毕业生平均增长率 - 第三产业产值的平均增长率|),其中,$f_1 + f_2 + f_3 = 1$,反映各产业在国民经济中所占比重。本阶段专科生就业结构匹配度 = 8.99% × | 33.94% - 4.20% | + 63.05% × | 43.26% - 11.86% | + 27.96% × | 30.56% - 11.33% | =27.85%。同一阶段中,本科阶段的毕业生就业结构匹配度优于专科阶段的毕业生就业结构匹配度,即高等教育层次中的本科阶段的教育与产业结构发展的适应度更佳。

第三,2001—2006年年度结构匹配度。表2-16对2002—2006年我国高等教育与毕业生就业的结构匹配度进行了分析。在各产业匹配度上,除了2005年和2006年本科中存在产业结构匹配度值<0的情况,其余大部分年份中,本专科总体各产业结构匹配度和专科各产业结构匹配度值均>0,表明这一阶段大部分年份三大产业对应的毕业生人数的增长均大于地区相应产业产值的增长。同时,2002—2006年的5年间本专科总体结构匹配度依次为20.80%、29.20%、15.68%、18.79%、9.23%;本科5年间规模匹配度依次为6.08%、29.21%、15.93%、7.18%、3.69%;专科5年间规模匹配度依次为43.69%、29.77%、15.75%、33.17%、16.94%。整体上,5年间专科的结构匹配度值大,表明这一阶段专科教育中的各学科毕业生结构与我国产业结构的匹配度低。这一现象的出现很大程度上是因为高等教育迅速扩张而引发的高等教育科类结构与社会产业结构发展不适应。详见表2-15、表2-16和图2-6。

表 2-15　2002—2006 年我国高等教育与毕业生就业结构匹配度(一)

年份	各类产业	本专科毕业生人数/人	本科毕业生人数/人	专科毕业生人数/人	产业值/亿元	各产业所占比重	毕业生增长率	本科毕业生增长率	专科毕业生增长率	各产业比重增长率	本专科总体结构匹配度	本科结构匹配度	专科结构匹配度
2002 年	第一产业	36284	22462	13822	3774.7	10.15%	27.12%	18.19%	44.92%	2.70%	2.48%	1.57%	4.29%
	第二产业	459842	252024	207818	22954.32	61.74%	31.72%	14.78%	60.44%	9.89%	13.48%	3.02%	31.21%
	第三产业	841183	381277	459906	10448.11	28.10%	27.71%	15.79%	39.61%	10.49%	4.84%	1.49%	8.19%
2003 年	第一产业	50057	29758	20299	3864.21	9.39%	37.96%	32.48%	46.86%	2.37%	3.34%	2.83%	4.18%
	第二产业	644106	351537	292569	25861.99	62.82%	40.07%	39.49%	40.78%	12.67%	17.21%	16.85%	17.66%
	第三产业	1183329	548303	635026	11444.83	27.80%	40.67%	43.81%	38.08%	9.54%	8.65%	9.53%	7.93%
2004 年	第一产业	59564	34078	25486	4100.13	9.02%	18.99%	14.52%	25.55%	6.11%	1.16%	0.76%	1.75%
	第二产业	812148	442463	369685	28744.53	63.25%	26.09%	25.87%	26.36%	11.15%	9.45%	9.31%	9.62%
	第三产业	1519440	719749	799691	12603.03	27.73%	28.40%	31.27%	25.93%	10.12%	5.07%	5.86%	4.38%
2005 年	第一产业	69531	35419	34112	4308.17	8.50%	16.73%	3.94%	33.85%	5.07%	0.99%	−0.10%	2.44%
	第二产业	1090986	517225	573761	32230.78	63.57%	34.33%	16.90%	55.20%	12.13%	14.12%	3.03%	27.38%
	第三产业	1907439	913142	994297	14160.51	27.93%	25.54%	26.87%	24.34%	12.36%	3.68%	4.05%	3.35%

续 表

年份	各类产业	本专科毕业生人数/人	本科毕业生人数/人	专科毕业生人数/人	产业值/亿元	各产业所占比重	毕业生增长率	本科毕业生增长率	专科毕业生增长率	各产业比重增长率	本专科总体结构匹配度	本科结构匹配度	专科结构匹配度
2006年	第一产业	77177	36740	40437	4513.04	7.88%	11.00%	3.73%	18.54%	4.76%	0.49%	−0.08%	1.09%
	第二产业	1341724	575634	766090	36566.02	63.88%	22.98%	11.29%	33.52%	13.45%	6.09%	−1.38%	12.82%
	第三产业	2355807	1114300	1241507	16161.98	28.23%	23.51%	22.03%	24.86%	14.13%	2.65%	2.23%	3.03%
平均值	第一产业	—	—	—	—	8.99%	22.36%	14.57%	33.94%	4.20%	1.63%	0.93%	2.67%
	第二产业	—	—	—	—	63.05%	31.04%	21.67%	43.26%	11.86%	12.09%	6.18%	19.80%
	第三产业	—	—	—	—	27.96%	29.17%	27.95%	30.56%	11.33%	4.99%	4.65%	5.38%

1. 数据来源：各产业产值和本专科人数根据《国家统计年鉴》整理。（国家统计局．中国统计年鉴[M]. 北京：中国统计出版社，2019.）

2. 产业产值以1980年价格作为基期进行核算。

3. 根据《中国统计年鉴》中各时期对高等学校分学科学生的统计口径变化，本表中各产业毕业生人数的统计口径如下：2002—2006年，第一产业毕业生=农学毕业生，第二产业毕业生=工学毕业生，第三产业毕业生=哲学毕业生+经济学毕业生+法学毕业生+教育学毕业生+文学毕业生+历史学毕业生+理学毕业生+医学毕业生+管理学毕业生。

表2-16　2002—2006年我国高等教育与毕业生就业结构匹配度(二)

类别	结构匹配度	类别	结构匹配度
总体	18.71%	2003年本科	29.21%
本科	11.76%	2004年本科	15.93%
专科	27.85%	2005年本科	7.18%
2002年本专科	20.80%	2006年本科	3.69%
2003年本专科	29.20%	2002年专科	43.69%
2004年本专科	15.68%	2003年专科	29.77%
2005年本专科	18.79%	2004年专科	15.75%
2006年本专科	9.23%	2005年专科	33.17%
2002年本科	6.08%	2006年专科	16.94%

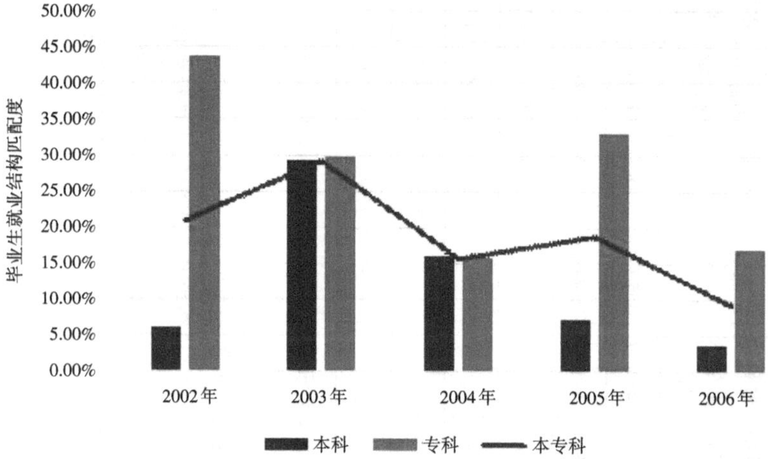

图2-6　2002—2006年毕业生就业结构匹配度对比图(绝对值)

(三)毕业生就业专业对口度

毕业生就业专业对口度是对大学生就业的工作岗位与其在高等教育阶段所学专业的相关度进行考量。专业对口度数值越大,说明高等教育培养的大学生的专业结构越符合社会岗位的需要。经济合作与发展组织在1997年指出,一旦知识性社会到来,即约有一半的人口可以享受高等教育，那么工资水平就会随教育水平的变化而变化。表2-17对某师范大学物理教育和英语教育专业的2002届至2006届本科毕业生就业情况进行了描述。为更精确地计算出毕业生的就业专业对口度，表2-17毕业生中已就业的人数将信息缺失或未就业、留学、入伍人数排除。因此，表2-17中专业对口度=[对口就业人数÷(毕业生人数-信息缺失或未就业人数-入伍或留学人学)]×100%。根据表2-17可知，5年间该大学物理教育和英语教育专业共有毕业生662人，对口就业人数是492人。排除信息缺失或未就业、入伍、留学人数共计95人，5年间的专业对口度为86.77%。即86.77%的毕业生在毕业时获得与专业相关的工作岗位，毕业生专业对口度处于较高水平。

表2-17 某师范大学2002—2006届物理教育和英语教育专业本科毕业生专业对口情况统计①

届别	毕业生人数/人	就业情况统计				专业对口度
		入伍或留学人数/人	不对口就业人数/人	信息缺失或未就业人数/人	对口就业人数/人	
2002届	122	2	14	46	60	81.08%
2003届	167	7	3	6	151	98.05%
2004届	116	0	4	10	102	96.23%
2005届	121	3	25	7	86	77.48%
2006届	136	5	29	9	93	76.23%
合计	662	17	75	78	492	86.77%

1.数据来源：某省属师范大学物理教育和英语教育专业本科毕业生就业情况统计。

2.对口就业人数指毕业生从事教育行业(包括各级各类学校、教育行政部门)和升学。

① 2002届毕业生为物理教育专业；2003—2004届毕业生为英语教育专业。

三、高等教育与就业的"不确定-不适应性"关系阶段的确立

根据第一章对高等教育与毕业生就业关系的分析维度和测量指标的界定,从社会适应性和个体就业确定性两方面来划分高等教育与毕业生就业的关系类型。社会适应性定量值=(规模匹配度+结构匹配度)÷2。定量值<5%,社会适应性高;定量值>5%,社会适应性低。个体就业确定性定量值=(就业率+就业专业对口度)÷2。定量值<80%,个体就业确定性低;定量值>80%,个体就业确定性高。本阶段高等教育与就业关系指标值见表2-18。社会适应性定量值18.84%>5%,社会适应性低;个体就业确定性定量值79.74%<80%,个体确定性低:属于高等教育与就业关系的"不确定性"和"不适应性"维度。进一步分析发现,本阶段适应性定量值为18.84%,在7%~100%内,可见该阶段的不适应性属于"高不适应性";确定性定量值为79.74%,在60%~80%内,该阶段的确定性属于"低不确定性"。因此,本研究将本阶段高等教育与就业的关系类型界定为"不确定-不适应性"关系形态,具体表现为"低不确定性"和"高不适应性"。

表2-18　2002—2006年高等教育与就业关系指标值

测量指标	数值	类型指标
规模匹配度	18.96%	适应性:18.84%
结构匹配度	18.71%	
就业率	72.70%	确定性:79.74%
专业对口度	86.77%	

第四节　高等教育与就业的"适应-不确定性"关系阶段(2007—2019年)

在"不确定-不适应性"阶段,高等教育与劳动力市场、高等教育与个体就业的匹配度均不理想,高等教育对经济发展的适应性和对

个体就业的确定性减弱。这是高校扩招带来的冲击，也是我国市场经济建设初期的必然结果。2003年十六届三中全会《中共中央关于完善社会主义市场经济体制若干重大问题的决定》中，提出了完善社会主义市场经济体制的目标和任务，要求更大程度地发挥市场在资源配置中的基础性作用……健全国家宏观调控，完善政府社会管理和公共服务职能。2013年十八届三中全会指出，“使市场在资源配置中起决定性作用和更好发挥政府作用”。我国社会主义市场经济体制逐步完善。

在经济领域，改革开放后我国经济快速发展，2010年我国成为世界第二大经济体。在经济总量迅速攀升的同时，转变发展方式、优化产业结构，成为我国经济发展的重中之重。2012年，第三产业的增长率超第二产业，2016年第三产业的增长率达51.6%，揭示出第三产业已经成为我国经济增长的主要动力。产业结构的变化导致人才需求的变化，对高等教育提出了新要求。在教育领域，自20世纪90年代高校扩招以来，我国高等教育迅速发展，2002年我国高等教育毛入学率达15%，标志着我国进入高等教育大众化阶段，2019年高等教育毛入学率达51.6%，开启了我国高等教育普及化的进程（详见图2-7）。面对高等教育规模的迅速扩张，教育质量成为社会大众关注的热点和焦点。面对高等教育与就业“不确定-不适应性”关系引发的突出问题，近年来国家层面、地区层面、高校层面的教育教学改革不断推进，出现了以产出导向、学生中心、持续改进为核心内涵的国家专业标准、专业认证、工科、新师范、新农科等为代表的改革实践。这些实践都以进一步提高人才培养质量为目标，加强大学生与社会需求的联系，实现大学生的个体价值。

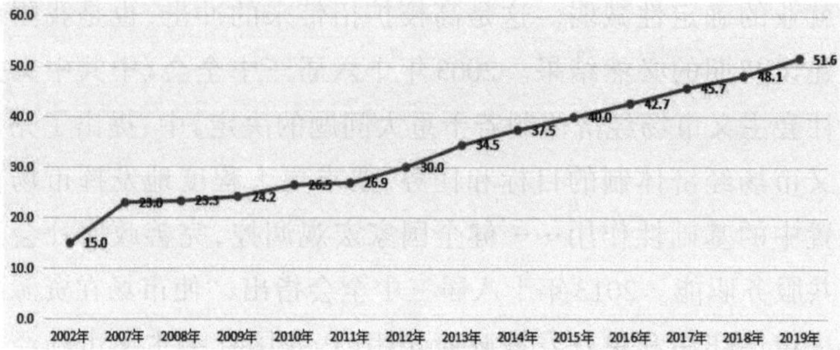

图2-7　2007—2019年高等教育毛入学率

2007年后，大学毕业生增长明显放缓，毕业生规模增长率首次小于20%。根据经济发展、高校规模等数据，本研究将2007年作为第四阶段起始年份，将2007—2019年这13年列为第四阶段。这一阶段随着我国社会主义市场经济体制的完善，大学生就业制度由经济转型时期的“供需见面，双向选择”转向市场经济时期的“市场导向、政府调控、学校推荐”。在高等教育与就业的“不确定-不适应性”阶段的影响下，国家明确了有效调控就业市场，加强对政策运行的监督与评估的理念，出台了一系列旨在促进大学生就业的政策，包括：促进大学生自主创业、完善大学生见习制度、鼓励大学生面向基层就业、强化就业指导与服务、鼓励企业引进毕业生等。随着一系列政策的落实，高等教育与毕业生就业关系的社会适应性获得有效提升，个体就业水平也不断提高。可见，在社会主义市场经济体制不断完善、高等教育改革深化、民众教育权利意识觉醒的背景下，这一阶段高等教育与就业关系出现了高等教育的社会适应性增强、高等教育与个体就业的不确定性稍有缓解的新特点，本研究将这一阶段定义为“适应-不确定性”阶段。

一、毕业生就业率回升，本科毕业生的就业优势减弱

这一时期，使用初次就业率统计毕业生就业率受到了质疑，有学者指出，基于初次就业率统计不科学、大学生毕业半年内的就业状况变动大等原因，应该多关注中长期的就业情况[①]。这一时期大多采用毕业生

① 熊丙奇.初次就业率统计真有那么重要吗?[N].北京青年报,2016-12-09(A01).

毕业半年后作为毕业生就业率的统计时间节点，即统计年终就业率。但基于研究的一致性，本节依旧采用初次就业率开展下一步计算。表2-19对我国2007—2019年大学毕业生就业情况进行了描述。在这一时期，毕业生初次就业率基本稳定在70%左右。从半年后的就业率来看，总体上，13年间的就业率呈现出上升趋势，且大学生就业率在85%以上，较上一个阶段有了明显的上升。自“统包统分”的就业制度取消后，毕业生面向市场，开启了“自主择业”的就业模式，前三个阶段呈现出下降态势。从表2-19可知，就业率稳步攀升，年终就业率保持较高水平。同时，虽然大部分年份本科生年终就业率基本上高于专科生，但本科生和专科生的年终就业率差距在逐步缩小，在2017年和2018年出现专科生就业率略高于本科生的情况。

表2-19　2007—2019年毕业生就业率统计

年份	初次就业率	半年后就业率		
		大学生总体	本科生	专科生
2007年	70.0%	88.0 %	91.0 %	84.0%
2008年	68.0%	85.5 %	—	—
2009年	68.0%	86.6 %	88.0%	65.2%
2010年	72.2%	89.6 %	91.2%	88.1%
2011年	77.8%	90.2 %	90.8%	89.6%
2012年	77.2%	90.9 %	91.5%	90.4%
2013年	71.9%	91.4 %	91.8%	90.9%
2014年	70.0%	92.1 %	92.6%	91.5%
2015年	70.0%	91.7 %	92.2%	91.2%
2016年	70.0%	91.6 %	91.8%	91.5%
2017年	70.0%	91.9 %	91.6%	92.1%
2018年	70.0%	91.5 %	91.0%	92.0%
2019年	70.0%	91.0%	—	—
平均值	71.16%	90.15%	91.23%	87.86%

1. 数据来源：初次就业率根据教育部网站及全国毕业生就业工作会议公开信息整理；半年后就业率数据来源于各年度《就业蓝皮书》（如：麦可思中国大学

生就业研究课题组.就业蓝皮书(2014年中国大学生就业报告)[M].北京:社会科学文献出版社,2014)。

2. 2014年后在年度全国毕业生就业典型经验高校座谈会中,教育部表示初次就业率基本维持在70%以上,因此,2014—2019年初次就业率定为70%。

二、高等教育与经济发展匹配度上升,毕业生岗位对口度低却缓慢上升

毕业生就业匹配度是对高等教育与社会发展的适应性和高等教育与个体就业的确定性的双重考量。就业匹配度的测量涉及高校毕业生规模与地区经济规模的匹配度、高校毕业生专业结构与地区经济产业结构的匹配度和高校毕业生就业专业对口度三方面。就业的规模匹配度、结构匹配度和专业对口度分别从高等教育对毕业生就业的适应性和高等教育对毕业生就业的确定性程度来检视。对毕业生就业的匹配度实施测量,可以深入探析高等教育与毕业生就业的关系。该阶段的规模匹配度和结构匹配度良好,但毕业生专业对口情况不佳。

(一)毕业生就业规模匹配度

根据表2-20和图2-8可以得出:

第一,2007—2019年总体规模匹配度。由表2-20可知,该阶段总体规模匹配度 = |高校毕业生平均增长率 - GDP平均增长率| = |5.83% - 8.42%| = 2.59%。相较以往各阶段有明显回落,且处于最低值,表明这一阶段的高校毕业生规模与国家经济发展规模的匹配度上升,即这一阶段的高等教育与毕业生就业的规模匹配度上升,高等教育规模与经济发展规模的适应度大幅上升,匹配度回升,两者匹配良好。

第二,2007—2019年本专科规模匹配度。由表2-20可知,该阶段本科生就业规模匹配度 = |高校本科毕业生平均增长率 - GDP平均增长率| = |7.49% - 8.42%| = 0.93%。该阶段专科生就业规模匹配度 = |高校专科毕业生平均增长率 - GDP平均增长率| = |4.73% -

8.42%|= 3.69%。同一阶段中，本科阶段的毕业生就业规模匹配度明显优于专科阶段的毕业生就业规模匹配度，即高等教育层次中的本科阶段的教育与产业结构发展的适应性更佳。

第三，2007—2019年年度规模匹配度。表2-20和图2-8对2007—2019年我国高等教育与毕业生就业的规模匹配度进行了分析，2007—2019年的规模匹配度依次为4.39%、4.69%、-5.67%、-2.30%、-3.85%、-5.15%、-5.53%、-4.06%、-18.81%、14.50%、-2.27%、-4.19%、-5.41%。13年间的本科生就业规模匹配度依次为1.35%、3.43%、-0.63%、-5.14%、-1.56%、0.76%、-2.44%、-0.61%、-31.16%、38.05%、-4.14%、-5.89%、4.06%，专科生就业规模匹配度依次为6.96%、5.70%、-9.64%、0.14%、-5.73%、-10.17%、-8.46%、-7.52%、-5.56%、-4.40%、-0.15%、-2.33%、6.84%。可知，除了2015年和2016年两年本科生规模增长与经济规模增长的适应性稍低外，2007—2018年的12年间毕业生的增长速度与经济发展水平的增长速度的匹配度较高，同时能够看出2007年、2008年和2016年3年，高校毕业生人数的增长规模大于地区经济的增长规模。总体上看，这一阶段高等教育规模与经济发展规模能够较好地相互适应，主要表现为高等教育的发展与经济发展的匹配度高。原因可能在于这些年我国经济发展水平和毕业生增长规模都处于相对稳定的增长状态，两者的发展速度基本持平。

表 2-20　2007—2019 年我国高等教育与毕业生就业规模匹配度

年份	普通本专科人数/万人	普通本科生人数/万人	普通专科生人数/万人	毕业生增长率	本科毕业生增长率	专科毕业生增长率	国内生产总值/亿元	国内生产总值增长率	规模匹配度	本科生规模匹配度	专科生规模匹配度
2007年	447.8	199.6	248.2	18.62%	15.58%	21.19%	61764.78637	14.23%	4.39%	1.35%	6.96%
2008年	512	225.7	286.3	14.34%	13.08%	15.35%	67725.49934	9.65%	4.69%	3.43%	5.70%
2009年	531.1	245.5	285.6	3.73%	8.77%	–0.24%	74090.84016	9.40%	–5.67%	–0.63%	–9.64%
2010年	575.4	259	316.4	8.34%	5.50%	10.78%	81971.03227	10.64%	–2.30%	–5.14%	0.14%
2011年	608.2	279.7	328.5	5.70%	7.99%	3.82%	89799.94348	9.55%	–3.85%	–1.56%	–5.73%
2012年	624.7	303.8	320.9	2.71%	8.62%	–2.31%	96861.57334	7.86%	–5.15%	0.76%	–10.17%
2013年	638.7	320	318.7	2.24%	5.33%	–0.69%	104383.9778	7.77%	–5.53%	–2.44%	–8.46%
2014年	659.4	341.4	318	3.24%	6.69%	–0.22%	112005.0372	7.30%	–4.06%	–0.61%	–7.52%
2015年	580.9	258.6	322.3	–11.90%	–24.25%	1.35%	119739.6692	6.91%	–18.81%	–31.16%	–5.56%
2016年	704.2	374.4	329.8	21.23%	44.78%	2.33%	127803.399	6.73%	14.50%	38.05%	–4.40%
2017年	735.8	384.2	351.6	4.49%	2.62%	6.61%	136438.9528	6.76%	–2.27%	–4.14%	–0.15%
2018年	753.3	386.8	366.5	2.38%	0.68%	4.24%	145399.4826	6.57%	–4.19%	–5.89%	–2.33%
2019年	758.5	394.7	363.8	0.69%	2.04%	–0.74%	154268.8511	6.10%	–5.41%	4.06%	6.84%
平均值	—	—	—	5.83%	7.49%	4.73%	—	8.42%	2.59%	0.93%	3.69%

1. 数据来源：国内生产总值和本专科人数根据《中国统计年鉴》整理。（国家统计局．中国统计年鉴[M]．北京：中国统计出版社，2019.）

2. 国内生产总值以1980年价格作为基期进行核算。

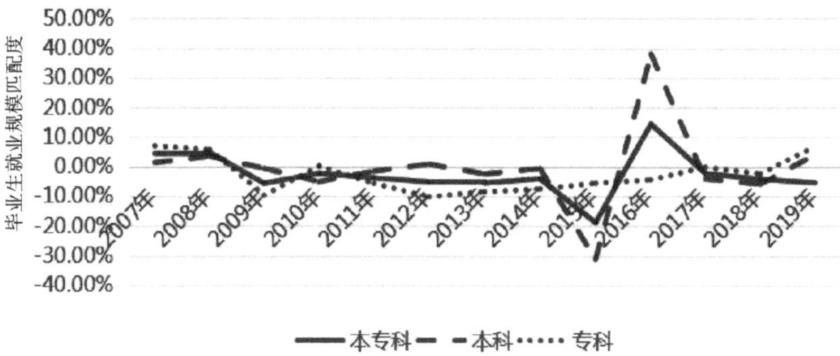

图2-8　2007—2019年毕业生就业规模匹配度对比图(绝对值)

(二)毕业生就业结构匹配度

根据表2-21、表2-22和图2-9可以得出:

第一,2007—2019年总体结构匹配度。由表2-21可知,该阶段总体结构匹配度 = f_1 ×|第一产业对应的高校毕业生平均增长率 - 第一产业产值的平均增长率|+ f_2 ×|第二产业对应的高校毕业生平均增长率 - 第二产业产值的平均增长率|+ f_3 ×|第三产业对应的高校毕业生平均增长率 - 第三产业产值的平均增长率|,其中,$f_1 + f_2 + f_3 = 1$,反映各产业在国民经济中所占比重。该阶段总体结构匹配度 = 5.57% ×|3.95% - 3.93%|+ 65.47% ×|5.81% - 8.63%|+ 28.97% ×|5.58%-9.06%|= 2.85%。相较上述阶段有所下降,表明这一阶段的高校毕业生人数与产业结构的匹配度上升,即这一阶段的高等教育与毕业生就业的结构匹配度上升,高等教育结构与产业结构的适应度大幅上升,匹配度上升。

第二,2007—2019年本专科结构匹配度。由表2-21可知,该阶段本科生就业结构匹配度 = f_1 ×|第一产业对应的本科毕业生平均增长率 - 第一产业产值的平均增长率|+ f_2 ×|第二产业对应的本科毕业生平均增长率 - 第二产业产值的平均增长率|+ f_3 ×|第三产业对应的本科毕业生平均增长率 - 第三产业产值的平均增长率|,其中,$f_1 + f_2 + f_3 = 1$,反映各产业在国民经济中所占比重。该阶段本科生就业结构匹配度 =

5.57% × | 4.86% - 3.93% | + 65.47% × | 6.79% - 8.63% | + 28.97% × | 6.79%-9.06% | = 2.01%。该阶段专科生就业结构匹配度 = f_1 × |第一产业对应的专科毕业生平均增长率 - 第一产业产值的平均增长率 | + f_2 × |第二产业对应的专科毕业生平均增长率 - 第二产业产值的平均增长率 | + f_3 × |第三产业对应的专科毕业生平均增长率 - 第三产业产值的平均增长率 |，其中，$f_1 + f_2 + f_3 = 1$，反映各产业在国民经济中所占比重。该阶段专科生就业结构匹配度 = 5.65% × | 3.11% - 4.00% | + 65.50% × | 5.36% - 8.87% |+ 28.85% × | 4.40% - 9.24% | = 3.54%。同一阶段中，本科阶段的毕业生就业结构匹配度优于专科阶段的毕业生就业结构匹配度，即高等教育层次中的本科阶段的教育与产业结构发展的适应性更佳。同时，这一阶段无论是本科生就业结构匹配度还是专科生就业结构匹配度都处于历史最佳水平，即这一阶段的本科生和专科生的就业结构匹配度最优。

第三，2007—2019年年度结构匹配度。由表2-22可知，在各产业匹配度上，大部分年份匹配度较高，虽然多数年份的产业匹配度值<0，三大产业对应的毕业生人数的增长稍小于地区相应产业产值的增长，但绝对值较低，可见匹配程度较好。同时，2007—2019年的本专科总体结构匹配度依次为3.94%、4.99%、5.97%、2.18%、3.48%、5.54%、4.68%、4.27%、3.93%、4.62%、2.08%、4.21%、5.52%；本科13年间结构匹配度依次为4.86%、1.96%、1.45%、5.41%、1.87%、0.65%、2.95%、0.74%、2.15%、2.58%、4.20%、5.03%、4.00%；专科13年间结构匹配度依次为8.00%、7.05%、9.28%、0.62%、4.86%、10.11%、8.28%、7.41%、5.60%、6.49%、0.97%、3.39%、6.96%。整体上，这一时期本专科毕业生就业结构匹配度大部分年份（除2009年、2012年和2019年）值在5%以下，即结构匹配度高，表明这一阶段高等教育中的各学科毕业生结构与我国产业结构的匹配度高。出现这一现象的原因可能是近年来我国市场经济逐步完善，高等教育要求对接社会需求，连接社会发展，高等教育与毕业生就业的社会适应性空前强化。详见表2-21、2-22和图2-9。

表 2-21　2007—2019 年我国高等教育与毕业生就业结构匹配度(一)

年份	各类产业	本专科毕业生人数/人	本科毕业生人数/人	专科毕业生人数/人	产业值/亿元	各产业所占比重	毕业生增长率	本科毕业生增长率	专科毕业生增长率	各产业比重增长率	本专科总体结构匹配度	本科生结构匹配度	专科生结构匹配度
2007年	第一产业	88330	43270	45060	4672.06	7.13%	14.45%	17.77%	11.43%	3.52%	0.78%	1.02%	0.56%
	第二产业	1594130	633744	960386	42069.49	64.23%	18.81%	10.09%	25.36%	15.05%	2.42%	-3.18%	6.62%
	第三产业	2795447	1318930	1476517	18759.47	28.64%	18.66%	18.36%	18.93%	16.07%	0.74%	0.66%	0.82%
2008年	第一产业	97740	45649	52091	4912.94	6.84%	10.65%	5.50%	15.60%	5.16%	0.38%	0.02%	0.71%
	第二产业	1841946	704604	1137342	46208.71	64.32%	15.55%	11.18%	18.43%	9.84%	3.67%	0.86%	5.52%
	第三产业	3179812	1506530	1673282	20724.66	28.84%	13.75%	14.22%	13.33%	10.48%	0.94%	1.08%	0.82%
2009年	第一产业	97392	46847	50545	5109.60	6.48%	-0.36%	2.62%	-2.97%	4.00%	-0.28%	-0.09%	-0.45%
	第二产业	1918428	763635	1154793	50964.53	64.69%	4.15%	8.38%	1.53%	10.29%	-3.97%	-1.24%	-5.67%
	第三产业	3295203	1644877	1650326	22711.63	28.83%	3.63%	9.18%	-1.37%	9.59%	-1.72%	-0.12%	-3.16%
2010年	第一产业	102477	48442	54035	5326.80	6.08%	5.22%	3.40%	6.90%	4.25%	0.06%	-0.05%	0.16%
	第二产业	2120361	813218	1307143	57428.66	65.51%	10.53%	6.49%	13.19%	12.68%	-1.41%	-4.06%	0.33%
	第三产业	3531407	1728875	1802532	24907.61	28.41%	7.17%	5.11%	9.22%	9.67%	-0.71%	-1.30%	-0.13%
2011年	第一产业	110728	51148	59580	5549.16	5.76%	8.05%	5.59%	10.26%	4.17%	0.22%	0.08%	0.35%
	第二产业	2289640	884542	1405098	63566.99	65.95%	7.98%	8.77%	7.49%	10.69%	-1.78%	-1.26%	-2.11%
	第三产业	3681197	1860539	1820658	27270.88	28.29%	4.24%	7.62%	1.01%	9.49%	-1.48%	-0.53%	-2.40%
2012年	第一产业	112097	53789	58308	5797.01	5.57%	1.24%	5.16%	-2.13%	4.47%	-0.18%	0.04%	-0.37%
	第二产业	2345087	964583	1380504	68883.50	66.15%	2.42%	9.05%	-1.75%	8.36%	-3.93%	0.45%	-6.69%
	第三产业	3790154	2020101	1770053	29456.40	28.28%	2.96%	8.58%	-2.78%	8.01%	-1.43%	0.16%	-3.05%

续 表

年份	各类产业	本专科毕业生人数/人	本科毕业生人数/人	专科毕业生人数/人	产业值/亿元	各产业所占比重	毕业生增长率	本科毕业生增长率	专科毕业生增长率	各产业比重增长率	本专科总体结构匹配度	本科生结构匹配度	专科生结构匹配度
2013年	第一产业	115047	58752	56295	6017.71	5.36%	2.63%	9.23%	−3.45%	3.81%	−0.06%	0.29%	−0.39%
	第二产业	2441381	1058768	1382613	74385.34	66.24%	4.11%	9.76%	0.15%	7.99%	−2.57%	1.18%	−5.19%
	第三产业	3830782	2082196	1748586	31901.05	28.40%	1.07%	3.07%	−1.21%	8.30%	−2.05%	−1.48%	−2.70%
2014年	第一产业	115337	59796	55541	6261.47	5.19%	0.25%	1.78%	−1.34%	4.05%	−0.20%	−0.12%	−0.28%
	第二产业	2518311	1132226	1386085	79885.38	66.27%	3.15%	6.94%	0.25%	7.39%	−2.81%	−0.30%	−4.73%
	第三产业	3960023	2221765	1738258	34391.63	28.54%	3.37%	6.70%	−0.59%	7.81%	−1.26%	−0.32%	−2.40%
2015年	第一产业	117235	60908	56327	6505.57	5.06%	1.65%	1.86%	1.42%	3.90%	−0.11%	−0.10%	−0.13%
	第二产业	2576136	1180508	1395628	84836.84	65.99%	2.30%	4.26%	0.69%	6.20%	−2.58%	−1.28%	−3.64%
	第三产业	4115495	2344524	1770971	37210.42	28.95%	3.93%	5.53%	1.88%	8.20%	−1.24%	−0.77%	−1.83%
2016年	第一产业	120410	64499	55911	6718.82	4.91%	2.71%	5.90%	−0.74%	3.28%	−0.03%	0.13%	−0.20%
	第二产业	2584581	1226730	1357851	90150.69	65.83%	0.33%	3.92%	−2.71%	6.26%	−3.91%	−1.55%	−5.91%
	第三产业	4336809	2452451	1884358	40073.69	29.26%	5.38%	4.60%	6.40%	7.69%	−0.68%	−0.90%	−0.38%
2017年	第一产业	123061	66641	56420	6984.96	4.79%	2.20%	3.32%	0.91%	3.96%	−0.08%	−0.03%	−0.15%
	第二产业	2695675	1247808	1447867	95455.96	65.52%	4.30%	1.72%	6.63%	5.88%	−1.04%	−2.73%	0.49%
	第三产业	4539551	2527390	2012161	43241.66	29.69%	4.67%	3.06%	6.78%	7.91%	−0.96%	−1.44%	−0.33%
2018年	第一产业	128033	67537	60496	7228.32	4.67%	4.04%	1.34%	7.22%	3.48%	0.03%	−0.10%	0.17%
	第二产业	2740910	1269173	1471737	101023.02	65.26%	1.68%	1.71%	1.65%	5.83%	−2.71%	−2.69%	−2.73%
	第三产业	4664144	2531648	2132496	46537.96	30.07%	2.74%	0.17%	5.98%	7.62%	−1.47%	−2.24%	−0.49%

续 表

年份	各类产业	本专科毕业生人数/人	本科毕业生人数/人	专科毕业生人数/人	产业值/亿元	各产业所占比重	毕业生增长率	本科毕业生增长率	专科毕业生增长率	各产业比重增长率	本专科总体结构匹配度	本科生结构匹配度	专科生结构匹配度
2019年	第一产业	126263	67365	58898	7452.40	4.54%	−1.38%	−0.25%	−2.64%	3.10%	−0.20%	−0.15%	−0.26%
	第二产业	2748700	1295015	1453685	106781.33	65.12%	0.28%	2.04%	−1.23%	5.70%	−3.53%	−2.39%	−4.51%
	第三产业	4710335	2584777	2125558	49749.08	30.34%	0.99%	2.10%	−0.33%	6.90%	−1.79%	−1.46%	−2.19%
平均值	第一产业	—	—	—	—	5.57%	3.95%	4.86%	3.11%	3.93%	0.00%	0.05%	−0.05%
	第二产业	—	—	—	—	65.47%	5.81%	6.49%	5.36%	8.63%	−1.85%	−1.40%	−2.14%
	第三产业	—	—	—	—	28.97%	5.58%	6.79%	4.40%	9.06%	−1.01%	−0.66%	−1.35%

1. 数据来源：各产业产值和本专科人数根据《国家统计年鉴》整理。(国家统计局. 中国统计年鉴[M]. 北京：中国统计出版社，2019.)

2. 产业产值以1980年价格作为基期进行核算。

3. 根据《中国统计年鉴》中各时期对高等学校分学科学生的统计口径变化，本表中各产业毕业生人数的统计口径如下：2007—2012年，第一产业毕业生=农学毕业生，第二产业毕业生=工学毕业生，第三产业毕业生=哲学毕业生+经济学毕业生+法学毕业生+教育学毕业生+文学毕业生+历史学毕业生+理学毕业生+医学毕业生+管理学毕业生。2012—2019年，第一产业毕业生=农学毕业生，第二产业毕业生=工学毕业生，第三产业毕业生=哲学毕业生+经济学毕业生+法学毕业生+教育学毕业生+文学毕业生+历史学毕业生+理学毕业生+医学毕业生+管理学毕业生+艺术学毕业生。

表2-22　2007—2019年我国高等教育与毕业生就业结构匹配度(二)

类别	结构匹配度	类别	结构匹配度	类别	结构匹配度
总体	2.85%	2018年本专科	4.21%	2019年本科	4.00%
本科	2.01%	2019年本专科	5.52%	2007年专科	8.00%
专科	3.54%	2007年本科	4.86%	2008年专科	7.05%
2007年本专科	3.94%	2008年本科	1.96%	2009年专科	9.28%
2008年本专科	4.99%	2009年本科	1.45%	2010年专科	0.62%
2009年本专科	5.97%	2010年本科	5.41%	2011年专科	4.86%
2010年本专科	2.18%	2011年本科	1.87%	2012年专科	10.11%
2011年本专科	3.48%	2012年本科	0.65%	2013年专科	8.28%
2012年本专科	5.54%	2013年本科	2.95%	2014年专科	7.41%
2013年本专科	4.68%	2014年本科	0.74%	2015年专科	5.60%
2014年本专科	4.27%	2015年本科	2.15%	2016年专科	6.49%
2015年本专科	3.93%	2016年本科	2.58%	2017年专科	0.97%
2016年本专科	4.62%	2017年本科	4.20%	2018年专科	3.39%
2017年本专科	2.08%	2018年本科	5.03%	2019年专科	6.96%

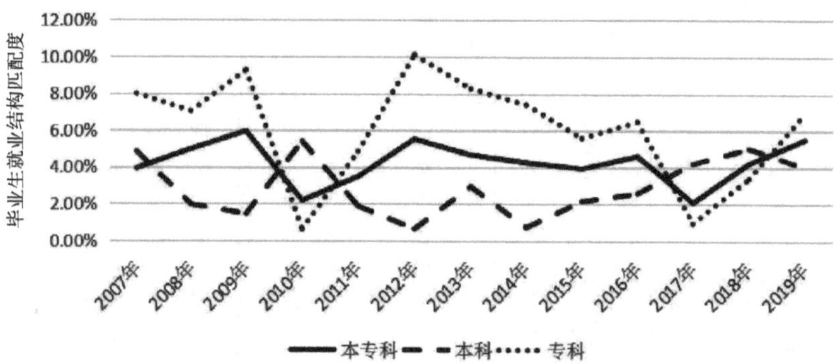

图2-9　2007—2019年毕业生就业结构匹配度对比图(绝对值)

(三)毕业生就业专业对口度

表2-23对2007—2019届毕业生就业专业对口情况进行了描述。根据《就业蓝皮书》的统计,2007—2019届毕业生的就业专业对口度基本维持在65%左右。同时,对两所高校2010届以后的毕业生以整群抽样的方式开展了实证调查,包括某省属师范大学(A校)2010—

2012届英语教育专业全体毕业生和某地方本科院校（H校）2014—2019届全体毕业生。调查发现，毕业生就业专业对口度在2012届处于较高水平，2014—2019年的六届毕业生的就业专业对口度数值虽然较低，但连续5年在上升。虽然不能直接将两高校的数据进行对比，但是从历史变迁来看，依旧能够看出这一阶段的就业专业对口度处于最低水平，高等教育与大学生就业依旧存在着较大的不确定性，然而后几年的就业专业对口度却呈现出新的变化，即连续6年出现了上升趋势。

深究H校就业专业对口度持续上升的原因后发现，近年来，随着我国高等教育大众化的到来，衡量高等学校工作成效、任务完成、社会贡献的主要尺度就只能是培养人才的数量与质量成了共识。[①]《国家中长期教育改革和发展规划纲要（2010—2020年）》提出，提高质量是高等教育发展的核心任务，是建设高等教育强国的基本要求。质量优先、内涵发展，成为高等教育发展的新目标和新任务。此后，政府层面的改革和高校自我评估层见叠出。在对该校教学主管部门的访谈中得知，近年来高校不断深化教育教学改革，以审核评估、专业评估、专业认证等为抓手，重视人才培养质量，提高学生学习成效。如在师范教育领域，在2014年《教育部关于实施卓越教师培养计划的意见》和2017年《普通高等学校师范类专业认证实施办法（暂行）》等文件的引领下，开启了以师范专业认证为抓手的提升教师教育内涵的实践。这类实践以“产出导向、学生中心、持续改进”为核心内涵，关注学生学习成效和学习成果。2015年，H校确定了“地方性、应用型、开放式，彰显教师教育办学特色”的办学定位，进一步提高办学质量，2017年先后启动专业评估和师范认证，提升了人才培养质量。近年来，该校毕业生的就业专业对口度持续上升。

① 胡建华.高等教育质量内部管理与外部监控的关系分析[J].高等教育研究，2008，29(5)：33.

表2-23 2007—2019届毕业生就业专业对口情况统计

届别	个案情况						专业对口度（全国）
	毕业生人数/人	就业情况统计				专业对口度	
		入伍或留学人数/人	不对口就业人数/人	信息缺失或未就业人数/人	对口就业人数/人		
2007届	—	—	—	—	—	—	66.00%
2008届	—	—	—	—	—	—	—
2009届	—	—	—	—	—	—	66.00%（2009届、2010届、2012届、2013届、2014届和2019届数据为本科生与专科生就业专业对口率的平均值）
2010届	168	0	21	0	147	87.50%	64.00%
2011届	185	0	39	0	146	78.92%	64.00%
2012届	114	0	7	1	106	93.81%	65.50%
2013届	—	—	—	—	—	—	65.50%
2014届	1088	18	475	49	546	53.48%	65.50%
2015届	1147	8	477	69	593	55.42%	66.00%
2016届	1533	12	585	139	797	57.67%	66.00%
2017届	1353	8	420	202	723	63.25%	66.00%
2018届	1250	10	380	167	693	64.59%	66.00%
2019届	1366	12	401	174	779	66.02%	67.00%
合计	8204	68	2805	801	4530	68.96%	65.63%

1.数据来源：全国的数据来源于《就业蓝皮书》，个案数据来源于某省属师范大学和师范学院毕业生就业情况统计，如：麦可思中国大学生就业研究课题组.就业蓝皮书（2014年中国大学生就业报告）[M].北京：社会科学文献出版社，2014。

2.对口就业人数指毕业生从事教育行业(包括各级各类学校、教育行政部门)和升学。

3.数据采集时间:2007—2013届数据统计时间点是2014年,2014—2019届数据统计时间点是每年的8月。

三、高等教育与就业的“适应-不确定性”关系阶段的确立

根据第一章对高等教育与毕业生就业关系的分析维度和测量指标的界定,从社会适应性和个体就业确定性两方面来划分高等教育与毕业生就业的关系类型。可知,社会适应性定量值=(规模匹配度+结构匹配度)÷2。定量值<5%,社会适应性高;定量值>5%,社会适应性低。个体就业确定性定量值=(就业率+就业专业对口度)÷2。定量值<80%,个体就业确定性低;定量值>80%,个体就业确定性高。

为保持数据一致性,本阶段的就业率采用初次就业率。这一阶段高等教育与毕业生就业关系指标值见表2-24。社会适应性定量值2.72%<5%,社会适应性高;个体就业确定性定量值70.06%<80%,个体就业确定性低:属于高等教育与就业关系的“确定性”和“不适应性”维度。进一步分析发现,本阶段适应性定量值为2.72%,在2.5%~5%内,该阶段的不适应性属于“低不适应性”;确定性定量值为70.06%,在60%~80%内,该阶段的确定性属于“低不确定性”。因此,本研究将本阶段界定为高等教育与就业的“适应-不确定性”关系阶段,具体表现为“低适应性”和“低不确定性”。

尽管该阶段呈现出“不确定性”,但该阶段内部出现差异,近年来“确定性”态势呈上升趋势。具体表现为毕业生就业率基本稳定(年初就业率维持在70%,年终就业率维持在90%以上),毕业生就业专业对口度稳中有升,呈现出缓慢上升的趋势。

表2-24　2007—2019年高等教育与就业关系指标值

测量指标	数值	类型指标
规模匹配度	2.59%	适应性:2.72%
结构匹配度	2.85%	
就业率	71.16%	确定性:70.06%
专业对口度	68.96%	

第三章
改革开放以来高等教育与就业关系的变迁动因

事物的变化发展离不开所处的时代背景，高等教育与就业关系的嬗变具有时代性和历史性。因此，分析高等教育与就业关系的变迁历程必须从历史出发，综合考察各阶段政治、经济、文化、教育、科技的发展。第二章从数据逻辑出发，通过对改革开放以来（1982—2019年）我国经济发展和毕业生就业方面的文献和数据加以分析与解读，分析出改革开放以来高等教育与就业关系的嬗变历程。本章将从历史逻辑出发，分析两者关系变迁背后的社会环境和体制因素，由此归纳出改革开放以来的40多年间高等教育与就业关系变迁的动力机制。研究发现，改革开放后我国毕业生就业由统包统分转向自主择业，是计划经济体制向社会主义市场经济体制转型的产物，具有鲜明的中国特色，其中社会需求、经济体制、教育改革和就业制度的变化影响着高等教育与就业关系的嬗变。具体而言，以社会人才需求变化为前提和经济体制改革为核心的时代变迁，始终是高等教育与就业关系嬗变的重要动力。而以高等教育规模扩张和毕业生就业制度变化为主要内容的教育内部因素，则成为高等教育与就业关系变迁的直接因素。

第一节 劳动力市场需求是高等教育与就业关系变迁的基本前提

19世纪，瓦尔拉斯将市场需求定义为：在既定的价格水平下，消费者愿意并能够购买的商品数量，即消费者在一定时期内在各种可能的价格水平下愿意而且能够购买的商品的数量。[①]随着人力资本理论的提出和完善，人力资本被列为与物质资本同等重要的资源，对社会发展有着积极的促进作用。随着我国社会主义市场经济的逐步建立和完善，市场在资源配置中发挥着基础性作用。市场经济体制，不仅优化了物质资源配置，也加强了对人力资源的配置。在经济发展的同时，社会对人才的需求也进一步上升。人才需求是在一定时期社会各行业、各领域对人才规格和能力的需求，最直观的反映为人才市场对各级各类人才数量及质量的需求。毕业生需求则是一定时期社会各团体、各行业、各领域对拥有大学学历、接受过高等教育的高级专门人才的需求。这种需求既包括社会整体对大学生数量的需求，也包括对大学生质量（知识、能力、素质等要素）的要求，形成了毕业生市场需求，即劳动力市场对毕业生的需求，涉及市场对毕业生的长期需求和短期需求、整体需求和局部需求、数量需求和质量需求。高校毕业生就业情况实质上是劳动力市场对毕业生需求程度的反映，因此，市场对毕业生的需求能够反映出高等教育与就业关系的变迁历程。大学生就业市场是劳动力市场的一个子市场，其供给主体是各类高校，需求主体是各级各类企业和行政事业单位。[②]

在经济发展的不同时期，毕业生市场需求存在差异。当劳动力市场对毕业生的需求大于高校毕业生供给时，短期内，毕业生能较为容易实现就业，甚至能在众多的就业岗位中对比择业，选出更为有利的就业岗位，此时毕业生就业数量和质量得到保证；长期内，大学无法为社会输送足量的毕业生，高等教育无法为社会发展提供有效的人才保障，影

① 高鸿业.微观经济学[M].北京：中国人民大学出版社，2004：21.

② 马廷奇.人才培养模式、劳动力市场与大学生就业[J].高等教育研究，2013(3)：34-39.

响着社会经济的发展。相反，当劳动力市场对毕业生的需求小于毕业生供给时，短期内，毕业生数量超出市场所需，将对毕业生就业产生不利影响。本节将从社会人才需求和毕业生人才的数量、质量和结构等方面，探究不同时期劳动力市场需求与毕业生供给情况。

一、“确定-不适应性”阶段：毕业生数量和结构不适应生产需要

1978—1996年，经济迅速发展，对人才数量和质量的要求进一步提升，但在对毕业生的选拔任用上，依然沿用新中国成立以来的由政府统一安排的毕业生就业分配方式。自十一届三中全会将全党的工作重点转向经济建设上来以后，各行各业迅速发展的同时，社会对人才的需求进一步增长，劳动力市场供需矛盾突出，主要表现在毕业生总量不足和结构不适应的供需冲突（详见表3-1）。实际上，毕业生总量不足进一步提高了毕业生就业数量和专业对口水平，但毕业生结构与社会需求的不适应促进了高等教育与就业“不适应”关系的出现。

表3-1　1982—1985年高等学校毕业生分配情况统计

年份	毕业生人数	需求情况	供需对比	供需结构	分配方式
1982年	全国共计毕业生31.1万人	各部门和省、自治区、直辖市要求分配毕业生近70万人	供求小于需求，供需相差近38.9万人	供求情况很不平衡 (1)供给不足：财经、政法、英文和工科中的地质、矿业、动力、机械、建筑、轻纺、粮食、运输、通信等不能满足需要； (2)供给过多：理科、军、工、外文中的某些专业尚有多余	(1)中央部门所属企事业单位分配6.2万人； (2)地方分配24.8万人

续 表

年份	毕业生人数	需求情况	供需对比	供需结构	分配方式
1983年	全国共计毕业生28万人	各部门和省、自治区、直辖市要求分配毕业生近57万人	供求小于需求，供需相差近29万人	供求情况很不平衡 供给不足：财经、政法、轻工、纺织、土建、动力、机械、机电类中的通用专业、英语，日语（需求量一般为供给的几倍以至十多倍）	(1)中央部门所属企事业单位分配6.09万人； (2)地方分配21.8万人
1984年	辽宁省共计毕业生10443人	全省提报的需要计划5万人	供求小于需求，供需相差近4万人	供需矛盾突出 供给不足：政法类及工科类的土建、动力、电子等专业（供给仅为需要的5%～10%）；汽车制造、锅炉、无线电技术（供给仅为需要的1%）	(1)省统一平衡分配7047人； (2)市自行分配和录用3396人

续 表

年份	毕业生人数	需求情况	供需对比	供需结构	分配方式
1985年	全国共计毕业生27.7万人	各部门和省、自治区、直辖市要求分配毕业生近74.2万人	供求小于需求，供需相差近46.5万人	毕业生数量与专业结构不适应国家建设需要 供给不足：理工科中的通用专业、新技术专业、经济管理专业和应用；文科、机械制造、工业与民用建筑、电子计算机、财经、政法（需求量一般为供给数的几倍以至一二十倍）	(1) 1985年国家根据需要分配2.9万余人，包括中央业务部门所属院校的毕业生2.6万人，根据需要在其他院校抽调的2900人。（分给中央部门16260人，分给地方13075人） (2) 地方分配24.8万人（地方院校的毕业生全部由地方制订计划进行分配）

数据来源：根据《关于一九八二年全国毕业研究生和高等学校毕业生分配问题的报告》《关于一九八三年全国毕业研究生和高等学校毕业生分配问题的报告》《辽宁省关于一九八四年全省大中专毕业生分配问题的报告》《关于一九八五年全国毕业研究生和高等学校毕业生分配问题的报告》整理。

(一)总量不足导致人才供需矛盾显著

表3-1就1982—1985年国家对高等学校毕业生分配情况进行了说明，在总量上，4年间，高等学校毕业生的供给远远小于需求，仅

1985年的供需就存在46.5万人的缺口。可见，这一阶段，我国总体上人才数量严重不足，人才缺口大。随着改革开放的深入，以“三资”企业和民营企业为代表的非公有制经济被视为公有制经济的必要的、有益的、重要的补充，获得迅速发展。其中，1995年城镇个体劳动者较1978年增长了104倍，城镇居民中私营企业从业人口在1992年邓小平南方谈话的第二年（1993年）增长了近2倍。[①]非公有制经济“爆发式”的增长引发了对人才需求的提升。而“统包统分”的毕业生就业制度无法满足非公有制企业对高素质人才的需求。在对人才的强烈渴望下，出现了社会自发组织的“人才招聘会”“人才交流会”“人才市场”。在人才需求长期得不到满足的背景下，个体公司、私人企业在报纸上刊登招贤纳士的广告。1993年《国家教委办公厅关于高等学校毕业生参加社会上组织的“人才招聘会”活动等有关问题的通知》中明确表示，近两年出现了一些由非主管毕业生就业部门组织高校毕业生“招聘会”“人才市场”，甚至有的集体、个体公司也在报纸上登广告，组织“供需见面”活动等现象，这些现象的出现，引起了社会和政府的广泛关注。虽然当时教育委员会对毕业生个体参与人才招聘活动给予了否定的态度，指出这种做法不仅干扰了高等学校的正常教学秩序，而且给毕业生就业改革工作带来了困难。但这些现象的出现，能很好地佐证当时社会人才的稀缺，展示出我国人才供需矛盾的现实。

面对社会自发组织的“人才招聘会”“人才交流会”“人才市场”，毕业生“有偿分配”改革试点开启。在社会人才需求矛盾突出，尤其是企业对人才的渴望上涨的背景下，出现了企业等其他用人单位通过向国家或学校缴纳培养费以获得毕业生的现象。为此，相关部门专题研讨了“有偿分配”。经过讨论，教育委员会决定1985年在全国范围内实行“有偿分配”试点。据统计，1985年在各省、自治区、直辖市人民政府和国务院有关部委正式批准试点的学校中有毕业生约

① 城镇居民中个体劳动者由1978年的15万人，增长至1995年的1560万人。城镇居民中私营企业从业人口由1992年的98万人增长为1993年的186万人。

3000人实行"有偿分配"。[1]高校有偿分配,是指部分急需用人的单位(多是企业单位),根据自身的经济条件及发展的需要,向高等学校支付部分培养经费,从而能优先分到毕业生的一种分配毕业生的方法。[2]1986年教育委员会出台《关于高等学校毕业生试行有偿分配的有关问题的通知》,明确指出,在1985年被省、自治区、直辖市人民政府和国务院有关部委正式批准试点的学校,可以根据主管部门和省、自治区、直辖市制定合理收费标准的前提下,向企业单位收取一定费用,分配规定数量的毕业生。[3]尽管在1989年教育委员会和人事部共同印发的《关于改革高等学校毕业生分配制度的报告》中,指出"'有偿分配'的提法,在社会上容易产生把毕业生视为'商品'的消极影响,不利于调动毕业生的积极性",明确"今后不再沿用'有偿分配'毕业生的提法",但这一措施也进一步映射出毕业生劳动力市场的供需矛盾。

(二)结构失衡引发人才结构性矛盾

表3-1展现出在国家实施毕业生分配制度的背景下,社会对不同学科毕业生需求的不平衡凸显,一些与国民生产和民众生活息息相关的行业(如纺织、粮食、经济、机械等行业)的毕业生远远不能满足社会需求,个别专业的供给数甚至小于需求数20倍。可见,这一阶段劳动力市场供需矛盾突出,社会人才需求主要存在着总量不足和结构不适应的供需冲突。表3-2展现了1981—1995年我国三大产业生产总值和高校毕业生结构变化的情况。可知,1981—1995年,高校毕业生的科类结构与产业结构适应性不足,显著表现为在第二产业占主导的经济结构中,第二产业的高等教育毕业生规模相对不足。尽管为适应经济的发展,第二产业的高校毕业生人数大幅上涨(15年间

① 李道平.再论"有偿分配"[J].黑龙江高教研究,1986(4):87-91.

② 徐忠.对高校"有偿分配"几个问题的探讨[J].贵州师范大学学报(社会科学版),1988(2):74-77.

③ 何东昌.中华人民共和国重要教育文献(1976—1990)[M].海口:海南出版社,1998:2465-2466.

增长24.25倍，占比上升了近28个百分点），但产业结构对人才的需求与毕业生供给依然存在结构性矛盾。

表3-2　1981—1995年我国三大产业生产总值和高校毕业生结构变化情况统计

年份	三大产业	高校毕业生		国内生产总值/亿元	
		总人数/人	占比	产值	占比
1981年	第一产业	8835	6.33%	1545.7	31.32%
	第二产业	12199	8.74%	2269.1	45.97%
	第三产业	118606	84.93%	1121.1	22.71%
1982年	第一产业	38050	8.32%	1761.7	32.79%
	第二产业	172236	37.67%	2397.7	44.62%
	第三产业	246958	54.01%	1214.0	22.59%
1983年	第一产业	4335	1.29%	1960.9	32.57%
	第二产业	11405	3.40%	2663.0	44.23%
	第三产业	319604	95.31%	1397.0	23.20%
1984年	第一产业	18516	6.45%	2295.6	31.54%
	第二产业	97546	34.00%	3124.8	42.93%
	第三产业	170875	59.55%	1858.1	25.53%
1985年	第一产业	20718	6.55%	2541.7	27.93%
	第二产业	97672	30.87%	3886.5	42.71%
	第三产业	197994	62.58%	2670.7	29.36%
1986年	第一产业	36015	9.17%	2764.1	26.64%
	第二产业	119213	30.35%	4515.2	43.51%
	第三产业	237564	60.48%	3096.9	29.85%
1987年	第一产业	31341	5.89%	3204.5	26.32%
	第二产业	156065	29.34%	5274.0	43.32%
	第三产业	344524	64.77%	3696.2	30.36%
1988年	第一产业	30301	5.47%	3831.2	25.24%
	第二产业	173585	31.36%	6607.4	43.53%
	第三产业	349580	63.16%	4741.8	31.24%
1989年	第一产业	30970	5.38%	4228.2	24.61%
	第二产业	186582	32.38%	7300.9	42.50%
	第三产业	358690	62.25%	5650.6	32.89%

续 表

年份	三大产业	高校毕业生		国内生产总值/亿元	
		总人数/人	占比	产值	占比
1990年	第一产业	33413	5.39%	5017.2	26.58%
	第二产业	195841	31.62%	7744.3	41.03%
	第三产业	390094	62.99%	6111.4	32.39%
1991年	第一产业	30826	4.97%	5288.8	24.03%
	第二产业	206268	33.29%	9129.8	41.49%
	第三产业	382549	61.74%	7587.0	34.48%
1992年	第一产业	30389	4.98%	5800.3	21.33%
	第二产业	207007	33.95%	11725.3	43.12%
	第三产业	372294	61.07%	9668.9	35.55%
1993年	第一产业	27343	4.75%	6887.6	19.31%
	第二产业	196216	34.08%	16473.1	46.18%
	第三产业	352263	61.17%	12312.6	34.51%
1994年	第一产业	27856	4.37%	9471.8	19.47%
	第二产业	228922	35.91%	22453.1	46.16%
	第三产业	380639	59.72%	16712.5	34.37%
1995年	第一产业	32975	4.09%	12020.5	19.60%
	第二产业	295839	36.73%	28677.5	46.75%
	第三产业	476583	59.18%	20641.9	33.65%

数据来源：各产业产值和毕业生人数根据《中国统计年鉴》整理。(国家统计局.中国统计年鉴[M].北京：中国统计出版社，2019.)

二、"确定-适应性"阶段：自主用人需求上升但高素质人才供给不足

教育部颁布的《关于1995年深入进行普通高等学校招生和毕业生就业制度改革的意见》要求，中央部分所属普通高校"并轨"后所招学生毕业时原则上在本系统、本范围内自主择业。1996年《国家不包分配大专以上毕业生择业暂行办法》的出台，正式结束了国家负责大学生分配的就业方式。大学生就业逐步走向市场，融入社会就业的

大环境。然而这一时期发生了亚洲金融危机和国企改革下岗潮，在双重压力的大环境下，有学者将1997—1998年两年称为“中国经济结构和就业结构变化最剧烈的两年”，[①]但产业结构转型对高素质人才的需求上升。因此，这一时期出现了失业率上升与社会对高级人才诉求加深的双重矛盾。正是由于对人才需求的上升，高校毕业生作为高级专门人才的主要代表，就业率和就业专业对口度均处于较高水平。同时，扩大用人单位自主权，发挥市场配置作用的要求显现，呈现出高等教育与就业的“确定性”和“适应性”状态。

（一）失业率上升与毕业生供给不足双重矛盾

20世纪90年代中后期，受国内外环境的影响，我国就业问题更为突出。国际环境，1997年爆发的亚洲金融危机，致使我国经济受到较大冲击。国内环境，为适应经济体制与经济增长方式，达到减员增效的目的，1999年《中共中央关于国有企业改革和发展若干重大问题的决定》，吹响了国有企业改革的号角。此次改革将“下岗分流、减员增效和再就业”列为国有企业改革的重要内容，因涉及人数多、范围广，引发了下岗潮。据北京市的数据显示，截至1997年9月，国有、集体企业共计下岗职工15万人，通过各种安置措施和多方努力，仍有8.1万人处于下岗待工状态。[②]在深化改革中大量企业的“关停并转”产生了大批下岗失业人员，同时遭遇到亚洲金融危机的冲击，可谓“屋漏偏逢连夜雨”。[③]在经济危机和国有企业改革的双重影响下，就业形势不佳，失业率也有所上涨。图3-1对1992—2001年我国城镇登记失业人数和失业率进行了描述，可知10年间我国城镇登记失业率在上升，其中1996年城镇登记失业率突破3%。

① 王延中.不得已的“三条保障线”与“两个确保”[J].中国社会保障，2007(11)：22.

② 张旭宏，杨峰，祁之杰，等.下岗再就业：一道不能不解的难题——北京市国有企业职工下岗再就业问题研究[J].投资北京，1998(7)：28.

③ 林闽钢，霍萱.中国社会保障的制度变迁——以1997、2008年经济危机为关键节点的考察[J].武汉大学学报(哲学社会科学版)，2019，72(6)：169-179.

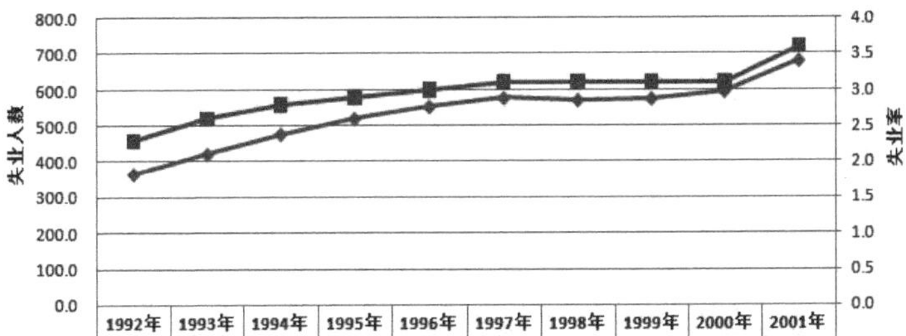

	1992年	1993年	1994年	1995年	1996年	1997年	1998年	1999年	2000年	2001年
失业登记人数/万	363.9	420.1	476.4	519.6	552.8	576.8	571.0	575.0	595.0	681.0
城镇登记失业率	2.3%	2.6%	2.8%	2.9%	3.0%	3.1%	3.1%	3.1%	3.1%	3.6%

图3-1　1992—2001年我国城镇登记失业人数和失业率统计

数据来源：失业登记人数和城镇登记失业率根据《中国劳动统计年鉴2013》整理。（国家统计局人口和就业统计司，人力资源和社会保障部规划财务司．中国劳动统计年鉴2013［M］．北京：中国统计出版社，2014.）

然而值得注意的是，在全国失业率上升的大背景下，经济发展对高素质人才（如大学生）的需求量仍在上升。上海市人事局发布的调查显示，2000年上海市人才需求总量为5.34万人，其中对高、中、初级人才的需求比为1∶1.88∶0.88，对高等院校和中专学校毕业生的需求比为1∶0.19。[①]在渴望高素质人才的背景下，为招聘优秀毕业生，用人单位提前近一年赴高校举行招聘活动。[②]更有甚者，为抢夺毕业生，一些地区、部门和高校强制用人单位捐资助学。[③]为此，教育部先后颁发《关于对普通高校毕业生收费有关政策问题的通知》（1998年）、《关于规范高校毕业生招聘工作维护教育教学秩序的通知》（1999年）。

（二）扩大用人自主权以加强市场配置作用

为适应市场经济发展的要求，1998年中共中央、国务院印发的

① 上海人事局综合处.2000年上海人才需求状况［J］.中国人才，2000（7）：57.

② 何东昌．中华人民共和国重要教育文献（1998—2002）［M］．海口：海南出版社，2003：154.

③ 何东昌．中华人民共和国重要教育文献（1998—2002）［M］．海口：海南出版社，2003：399.

《关于切实做好国有企业下岗职工基本生活保障和再就业工作的通知》中，明确提出了要建立和完善市场就业机制，实行在国家政策指导下劳动者自主择业、市场调节就业和政府促进就业的方针，要求加强市场配置在劳动力市场配置中的作用，扩大用人单位的用人自主权，构建与市场经济体制相适应的就业制度。这一时期，推出了一系列的就业措施。一是，规范劳动力市场。2000年，《劳动力市场管理规定》发布，这是我国第一部全面规范劳动力市场管理的部门规章，规定了用人单位在自主招聘时不得因求职者的性别、民族等而区别对待，进一步对劳动者和用人单位的合法权益加以保护。同时，要求劳动保障部门的公共职业介绍机构应向失业人员提供免费的政策咨询等就业服务。二是，推动建立劳动合同制，允许企业自主用人。1994年第八届全国人民代表大会常务委员会通过了《中华人民共和国劳动法》，明确"劳动合同是劳动者与用人单位确立劳动关系、明确双方权利和义务的协议"，要求"建立劳动关系应当订立劳动合同"。1997年党的十五大进一步表示，加快国有企业改革步伐，明确国有企业的用人自主权，国有企业能够自主决定招聘或解雇职工。到1997年底，全国城镇实行劳动合同制的职工达到10728.1万人，占同口径职工总数的97.5%；乡镇集体企业实行劳动合同制的从业人员达1795.8万人，占同口径职工总数的98.1%。[①]三是，完善社会保障制度。为保障失业人员的基本生活，1998年国务院颁布《失业保险条例》，标志着中国失业保险制度的正式建立。《失业保险条例》规定了失业保险金的标准应该低于最低工资标准，高于城市居民最低生活保障标准水平。1997年，国务院《关于在全国建立城市居民最低生活保障制度的通知》指出，在1999年底前，建立城市居民最低生活保障制度。1998年，国务院先后印发《关于建立城镇职工基本医疗保险制度的决定》等文件，进一步保障城镇人口就业。

① 马洪.中国市场发展报告(1997)[M].北京:中国发展出版社,1997:117.

三、“不确定-不适应性”阶段：数量矛盾和质量压力双重挤压

随着下岗再就业、城镇剩余劳动力转移、毕业生人数的增加，总体上我国就业出现供大于求的状况。加入世界贸易组织后，总体上扩大了就业容量，国际竞争加剧和经济及产业结构调整对人才提出新的诉求。一方面，人才结构性矛盾加大。如熟练掌握外语、精通涉外业务的高级专门人才，短期内供不应求，而农业、化工等传统行业面临更大挑战。另一方面，高层次人才流失加剧，据教育部测算，加入世界贸易组织后仅金融系统就有20%的专业人才流失，[①]这进一步加剧了我国人才的结构性矛盾。这一时期劳动市场表现为供求数量与质量不协调，毕业生就业的结构性问题凸显，引发“不确定性”和“不适应性”关系的产生。

（一）劳动力总量供大于求

在城镇下岗失业人员再就业、城镇新增劳动力就业、农村富余劳动力转移就业、退役军人再就业、初高中毕业生就业等多方矛盾交织的就业困局下，我国劳动力市场供需矛盾十分突出。2002年全国城镇登记失业率突破4%，这一时期的失业率维持在4%及以上，而农村亦尚存1.5亿人富余劳动力需要转移。[②]就业市场供需矛盾突出，加剧了社会就业压力，也给高校毕业生就业带来冲击。

（二）加入世界贸易组织短期内就业需求萎缩

加入世界贸易组织是我国主动融入世界经济体系的行为，无疑是适应经济全球化的举措。入世后国际贸易增长、产业结构优化升级将有益于加快经济发展，增加就业机会，提高就业水平。但在中国

① 陈至立.我国加入WTO对教育的影响及对策研究[J].中国民族教育，2002(2)：4-7.

② 高永惠，孔艳蓉，吴同华.从求人倍率看大学生区域性和竞争性就业难问题[J].中国市场，2012(14)：145-147，158.

加入世界贸易组织的最初几年内对传统行业的原有就业格局产生冲击，出现就业减少的不利影响。在中国加入世界贸易组织最初，国外学者就曾表示加入世界贸易组织将会在短时间内加剧中国失业问题。欧盟贸易委员拉米也曾表示，中国加入世界贸易组织可能会使数百万中国人失去工作。[①]国内学者的研究也显示，短期内（3—4年），加入世界贸易组织对我国传统行业和原来就业格局的冲击会导致就业机会减少，最直接的表现为外资的进入和货物、服务进口的转移效应会大于出口的创造效应，导致就业机会减少，加上贸易、外资等对传统工业及农业的冲击，预计将使城镇失业人员额外增加300万～400万人，失业率大约攀升2个百分点。[②]

为进一步证实加入世界贸易组织后我国就业压力会上升，表3-3对2000—2007年我国国内生产总值增长率和就业人口增长率及其增速进行了比较，显示这一时期我国经济与就业并未同步增长，出现了“高增长、低就业”的现象，即经济增长并未能带动就业的同步增长。而对于高校毕业生而言，2004年全国第一次实行了待就业毕业生登记制度，教育部高校学生司发布的《2004年全国普通高等学校毕业生就业基本情况》显示，2003—2004年毕业生登记待就业人数略有增加，由63.4万人增加至66.6万人。对于这一现象的形成，学者们指出与我国经济增长方式、产业结构升级、劳动力人口流动[③]等因素相关。在这些因素中，产业结构失衡被认为是我国就业面临的最大挑战。具体表现在，加入世界贸易组织后，产业结构调整和优化势在必行，这也将对我国劳动力素质和劳动力从业类型提出更高的要求。表3-4对我国加入世界贸易组织4年和5年后的就业结构变化进行了统计，可以看出，农林牧渔业，交通运输、仓储和邮政业，批发与零售业，文化体育和娱乐业五大行业吸纳的就业人数减少，尤其是在农林牧渔业和批发与零售业两大行业，加入世界贸易组织5年来就业的人数分别减少了12.01%和

① 拉米．由四人游戏改玩五人游戏[N]．参考消息，2002-02-17(08)．

② 王延中．加入WTO对中国工业就业的影响及对策[J]．中国工业经济，2002(5)：31-35．

③ 范从来，程俊杰．论我国货币政策的充分就业目标[J]．南京大学学报(哲学·人文科学·社会科学版)，2008(5)：25-32，142．

19.30%。而随着经济的增长，就业机会的增多，大部分行业吸纳劳动力的能力上升。5年来，房地产业（38.52%），租赁和商务服务业（34.71%），建筑业（26.04%）和制造业（16.27%）四大行业中的就业机会增长最多。实际上，加入世界贸易组织后，随着科技进步，第一产业生产率提高，提供的就业机会减少，释放了更多的劳动力，而第三产业，尤其是服务业和制造业等吸纳了更多的劳动者。因此，就业结构的变化要求劳动力重新配置，对毕业生专业提出了新要求。

表3-3　加入WTO初期我国GDP增长率和就业人口增长率及其增速

年份	GDP增长率	世界排名	GDP增速	就业人口增长率	就业增速
2000年	8.5%	15%	—	2.1%	—
2001年	8.3%	20%	-0.2%	1.3%	-0.8%
2002年	9.1%	13%	0.8%	1.0%	-0.3%
2003年	10.0%	17%	0.9%	0.9%	-0.1%
2004年	10.1%	22%	0.1%	1.0%	0.1%
2005年	11.4%	13%	1.3%	0.8%	-0.2%
2006年	12.7%	11%	1.3%	0.8%	0.0%
2007年	14.2%	8%	1.5%	0.8%	0.0%

数据来源：国家统计局（国家数据）：https://data.stats.gov.cn/。

表3-4　加入WTO初期我国就业结构的变化

行业	2003年	2006年	2007年	就业结构变化（5年）		就业结构变化（4年）	
				万人	百分比	万人	百分比
农林牧渔业	484.5	435.2	426.3	-58.2	-12.01%	-49.3	-10.18%
采矿业	488.3	529.7	535.0	46.7	9.56%	41.4	8.48%
制造业	2980.5	3351.6	3465.4	484.9	16.27%	371.1	12.45%
电力、燃气及水的生产与供应业	297.6	302.5	303.4	5.8	1.95%	4.9	1.65%
建筑业	833.7	988.7	1050.8	217.1	26.04%	155.0	18.59%

续 表

行业	2003年	2006年	2007年	就业结构变化（5年）		就业结构变化（4年）	
				万人	百分比	万人	百分比
交通运输、仓储和邮政业	636.5	612.7	623.1	-13.4	-2.11%	-23.8	-3.74%
信息传输、计算机服务和软件业	116.8	138.2	150.2	33.4	28.60%	21.4	18.32%
批发与零售业	628.1	515.7	506.9	-121.2	-19.30%	-112.4	-17.90%
住宿和餐饮业	172.1	183.9	185.8	13.7	7.96%	11.8	6.86%
金融业	353.3	367.4	389.7	36.4	10.30%	14.1	3.99%
房地产业	120.2	153.9	166.5	46.3	38.52%	33.7	28.04%
租赁和商务服务业	183.5	236.7	247.2	63.7	34.71%	53.2	28.99%
科学研究、技术服务和地质勘察业	221.9	235.5	243.4	21.5	9.69%	13.6	6.13%
水利、环境和公共设施管理业	172.5	187.0	193.5	21.0	12.17%	14.5	8.41%
居民服务和其他服务业	52.8	56.6	57.4	4.6	8.71%	3.8	7.20%
教育	1442.8	1504.4	1520.9	78.1	5.41%	61.6	4.27%
卫生、社会保障和社会福利业	485.8	525.4	542.8	57.0	11.73%	39.6	8.15%
文化体育和娱乐业	127.8	122.4	125.0	-2.8	-2.19%	-5.4	-4.23%

续 表

行业	2003年	2006年	2007年	就业结构变化（5年）		就业结构变化（4年）	
				万人	百分比	万人	百分比
公共管理和社会组织	1171.0	1265.6	1291.2	120.2	10.26%	94.6	8.08%

数据来源：各行业就业人数根据《中国劳动统计年鉴》整理。（国家统计局人口和就业统计司，人力资源和社会保障部规划财务司．中国劳动统计年鉴2013［M］．北京：中国统计出版社，2014.）

（三）高校毕业生结构性失业初显

现代经济学将失业分为总量失业、摩擦性失业和结构性失业三种类型，其中结构性失业是当前高校毕业生就业面临的核心问题。[①]美国著名经济学家曼昆将结构性失业定义为由于劳动力市场上工人的技术、工种、年龄、性别、居住区不同，雇主招工条件及其所在地区有差异，供需双方不能相互满足，甚至不能碰面，因而一方面存在职位空缺（空位），另一方面存在失业的情况。[②]可见，结构性失业是劳动力供给结构不相适应，出现“失业”和“岗位空缺”并存的情况。大学生结构性失业是在就业面向市场后，高等教育的布局结构、专业分布和大学生拥有的知识结构、专业素养、就业观念、职业能力等无法与市场需求匹配，使得一部分大学生找不到合适的工作，而一部分工作岗位招聘不到合适的大学生，出现“失业”和“岗位空缺”并存的状况。这种结构性失业主要表现为专业结构性失业、地区结构性失业、行业结构性失业、学历结构性失业、观念结构性失业。

1.专业结构性失业

随着教育体制改革的深入，高校毕业生就业逐渐走向市场化，然而毕业生所学习的专业结构与市场供求出现了错位，制约着高校毕

① 王霆，曾湘泉．高校毕业生结构性失业原因及对策研究［J］．教育与经济，2009(1)：1-4.

② 曼昆．经济学原理［M］．梁小民，译．北京：北京大学出版社，2001：2.

业生就业。具体表现在大学专业的设置与市场的需求不相适应，一些高校陷入盲目追求热门专业，倾向于建立大而全的专业体系，专业趋同化现象严峻。表3-5对2003—2004年两年间不同学科毕业生的就业率进行了对比，发现不同专业就业率存在差别。其中，曾经被普遍认为是比较热门的法学专业的就业率相对较低（两年的就业率均处在11个一级学科的末位，就业率低于80%），同时传统意义上相对冷门的哲学专业的就业率也相对较低。而工学类专业的就业率较高，其次医学、农学毕业生的就业率也相对较高。教育部发布的《2004年全国普通高等学校毕业生就业基本情况》进一步指出，2004年本科毕业生就业率最高的五大专业依次是石油工程、资源勘查工程、勘查技术与工程、飞行器设计与工程、刑事科学技术，多为工科类专业，且毕业生就业率都超过90%。

表3-5　2003—2004年不同学科毕业生就业率

学科类别	2003年	2004年
哲学	79.20%	85.59%
经济学	81.14%	85.74%
法学	75.20%	79.10%
教育学	81.13%	81.40%
文学	79.16%	87.37%
历史学	82.42%	89.60%
理学	85.78%	88.68%
工学	88.05%	91.55%
农学	83.81%	91.08%
医学	91.11%	86.92%
管理学	81.30%	86.66%

1. 数据来源：教育部高校学生司：《2004年全国普通高等学校毕业生就业基本情况》。

2. 就业率表示年终就业率。

2.行业结构性失业

毕业生科类结构与行业结构的不适应是引起毕业生就业的行业结构性失业的重要因素。表3-6对2002—2006年我国毕业生科类结构和产业结构进行了对比,可以看出,总体上我国第二产业产值占GDP的比重在60%以上,且略有上升,第三产业的产值比重基本保持不变。而毕业生结构与产业结构的差异较大,表现在第三产业毕业生占比在60%以上。事实上,行业结构性失业不仅仅表现在毕业生科类结构与产业结构的失衡上,这一时期,整个社会的劳动力就业中,就业结构性失业也存在。为深入分析这一现象,引用国际上的一般分析量"就业结构偏离度"。国际上一般使用"就业结构偏离度"来衡量一国的就业产业结构的合理性。就业结构偏离度=国内生产总值的产业构成百分比÷就业人数的产业构成百分比。当人均国内生产总值为1000美元时,就业结构偏离度一般界定为:第一产业为-0.3、第二产业为0.1、第三产业为0.1。根据国际通用标准,2000年我国人均GDP达959美元,2001年和2002年分别达1053美元和1148美元。表3-6展示了2002—2006年我国就业结构偏离度,以2002年为例,我国第一产业占国内生产总值的比重为10.15%,第一产业从业人员占全部从业人员的比例为50.00%。按照就业结构偏离度的国际通用标准即第一产业的就业结构偏离度为-0.3计算,第一产业从业人员占全部从业人员的合理比例为33.38%,换算成人数即24614万人。实际上,2002年全部从业人员为73740万人,可知2002年农村剩余劳动力大约为12256万人。

表3-6 2002—2006年我国就业结构偏离度一览表

年份	各类产业	产业值/亿元	从业人数/万人	本专科毕业生人数/万人	各产业所占比重	从业人数所占比重	毕业生人数所占比重	就业结构偏离度
2002年	第一产业	3774.7	36870	36284	10.15%	50.00%	2.71%	0.20
	第二产业	22954.32	15780	459842	61.74%	21.40%	34.39%	2.89
	第三产业	10448.11	21090	841183	28.11%	28.60%	62.90%	0.98

续 表

年份	各类产业	产业值/亿元	从业人数/万人	本专科毕业生人数/万人	各产业所占比重	从业人数所占比重	毕业生人数所占比重	就业结构偏离度
2003年	第一产业	3864.21	36546	50057	9.39%	49.10%	2.67%	0.19
	第二产业	25861.99	16077	644106	62.81%	21.60%	34.30%	2.91
	第三产业	11444.83	21809	1183329	27.80%	29.30%	63.03%	0.95
2004年	第一产业	4100.13	35269	59564	9.02%	46.90%	2.49%	0.19
	第二产业	28744.53	16920	812148	63.25%	22.50%	33.96%	2.81
	第三产业	12603.03	23011	1519440	27.73%	30.60%	63.55%	0.91
2005年	第一产业	4308.17	33970	69531	8.50%	45.31%	2.27%	0.19
	第二产业	32230.78	18084	1090986	63.57%	23.85%	35.56%	2.67
	第三产业	14160.51	23771	1907439	27.93%	31.34%	62.17%	0.89
2006年	第一产业	4513.04	31941	77177	7.88%	42.60%	2.04%	0.18
	第二产业	36566.02	18894	1341724	63.88%	25.20%	35.55%	2.53
	第三产业	16161.98	24143	2355807	28.24%	32.20%	62.41%	0.88

数据来源：各产业值和本专科毕业生人数根据《中国统计年鉴》整理。(国家统计局. 中国统计年鉴[M]. 北京：中国统计出版社，2019.)

四、"适应-不确定性"阶段："用工荒"和"就业难"并存

2010年我国成为世界第二大经济体。2011年后GDP增长率逐年下降，经济下行压力显现。经济的迅速发展为就业提供了物质保证，但经济的下行压力又加剧了就业矛盾，出现了"用工荒"和"就业难"并存的局面。在高等教育中表现为毕业生就业由"卖方市场"向"买方市场"转变。当高等教育由精英化教育阶段转向大众化教育阶段

时，接受高等教育由少数人的追求变为民众普遍的诉求，高等学校毕业生供给由小于社会需求转为大于社会需求，即毕业生就业人数急剧增加，而社会提供的“精英”岗位不足，毕业生就业由就业数量矛盾转为质量矛盾。就业质量是衡量高校毕业生就业情况好坏的标准，前节的分析显示，毕业生就业专业对口度处于历史最低水平。这都影响着高等教育与就业的确定性，此阶段不确定性的出现与劳动力市场联系紧密。

（一）劳动力市场需求略大于供给

劳动力市场供给是在一定时期和条件下，劳动力市场可以提供的劳动者或劳务总量。劳动力市场需求是在一定时期和条件下，用人单位对劳动者或劳务人员的接纳数量。当两者的数量一致时，即劳动力需求等于劳动力供给时称为劳动力市场均衡，这时就业市场处于均衡状态，是最为理想的状态。

为计算劳动力市场供需情况，将用人单位通过公共就业服务机构招聘人员数列为劳动力市场供给数；进入市场的求职人员数作为劳动力市场需求数。本节使用“岗位空缺数与求职人数的比例”来衡量某一时间段劳动力市场的供需现状，岗位空缺数与求职人数的比例=需求人数÷求职人数，用来表示市场中每个求职者所对应的岗位空缺数。当岗位空缺数与求职人数的比例为1时表示需求人数等于求职人数，此时处于劳动力市场均衡状态；当岗位空缺数与求职人数的比例＜1时，劳动力供给大于需求，如比例为0.9表示10个求职者竞争9个岗位；当岗位空缺数与求职人数的比例＞1时，劳动力需求大于供给，如比例为1.1表示市场提供11个岗位但仅有10个求职者。图3-3统计了2010—2018年各年度劳动力市场的供需情况。可以看出，各年间岗位空缺数与求职人数的比例＞1且比例有所增长，显示市场需求略大于供给，且市场需求人数略有增长，求职人数略有下降。如2018年用人单位通过公共就业服务机构招聘人员2025.2万人，进入市场的求职人员1620.1万人，岗位空缺数与求职人数的比例为1.25,劳动力市场供给人数小于需求人数,用人需求略大于供给。详见图3-2。

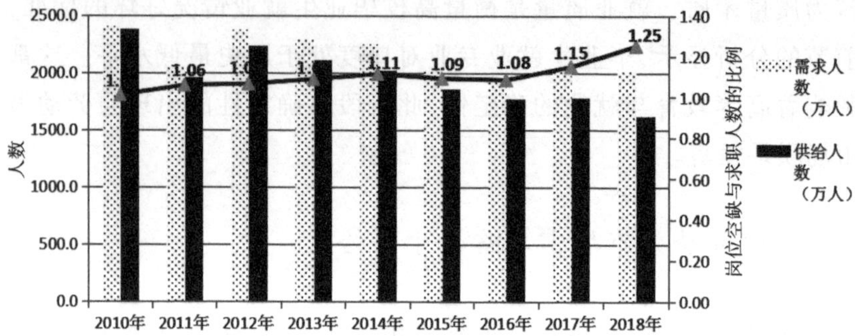

数据来源:根据人力资源和社会保障部发布的部分城市公共就业服务机构市场供求状况分析整理(http://search.mohrss.gov.cn)。

图3-2　2010—2018年劳动力供需情况对比

(二)非公有制经济行业成为毕业生就业的主要去向

非公有制经济是我国社会主义市场经济的重要组成部分,已成为国民经济发展中不可缺少的力量,主要包括个体经济、私营经济和外资经济。随着社会主义市场经济的建立,非公有制经济已经成为我国国民经济最具活力的部分之一,在经济发展中发挥着重要的作用。一方面,非公有制经济增加了社会资本,促进国民经济的快速增长,也创造出更多的就业机会;另一方面,加速公有制经济改革,促进了社会主义市场经济的完善。

非公有制经济行业的快速发展吸纳了更多的劳动力,也成为高校毕业生的主要选择。表3-7统计了2014—2018届高校应届毕业生就业单位选择情况,可以看出,民营企业成为应届大学毕业生的主要就业人单位,而且对毕业生的吸纳能力持续上升。2018届高校应届毕生本科生和专科生在民营企业中就业的比例分别达54%和68%。而在国有企业就业的毕业生比例有所下降,其中本科生在国有企业就业的比例由2014届的23%降为2018届的19%,专科生的比例则从

18%降低到15%。可见,非公有制经济行业已成为毕业生就业的主要选择。

表3-7 2014—2018届应届毕业生就业单位选择情况

届	民营企业		国有企业		外资企业	
	本科生	专科生	本科生	专科生	本科生	专科生
2014届	50%	65%	23%	18%	11%	9%
2015届	52%	67%	20%	16%	10%	8%
2016届	53%	68%	22%	16%	8%	7%
2017届	53%	67%	19%	16%	8%	7%
2018届	54%	68%	19%	15%	7%	6%

数据来源:根据《中国大学生就业报告》数据整理(如:麦可思中国大学生就业研究课题组.就业蓝皮书(2014年中国大学生就业报告)[M].北京:社会科学文献出版社,2014.)。

(三)毕业生就业结构性矛盾由数量差异转向质量差异

就业的结构性矛盾是劳动力市场供给结构和需求结构不协调,无法实现人力资源的有效匹配所带来的矛盾。高校毕业生就业结构性矛盾指毕业生与社会需求不能有效匹配的情况。尽管这种矛盾在上一阶段已经初显,但随着市场经济的完善和国家宏观调控的影响,市场在毕业生就业中发挥着基础性作用,国家也出台了一系列的促进政策,就业形势有所好转。但毕业生就业的结构性矛盾也发生了变化,突出地表现在专业结构性矛盾、知识结构性矛盾和期望值与工作岗位的结构性矛盾三方面。这些矛盾最显著的表现为毕业生就业专业对口度低,加剧了高等教育与就业的“不确定性”。

1.毕业生就业的专业结构性矛盾

专业结构是指不同专业领域的高等教育的构成状态,高校毕业生就业的结构性矛盾是指在当前高等教育的专业结构下所培养的不同专业人才,在结构数量和质量上与社会经济发展所需的矛盾问题,主要表现为不同专业间的就业率差异和不同专业的就业相关度差异。

专业间就业率差异缩小。毕业生就业的专业结构性矛盾表现为不同专业的就业率差异大。表3-8对比了2003—2004届和2016—2018届本科毕业生不同学科的就业率,在高等教育与毕业生就业的"不确定-不适应性"关系形态下,高校毕业生就业的专业结构性矛盾突出。2003届和2004届本科毕业生各专业间的就业率差异大。其中,2003届本科毕业生医学类就业率最高(91.1%),法学类就业率最低(75.2%),两学科相差15.9个百分点。2004届本科毕业生中工学类就业率最高(91.55%),法学类就业率最低(79.1%),两学科相差12.45个百分点。2018届本科生中工学类毕业生就业率最高(93.1%),法学类就业率最低(85.1%),两学科相差8个百分点。同样,2016届和2017届本科生中不同学科的就业率最高相差8.7和8.2个百分点。可见,相比2003—2004届,2016—2018届高校毕业生专业间的就业率差异在缩小。

表3-8 2003—2004、2016—2018届各学科门类本科毕业生就业率对比

学科门类	2003届	2004届	2016届	2017届	2018届
法学	75.20%	79.10%	84.9%	85.3%	85.1%
工学	88.05%	91.55%	93.5%	93.5%	93.1%
管理学	81.30%	86.66%	93.6%	93.2%	92.7%
教育学	81.13%	81.40%	91.2%	91.0%	90.8%
经济学	81.14%	85.74%	91.7%	91.5%	90.6%
理学	85.78%	88.68%	90.9%	90.5%	89.9%
历史学	82.42%	89.60%	86.1%	86.3%	86.1%
农学	83.81%	91.08%	91.0%	90.9%	90.4%
文学	79.16%	87.37%	90.1%	90.2%	89.5%
医学	91.11%	86.92%	90.8%	91.3%	90.7%
哲学	79.20%	85.59%	—	—	—
艺术学	—	—	88.8%	88.1%	87.3%

数据来源:2003—2004届数据根据《2004年全国普通高等学校毕业生就业基本情况》整理;2016—1018届数据根据《中国大学生就业报告》整理。(如:麦可

思中国大学生就业研究课题组.就业蓝皮书(2014年中国大学生就业报告)[M].北京:社会科学文献出版社,2014)

专业间就业相关度差异大。高等学校作为人才培养的主要场所,所培养的毕业生能否满足社会发展需要和实现个体价值是检验高等教育质量的重要因素。就业与工作的相关程度是衡量毕业生就业质量的重要因素。表3-9对2018届本科毕业生中专业相关度前十名和后十名进行了统计,显示医学影像学专业本科毕业生专业相关度最高,达99%;而社会工作专业的本科毕业生专业相关度最低,仅为40%。两个专业的专业相关度相差了59个百分点。可见,高校毕业生中不同专业的就业相关度差异大。

表3-9 2018届本科毕业生专业相关度前十名和后十名对比

序号	专业	就业相关度	专业	就业相关度
1	医学影像学	99%	社会工作	40%
2	临床医学	98%	文化产业管理	41%
3	口腔医学	98%	旅游管理	41%
4	麻醉学	96%	冶金工程	42%
5	小学教育	94%	应用物理学	43%
6	康复诊疗学	94%	园艺	43%
7	护理学	94%	公共事业管理	45%
8	医学检验技术	92%	应用统计学	47%
9	建筑学	90%	酒店管理	47%
10	药学	89%	政治学与行政学	48%

数据来源:根据《2019年中国大学生就业报告》整理。(麦可思中国大学生就业研究课题组.就业蓝皮书(2019年中国大学生就业报告)[M].北京:社会科学文献出版社,2019.)

2.毕业生就业的知识结构性矛盾

知识结构是指个体知识体系的构成情况和组合方式,高校毕业生的知识结构即在高等院校有计划、有目的、有组织、有系统地对大学生实施培养后,毕业生所拥有的知识体系情况。毕业生就业的知识结构性矛盾是毕业生拥有的知识结构与社会(用人单位)需求和期望之间的不一致的状态。2016—2019年某地方本科院校针对毕业生知识结构对在校生和用人单位连续开展了4年调查,共调查了30804人次在校生和921个用人单位。其中,2016—2019年4年分别调查了6470名(占当年该校全体在校生人数的33.57%)、8506名(占当年该校全体在校生人数的44.38%)、5922名(占当年该校全体在校生人数的31.27%)、9906名(占当年该校全体在校生人数的51.21%)在校生,调查了268个、254个、192个和207个用人单位。调查中将大学生的知识结构确定为沟通能力、团队协作能力、外语能力、写作能力、信息技术能力、终身学习能力、专业能力等七项。4年的调查结果显示,按照重要程度排序,大学生的知识结构依次是专业能力、沟通能力、团队协作能力、信息技术能力、终身学习能力、外语能力、写作能力。而用人单位认为沟通能力、团队协作能力、终身学习能力是毕业生最重要的素质。可见,大学生知识结构、能力水平和用人单位期望、社会需求存在结构性矛盾。详见表3-10。

表3-10 大学生和用人单位对毕业生知识结构重要性的排序

重要程度	大学生	用人单位
第一位	专业能力	沟通能力
第二位	沟通能力	团队协作能力
第三位	团队协作能力	终身学习能力
第四位	信息技术能力	专业能力
第五位	终身学习能力	写作能力
第六位	外语能力	信息技术能力
第七位	写作能力	外语能力

数据来源:某师范院校调查结果。

3.毕业生就业期待值与工作岗位的结构性矛盾

高等教育步入大众化阶段,一方面,受传统的“精英教育”观念的影响,高校毕业生就业期望值较高;另一方面,收费上学普遍实行后,教育成本的分担也提高了毕业生对薪酬收入、工作环境、晋升机会的期待和要求。首先,毕业生就业的薪酬矛盾。一项持续的调研发现,毕业生对首份工作的薪酬期待高于市场价格,各学历层次毕业生对薪酬的理想预期和签约实际之间始终保持着1000—2000元的差距,同时毕业生就业的满意度指标中,薪酬满意度一直排名最后。[①]其次,毕业生工作变动频繁。表3-11统计了2012—2015届毕业生3年内工作变动情况,可以看出40%的毕业生3年内"跳槽",其中40%及以上的毕业生3年内转换职业,43%及以上的大学毕业生3年内转行。

表3-11　2012—2015届毕业生三年内工作变动情况

届别	职业转换率	行业转换率
2012届	40%	43%
2013届	40%	43%
2014届	40%	44%
2015届	46%	46%

数据来源:根据《中国大学生就业报告》整理。(如:麦可思中国大学生就业研究课题组.就业蓝皮书(2014年中国大学生就业报告)[M].北京:社会科学文献出版社,2014.)

第二节　经济体制改革是高等教育与就业关系变迁的外部动力

新中国成立后,1956年三大改造基本完成后建立起了计划经济体制。直到1978年十一届三中全会提出把党和国家的工作重点转移到经济建设上来,此后开启了建立社会主义市场经济的新征程。经济体制改革进程可划分为五个阶段:1978—1984年,市场取向改革的起步阶段;1985—1992年,市场取向改革的全面展开阶段;1993—2000年,市场取向改革的制度初步建立阶段;2001—2011年,市场取向改革的制度完善阶段;2012—2020年,市场取向改革的全面深化改

① 方雅静.如何看高校毕业生就业的"结构性"矛盾[J].教育与职业,2014(1):84.

革阶段。[①]总体上，我国经济体制改革的目标是建立社会主义市场经济，即为了实现社会主义基本经济制度与市场经济有机结合，把原来的计划经济体制改造成为社会主义市场经济体制。社会主义市场经济虽然区别于市场经济，但发挥“市场在资源配置上起基础性作用”的基本思路并未发生改变。在毕业生就业中，就业制度由“统包统分”到“供需见面，双向选择”再到“自主择业”是市场经济发展的要求。本研究将经济体制视为高等教育与就业关系变迁的外部动力，在于经济体制对两者关系的变迁更多的是外在的刺激，即两者关系变迁并不是由高等教育或就业某一方活动本身引起的，而是由于与两者有内在联系的外部原因（经济体制）而引发的关系变化。

自1996年全面不包分配制度实施后，大学毕业生作为重要的人才资源逐渐走向市场。在市场经济作用下，以高校毕业生为主力军的人力资源配置发生了质的变化。一方面，毕业生就业由被动迈向主动，劳动力市场的供给方不再被动地接受“分配”的毕业生，而是依据发展要求和岗位职能主动“选择”大学生，即社会对人才资源的配置不再是被动地接受高等院校供给的人才，而是根据社会组织自身的客观需要向社会吸收人才。[②]因此，就毕业生群体而言，在市场经济下能够获得更多的、能主动选择就业的机会，这是宏观经济的不确定性必然引发的高等教育与就业的“不确定性”，是市场经济的必然规律。另一方面，市场经济中为更加合理有效地配置有限的资源，在完全竞争市场的理想状态下，在市场的调节下趋向于使市场的供给与需求达到一定程度平衡的状态，即走向市场均衡。在毕业生劳动力市场均衡背景下，高校毕业生供给和社会对毕业生的需求处于一种平衡的市场状态，高等教育与就业的“适应性”将进一步强化。无论对社会还是个体而言，市场需求的变化对高等教育与就业关系的变迁都起着至关重要的作用。不再采用“统包统分”的就业方式，转而采用“自主择业”“自主创业”“灵活就业”的就业方式是市场经济发展的必然结果，也体现出市场需求的影响。可见，以市场导向和计划

① 汪海波.新中国工业经济史[M].北京：经济管理出版社，2017：54-61.

② 黄波.改革开放以来大学生择业观的嬗变[J].思想理论教育，2008(23)：71-75.

经济为主的国家,高等教育与就业两者关系的发展是呈现出不同状态的。[①]

一、"确定"和"不适应"形态:计划经济下的确定性和盲目性并存

计划经济是以社会化大生产为前提,在生产资料公有制的基础上,由社会主义国家根据客观经济规律的要求,特别是有计划按比例发展规律的要求,通过指令性和指导性计划来进行管理和调节的国民经济。[②]自1956年三大改造完成后,我国基本建立起了社会主义经济制度,逐渐形成和完善了一种以高度集中为特征的,以行政管理为主要机制的计划经济体制。[③]这种计划经济体制是一种高度集权的经济运行模式,其根本特性在于以行政计划和行政命令来代替市场经济关系,是一种自上而下的以行政管理为特征的计划经济,即由政府来配置和安排生产资料和消费资料。1949—1992年,一方面,在国家计划需求远大于毕业生供给的前提下,按照国家需要的迫切性原则,将毕业生按专业、户籍等信息统一实施分配。在这一背景下,毕业生就业率和专业对口度高,高等教育与就业的确定性突出。另一方面,计划经济虽然确保了毕业生就业数量,但以行政计划的方式来管理毕业生就业,不仅加大了毕业生资源的浪费,也出现了毕业生供需脱节的现象。可见,在计划经济体制下,毕业生就业呈现出了确定性和盲目性并存的情况。

(一)计划经济下的一体化就业分配体系

我国的计划经济是历史发展的必然,具有时代特征。在计划经济体制下,在就业配给、工资分配和户籍管理上,国家建立起了一体

---

① HUFNER K. Educational policy, planning and educational success. in OECD (ed.) educational planning: a reappraisal[R]. Paris:OECD,1998:52-57.

② 威廉·刘易斯.发展计划[M].何宝玉,译.北京:北京经济学院出版社,1989:115.

③ 陈甬军.中国为什么在50年代选择了计划经济体制[J].中国经济史研究,2004(3):48-55.

化的毕业生就业分配体系。首先，在城市实行统一的劳动力招收和调配制度，主要表现在高等院校、中职院校和技工学校由国家按照计划统一招生，并由国家按照专业、生源地等信息统一将毕业生分配至相应的行业和岗位中。其次，统一的工资分配制度。毕业生工资虽然存在一定的地域差别，但主要由学历来决定。1984年《教育部、劳动人事部关于攻读硕士、博士学位研究生毕业分配工作后工资待遇问题的通知》中，明确了硕士和博士毕业生的收入分别是62元/月和78元/月；1989年《一九八九年调整国家机关、事业单位工作人员工资的实施方案》将硕士和博士毕业生的收入调整为97元/月和105元/月。计划经济是以高度公有制经济关系为基础的，在这种体制下，生产资本由国家统一安排，社会产品由国家统一调拨，职工人员由国家统一招收，因此，由国家分配的毕业生不论所处的单位性质和企业效益，工资也实行统一安排和平衡。再次，统一的户籍管理制度。1958年颁发的《中华人民共和国户口登记条例》确立了户口迁移审批制度和凭证落户制度，在一定程度上阻碍了人口自由流动。因此，在计划经济体制下，高等教育与就业呈现出"确定性"关系。

（二）计划经济下的资源配置

计划经济保证了毕业生与市场的对接，把毕业生分配至相应的社会岗位上，一定程度上满足了社会需求，也实现了教育对就业的指向性。但计划经济是建立在自上而下、垂直管理的行政管理体系下的，随着社会发展和社会需求的变化，体制僵化的弊端逐渐显现。首先，出现毕业生资源浪费。在计划经济体制下，实行中央到地方、自上而下的行政体系，毕业生资源从招生到分配都由国家统一配置。先由下层收集经济数据，上层根据收集的数据制订招生和分配计划。人为的预测对计划的制订提出较高的要求，加之数据上报的层层审核降低了信息的实效性，各级各类政府无法根据现有的数据对未来做出准确的预测。其次，毕业生供需脱节。在计划体制下，行政命令代替了市场需求，大学生的数量和类型皆由政府制订的招生、培养、分配计划决定。在这一过程中，高校听从政府安排，政府对毕业生分配工作。因此，高校不仅不知用人单位的人才需求，也不必听取、参考用人单位的建议和诉求，高校与用人单位几乎没有联系，也就不会思考如何培养社会需要的毕业生。这种国家宏观的配置无法适应不同用人单位千差万别的用人需求，更不能因此改变招生、培养计划。

二、“不确定”和“适应”形态：经济波动的复杂性降低其可预测程度

任何一种预测模型都无法准确预见未来的经济变化，因此增加了不确定性的风险。正是经济波动的复杂性增加了预测的难度，也促进了社会劳动力供需发生变化，从而引发就业和失业形势的变化。

（一）宏观经济的不确定性增加了就业的不确定性

经济波动的复杂性，给经济增长带来了不确定性。随着经济全球化的发展，面对金融危机的影响，我国发展的内外部环境充满了不确定性。经济的发展证实了宏观经济的不确定性不但通过作用于投资需求、消费需求和贸易需求影响经济增长，还使社会失业率增加。[①]经济的不确定性对社会就业产生影响。经济领域中的不确定性可以追溯到19世纪初期，富兰克·奈特在《风险、不确定性与利润》（1916年）中指出，“不确定性”是没有客观分布的不确定性，即面对全新的、唯一的、未发生过的事件，人们无法预知。正是因为对事情缺乏基本的认知，事情的结果也是人们无法预知的。宏观经济学之父凯恩斯在《就业、利息和货币通论》（1936年）一书中将不确定性理论界定为宏观经济学的逻辑起点，指出未来是不确定的，因此，一切经济变量的前景都是无法准确预知的，经济主体需要做的是在所有的方案中抉择出最优的方案。针对宏观经济的不确定性，凯恩斯提出在短期内应根据已掌握的信息和知识，有意识和计划地干预社会发展，以此来规避经济周期带来的危机。因此，政府干预经济波动正是

① 王蕊.宏观经济不确定性与经济增长[D].大连：东北财经大学，2019.

凯恩斯面对经济发展的不确定性的主张和建议。为深入解析经济的不确定性，学者们从不同层面将不确定性划分为不同类型。主流的观点是不确定性分为外生(初级)不确定性和内生(次级)不确定性两种形式。凯恩斯将前者界定为是与消费偏好、生产技术等相关的变量。库普曼斯(1957年)指出，这种不确定性是由于自然环境的变化或不可预料的消费者偏好带来的，多是基于外部因素而产生的不确定性。

可见，宏观经济不确定性是指经济行为人面临的直接或间接影响经济活动的外生和内生因素，无法准确地加以观察、分析和预见经济变化，[①]即经济体预期值与实际值的偏离。[②]经济发展的不确定性加大了人们对经济波动和经济周期准确预测的难度。正如美国当代经济学家萨缪尔森等人指出，经济周期不再像过去那样机械地重复，这给预测带来了很大的难度。高等院校作为培养社会人才的重要场所，若能实现对社会需求的准确预测，在某种程度上则会使高等教育与就业呈现出某种“确定性”的关系规律。但在劳动力市场中，人们事前无法准确预知供求关系，无法把握社会对劳动力的有效需求，实现劳动力市场供给和需求的均衡。尽管有很多的经济学者尝试构建相关经济指标，合理而科学地对未来经济发展的不确定性进行预测，一定程度上有助于科学决策，但在经济发展的不确定性下，高等教育与就业的“不确定性”也自然会显现。

(二)市场经济下竞争压力加大

马克思很早就发现竞争是市场经济的灵魂，[③]指出自由竞争是资本的现实发展。它是符合资本本性，符合以资本为基础的生产方式，

① 汪浩瀚，徐文明.现代不确定性经济理论的比较研究：凯恩斯与奈特[J].经济评论，2005(1)：90-93，108.

② 章上峰，李荣丽，王玉颖.中国宏观经济不确定性的统计测度研究[J].统计与信息论坛，2015(6)：14-19.

③ 孙晋.习近平关于市场公平竞争重要论述的经济法解读[J].法学评论，2020，38(1)：1-13.

符合资本概念的东西，表现为单个资本的外在必然性[①]……竞争使资本的内在规律得到贯彻，使这些规律对于个别资本成为强制规律。[②]事实上，马克思把竞争界定为资本的内在本性和界定为资本内在本性的外在实现形式，都是可以成立的。[③]竞争是市场经济的特征之一，在市场经济下，产品价值的形成和实现都是在竞争中完成的。没有竞争的市场，甚至比没有市场更危险和可怕。[④]可见，竞争机制作用下市场经济才能发挥出更好的效用。在社会主义市场经济中，竞争性也是重要的特征之一。1993年十四届三中全会决定建立社会主义市场经济体制；2002年党的十六大表示我国初步确立社会主义市场经济体制；2010年，"十一五"规划的收官之年，我国基本建立起社会主义市场经济体制。在建立社会主义市场经济过程中，我党坚持马克思主义竞争观和竞争发展观。党的十九大报告明确提出，"清理、废除妨碍统一市场和公平竞争的各种规定和做法"。建立公平竞争的劳动力市场是建设统一、开放、竞争、有序的市场体系的内在要求，也是使市场在资源配置中起决定性作用、提高资源配置效率和公平性的重要举措，更是社会主义市场经济的要求。在市场经济的竞争性特征下，劳动力市场的竞争加剧，面对竞争的压力，在市场机制的作用下，市场对毕业生的淘汰加剧，毕业生的失业率上升，同时面对失业的压力，毕业生跨专业就业现象增多，大学生失业率上升和对口就业度下降，高等教育与就业的"不确定性"出现。正是由于市场经济下竞争加剧，倒逼着高等教育在市场经济机制作用下开展教育教学改革、提高人才培养质量，进一步增强高等教育与就业的"适应性"程度。

① 马克思恩格斯全集：第十六卷[M].北京：人民出版社，1980：159.

② 马克思恩格斯全集：第十六卷[M].北京：人民出版社，1980：271.

③ 高峰.关于马克思主义竞争理论的几个问题[J].中国人民大学学报，2012(6)：43-48.

④ 吴敬琏.论竞争性市场体制[M].北京：中国财政经济出版社，1991：92-93.

第三节 教育事业发展是高等教育与就业关系变迁的内部动因

改革开放后，我国社会快速发展，在社会主义市场经济体制建立和市场需求等因素的共同作用下，我国高等教育得到迅速发展。依据高等教育发展的阶段特征，改革开放后我国高等教育发展由外延式发展逐步走向内涵式发展。在这一过程中，高等教育由规模扩张走向关注高等教育质量的提升。为进一步提高人才培养质量，高等教育领域中教育教学改革层出不穷，是一种高等教育体系内部自发的活动，直接推动着高等教育与就业关系发生变化，本研究称之为两者关系变迁的内部动因。

20世纪90年代末，我国开启了大规模的高校扩招，仅4年时间，高等教育毛入学率就由扩招前（1998年）的9.76%提升到2002年的15%，我国步入高等教育大众化阶段，此后高等教育毛入学率逐年上升。10年间，大学招生人数从1998年的108万人扩大到2007年的560万人，增长了4.19倍。20年间，普通高等学校本专科学生数由1998年的340.88万人上升为2018年的2831.03万人，增长了7.31倍。2019年高等教育毛入学率达51.6%，我国步入高等教育普及化阶段。随着高校毕业生的迅速增加，高等教育由“卖方市场”转向“买方市场”，高校毕业生供给的增长直接影响着毕业生就业市场的供需关系。在高等教育规模扩张的前期，大量的毕业生涌入劳动力市场导致短期内毕业生就业压力增大，高等教育与就业关系呈现出不适应性。但随着社会经济的发展，劳动力市场对大学生的需求上升，这种不适应的状态趋向好转。同时，在高等教育规模扩张下，如何提升高等教育质量，确保高校培养出适应社会需要的大学生成为新时期高等教育发展的重要诉求。为提高人才培养质量，实现高等教育内涵式发展，在高等教育领域中出现创新教学方式、优化教学内容、完善教学评价等教育教学改革。高等教育内涵式发展以提高高等教育质量、实现高等教育与社会的适应性为目标，对高等教育与就业关系的发展产生影响。

一、“确定-不适应”阶段：教育为国家建设培养人才

1985年《中共中央关于教育体制改革的决定》指出：教育体制改革的根本目的是提高民族素质，多出人才、出好人才，并对义务教育、中等教育、职业教育、高等教育提出要求。1988年邓小平同志将科学技术列为第一生产力，指出通过教育事业培养更多的社会需要的人才，要求整个教育事业必须同国民经济发展的要求相适应。[①]这一时期，经济发展是国家工作的重心，1993年十四届二中全会通过了《中共中央关于调整“八五”计划若干指标的建议》，将国民经济增长速度由每年6%调整至8%～9%。可见，为国家培养人才，实现教育事业促进经济建设成为这一阶段的主要工作。教育为国家建设服务，也提高了高等教育与就业的“确定性”程度。

（一）教育是促进经济发展的重要方式

20世纪80年代以来，随着对“人力资本”认识的加深，对人才培养的重视程度也逐渐提升，教育作为培养人才的基本途径，其重要地位被国家重视。1980年教育部《关于中央书记处对教育工作指示精神的传达要点》明确提出，“把发展教育事业摆在国民经济建设的重要地位”，确定20世纪80年代加大对教育的投资，指出逐年提高教育经费在国家预算中的比重。[②]1982年党的十二大报告中明确表示，在此后20年内，要将教育等几方面作为经济发展的重点。此时，教育对经济发展有着重要的促进作用，要求教育的发展必须为经济建设服务。1985年《国家教委、国家计委、劳动人事部关于进行地区人才需求预测和制订十五年教育发展规划工作的安排意见》进一步明确提出，编制教育发展规划不

① 何东昌.中华人民共和国重要教育文献(1976—1990)[M].海口：海南出版社，1998：2920.

② 何东昌.中华人民共和国重要教育文献(1976—1990)[M].海口：海南出版社，1998：1812.

但要考虑实现20世纪末国内生产总值翻两番的需要，还要考虑为21世纪初准备人才，即教育必须适应我国经济和社会发展的需要，为实现我国经济和社会发展的长远战略目标服务。[1]1987年党的十三大报告中进一步肯定了教育的重要地位，指出在经济发展中要把"发展科学技术和教育事业放在首要位置，使经济建设转到依靠科技进步和提高劳动者素质的轨道上来"[2]。至此，国家将教育事业放置在发展的首要地位。在"依靠科学技术、依靠教育、依靠人才"发展经济的方针下，1991年教育委员会作《努力建设有中国特色的社会主义教育体系》的工作报告，确立了此后10年教育工作的基本原则之一是"在国民经济和社会发展中，坚定不移地把教育放在优先发展的战略地位"，并写入教育事业"八五"计划中。党的十四大(1992年)报告中将"把教育摆在优先发展的战略地位，努力提高全民族的思想道德和科学文化水平"作为国家实现现代化的根本大计。随着我国社会主义现代化国家建设的推进，1993年《中国教育改革和发展纲要》的出台初步明确了构建有中国特色的社会主义教育体系，将教育界定为社会主义现代化建设的基础，将"必须坚持把教育摆在优先发展的战略地位"作为建设有中国特色社会主义教育体系的首要原则。可见，随着改革开放步伐的加快，经济建设步入正轨，教育事业被列为经济建设服务的范畴。在经济对人才需求提升的背景下，国家对教育事业地位的规定也由重视教育事业的发展转向优先发展教育事业。

(二)规范国家对教育事业的管理

在计划经济体制下的很长一段时间，国家对教育事业的发展采取直接管理的方式。随着社会主义市场经济建设的提出，《中共中央关于经济体制改革的决定》中明确"建立自觉运用价值规律的计划体制"，指出社会主义计划经济必须自觉依据和运用价值规律，是在公有制基础

① 何东昌.中华人民共和国重要教育文献(1976—1990)[M].海口：海南出版社，1998：2297.

② 何东昌.中华人民共和国重要教育文献(1976—1990)[M].海口：海南出版社，1998：2678.

上的有计划的商品经济。随后教育委员会在《关于改革高等学校毕业生分配制度的报告》中将扩大学校办学自主权列为教育体制改革的重点内容,在高等教育领域中"改变政府对高等学校统得过多的管理体制"成为高等教育体制改革的关键。1988年政府工作报告中明确指出,高等教育体制改革的目标,是逐步建立起能够适应社会对专门人才需要的有效机制。[①]此后教育委员会出台了《国家教委关于加快改革和积极发展普通高等教育的意见》(1993年)、《国家教委关于深化高等教育体制改革的若干意见》(1995年)等专项文件,就高等教育办学体制、管理体制、投资体制、招生就业体制等改革开展探索,其根本出发点在于改革国家统一包办的管理体制。这一阶段改革的重点是高等教育办学体制由国家直接管理转向面向社会自主办学。进一步改革原有的国家集中计划和政府直接管理的办学体制,逐步建立和完善国家统筹规划和宏观管理、学校面向社会自主办学的新体制。高等学校真正成为自主办学的法人实体,明确学校的权利和义务、利益和责任,进一步促进学校面向社会自主办学(《国家教委关于加快改革和积极发展普通高等教育的意见》)。[②]高等教育建立起中央与地方两级管理体制,逐步实行中央与省(自治区、直辖市)两级管理、两级负责为主的管理体制(《国家教委关于加快改革和积极发展普通高等教育的意见》),[③]淡化学校单一的隶属关系观念,扩展学校的服务面向(《国家教委关于深化高等教育体制改革的若干意见》)。[④]高等教育在投资体制方面扩展教育经费筹措渠道。学校也要改变单纯依靠财政拨款的观念,走多渠道筹措教育经费的路子。要研究制定社会、企业、个人和校办产业等多渠道为高等学校筹措办学经费的具体制度和办法(《国家教委关于加快改革和积极发

① 何东昌.中华人民共和国重要教育文献(1976—1990)[M].海口:海南出版社,1998:2735.

② 何东昌.中华人民共和国重要教育文献(1976—1990)[M].海口:海南出版社,1998:3450.

③ 何东昌.中华人民共和国重要教育文献(1976—1990)[M].海口:海南出版社,1998:3450.

④ 何东昌.中华人民共和国重要教育文献(1976—1990)[M].海口:海南出版社,1998:3852.

展普通高等教育的意见》)。[①]招生就业体制上逐步改变国家统包的体制,要改革大学招生的计划制度和毕业生分配制度。改变高等学校全部按国家计划统一招生,毕业生全部由国家包分配的办法(《国家教委关于改革高等学校毕业生分配制度的报告》)。[②]高等学校内部管理体制改革上以提高高校办学活力为出发点,逐步进行校内人事、分配、住房、医疗和退休养老保险制度以及后勤服务企业化、社会化等改革,增强学校内在的办学活力和主动适应国民经济和社会发展需要的能力(《国家教委关于加快改革和积极发展普通高等教育的意见》)。[③]

二、"确定-适应性"阶段:引入市场对高等教育的调节作用

1993年党的十四大正式确立社会主义市场经济体制为我国经济体制改革的目标,明确了建立社会主义市场经济体制就是使市场在社会主义宏观调控下对资源配置起基础性作用,使经济活动遵循价值规律的要求,适应供求关系的变化。在党和国家的工作重心转向经济建设后,教育事业必须适应经济发展,并为经济建设服务。在教育事业适应经济发展的理论指导下,考虑到社会对高素质人才的需求加大,这一时期加快了高等教育改革的步伐。

(一)高校招生由"双轨"转向"并轨"

随着市场经济的建立,高校毕业生就业由"统包统分"转向"双向选择","并轨"后的高等院校能够根据市场和自身实际情况确定招生对象和规模,适应了经济体制改革的要求,标志着我国高校招生就业

① 何东昌.中华人民共和国重要教育文献(1976—1990)[M].海口:海南出版社,1998:3450.

② 何东昌.中华人民共和国重要教育文献(1976—1990)[M].海口:海南出版社,1998:2288.

③ 何东昌.中华人民共和国重要教育文献(1976—1990)[M].海口:海南出版社,1998:3452.

制度已经从计划状态切换到了市场状态。[①]高校招生和就业逐步面向市场,有利于逐步建立起能够适应社会对专门人才需要的有效机制,这一改革适应了市场经济的发展,也进一步提高了高等教育与就业的"适应性"。

为提高高等教育质量,提升办学效益,在社会发展和经济改革的推动下,高校招生制度开启了渐进式改革。表现在高校招生由"双轨"转向"单轨",实现招生"并轨",这种"并轨"应是两条招生录取线的"并轨"。[②]这一改革是改变以往由国家任务计划和调节性招生计划(包括委托培养和自费生)两种形式划定两条录取分数线开展高等学校招生录取的方法,逐步实现在同一地区划定同一分数线,实现在同一省(自治区、直辖市)按一条分数线选拔新生。《中国教育改革和发展纲要》(1993年)明确了高等教育非义务教育,学生上大学原则上均应缴费,指出要推进高校招生制度改革,实行缴费上学。1994年教育委员会印发了《关于进一步改革普通高等学校招生和毕业生就业制度的试点意见》,提出从招生开始,通过建立收费制度,改变学生上大学"统包统分"的做法,并在教育委员会直属高校为主的37所高校中率先开启招生"并轨"试点。[③]1995年实施"并轨"高校达245所,约占当年全部高校总数的25%,[④]1997年逐步扩大到所有高校全面实现"并轨",2000年最终完成招生体制的转轨。1996年教育委员会印发《普通高等学校本、专科招生计划管理意见》,规定了普通高校的办学条件标准,要求根据标准等因素研究确定学校的年度最大招生容量,坚持社会需求与办学条件相结合制定招生计划和方案。[⑤]

招生"并轨"改革,取得了一系列的成效和经验。广东省于1994

① 孙步凌.我国高校招生就业体制的历史演变探析[J].中国成人教育,2010(1):110-111.

② 张应强.高校招生"并轨"内涵的探讨[J].江苏高教,1995(4):70-71.

③ 周大平.分步"并轨"正当时——普通高校招生和毕业生就业制度改革评述[J].瞭望,1994(20):12-14.

④ 赵宏中.高校招生并轨是市场经济发展的必然趋势[J].理工高教研究,1997(1):15-17.

⑤ 何东昌.中华人民共和国重要教育文献(1949—1997)[M].海口:海南出版社,1998:4015-4017.

年在中山大学、广东商学院等7所本科院校实行改革试点，1995年实现全省31所普通高校本科层次招生“并轨”改革。广东省教育厅表示，师范、农业、医学院校生源得到较大改善，华南师范大学和华南农业大学1995年第一批第一志愿报考的人数较1994年分别提高10和20个百分点。[①]1998年，首批“并轨”改革后的大学生就业时，毕业生不再由国家统一安排，而是进一步加大供求市场的调节作用。此后，在全国范围内以“双向选择”的新体制进行运作，大部分毕业生按照个人的能力、意愿参与市场竞争，择优录取，供需双方实现就业匹配。高校实行“并轨”招生，根据市场和自身实际情况确定招生对象和规模，适应经济体制改革和人才市场的需求，逐步建立起能够适应社会对专门人才需要的有效机制，提高了高等教育与就业关系的适应性。[②]

（二）调整高等教育学科结构

改革开放后，随着经济的发展，教育如何适应未来需要，如何提高大学生与社会的贴合度成为高等教育面临的新问题。1996年《全国教育事业“九五”计划和2010年发展规划》明确提出，将适度扩大高等教育规模，优化结构和从“三个面向”出发，将教育事业适应未来需要列为教育事业的发展目标。规划指出，使教育的体系结构、发展规模和发展速度与未来社会发展的需要相适应；国民素质的提高和专门人才培养的质量与未来社会发展的需要相适应。[③]此后，高等教育结构与经济发展的适应性成为教育事业发展的关注点，高等教育结构调整成为高等教育改革的重点内容之一。

---

① 刘育民，陆汉英，刘大允．把握机遇　推进改革——广东省普通高校招生并轨改革探索[J]．高教探索，1996(1)：22-26.

② 阮成武，唐菡悄．改革开放以来高等教育与就业的关系演进与逻辑嬗变[J]．教育发展研究，2020，40(21)：1-10.

③ 何东昌．中华人民共和国重要教育文献(1998—2002)[M]．海口：海南出版社，2003：3970-3974.

1. 结合经济发展需求，实施科类结构调整

高等教育层次结构是高等教育系统中不同专业类型教育的组合状态，主要是以学科、专业为划分依据。教育委员会十分重视科类结构的优化，早在20世纪80年代初中央书记处就指出我国高等教育发展比例很不合理，文、法、商比重太小，并要求教育委员会针对这一问题制定出高等教育结构改革的具体方案。[①]20世纪80—90年代，国家十分重视对高等教育科类结构的调整，要求根据经济建设和社会发展来调整和发展重点学科。1996年《全国教育事业"九五"计划和2010年发展规划》进一步对高等教育学科结构调整做出规定，要求重点发展应用学科，有针对性地发展新兴学科和边缘学科，优先保证国家重点产业、教育和国防军工单位对人才的需求。[②]如《全国教育事业第十个五年计划》(2001年)明确指出，根据今后国民经济和社会发展的需要，高等教育应重点培养适应高新技术产业化和面向国际的高层次管理人才，涉及计算机、生物技术、新材料、电子通信技术、医药、自动化、法律、金融、贸易、工商管理、公共管理等专业。[③]表3-12对比了1997年和2001年两年高等学校专业设置的情况。根据社会发展需要，高校专业设置也发生了相应的变化。如随着社会发展，对管理人才的需求上升，管理学成为一门独立的学科门类。将高校学科建设与社会发展需要结合起来，保证了高等教育与就业的"适应性"。

表3-12　1997年和2001年高等学校专业设置数

1997年	合计	哲学	经济	法学	教育	文学	历史	理学	工学	农学	医学	—
种数	786	10	35	26	19	111	16	75	384	53	57	—
点数	20472	59	3134	741	757	3189	371	2251	8166	945	859	—

① 何东昌.中华人民共和国重要教育文献(1976—1990)[M].海口:海南出版社,1998:1812.

② 何东昌.中华人民共和国重要教育文献(1976—1990)[M].海口:海南出版社,1998:3970-3974.

③ 何东昌.中华人民共和国重要教育文献(1998—2002)[M].海口:海南出版社,2003:962-964.

续 表

2001年	合计	哲学	经济	法学	教育	文学	历史	理学	工学	农学	医学	管理学
种数	473	5	11	24	52	80	9	61	129	32	37	33
点数	29264	50	1381	1370	2016	4470	281	3506	8953	965	1291	4981

数据来源：根据教育部网站数据(教育统计数据)整理：http://www.moe.gov.cn/s78/A03/moe_560/jytjsj_2019/。

2.实施布局结构调整，以省级统筹为主

高等教育布局结构是指高等教育系统中的不同地区教育的组合和分布状态。为适应经济的发展，使高等教育的规模和水平符合地区经济建设的需要，我国在20世纪90年代初期就开始探寻高等学校布局。1992年教育委员会印发了《关于在普通高等学校充实整顿工作中加强学校布局结构调整工作的通知》，明确要求各地区要结合本地区本部门的实际情况，组织专门力量尽快对所属高等学校的布局现状进行分析研究，通过撤并调整、集中力量等方法，实现高等教育发展的总规模与本地区、本行业经济社会发展的水平相适应，高等教育的层次比例和科类结构符合本地区、本部门经济社会发展的实际需要。①1993年《国家教委关于加快改革和积极发展普通高等教育的意见》提出，结合地区经济发展程度调整高等教育布局：对经济发展水平高的地区，要更多地增加对高等教育的投入，加快改革步伐和发展速度。经济基础薄弱和教育规模偏小的地区，要积极创造条件，采取有力措施，使这些地区的高等教育有一个适当的发展速度，以适应当地经济发展的需要。少数民族地区，国家和地方政府都要采取特殊政策和措施，积极扶持少数民族高等教育的发展。②此后，进一步优化高等教育布局：一方面，促进省域间平衡发展。《全国教育事业"九五"计划和2010年发展规划》(1996年)将"调整高等学校布局，提高办学效益"作为重要的规划项目，指出到20世纪末，要使省区内高

① 何东昌.中华人民共和国重要教育文献(1976—1990)[M].海口：海南出版社，1998：3265.

② 何东昌.中华人民共和国重要教育文献(1976—1990)[M].海口：海南出版社，1998：3450.

等学校的总体布局进一步趋于合理。[①]另一方面,加快中央部署院校撤并调整。教育工作会议上,连续将部属院校的撤并调整纳入重点内容,资料显示,仅1998年教育部就顺利实现了对91所部委所属高校的撤并。[②]表3-13统计了1997—2001年普通高等学校基本情况,可见总体上全国高校数量在增加,但中央部委院校在减少。中央部署院校即中央部门(单位)直属高等学校,是国务院组成部门及其直属机构在全国范围内直属管理的一批高等学校。但随着经济的发展,如何提升高等学校与地区经济的适应性是社会发展的要求。改革部属院校是探索中央和省级政府两级管理、以省级政府统筹为主的高等教育管理体制的具体实践,符合体制改革和地区经济发展的双重需要,顺应了高等教育适应经济发展的时代诉求。

表3-13 1997—2001年普通高等学校基本情况

年份	高校总数/所	中央部门所属高校数/所
1997年	1020	345
1998年	1022	263
1999年	1071	248
2000年	1041	116
2001年	1225	111

数据来源:根据教育部网站数据(教育统计数据)整理:http://www.moe.gov.cn/s78/A03/moe_560/jytjsj_2019/。

三、"不确定-不适应性"阶段:高等教育规模扩张

党的十六大高度概括了教育的性质、地位和作用,指出教育在现代化建设中具有先导性、全局性作用,是关系国民经济发展的重大行

① 何东昌.中华人民共和国重要教育文献(1998—2002)[M].海口:海南出版社,2003:3970-3974.

② 何东昌.中华人民共和国重要教育文献(1998—2002)[M].海口:海南出版社,2003:3-10.

业。为进一步巩固教育的战略性地位,国家持续深化"科教兴国"战略,扩大高等教育规模。在教育地位的重要性进一步凸显的同时,高等教育开启了规模扩张。1999年开启的高校扩招,很好地完成了高等教育大众化使命。[①]在社会人才需求大于供给的大环境下,大学生人数上涨,由于高质量劳动力需求跟不上高等教育机构毕业生数量的快速增长,[②]进一步加剧了供需矛盾。

(一)持续稳步推进高等学校扩招

20世纪90年代末,受亚洲金融危机影响,出口、投资持续走低,扩大内需成为拉动经济增长的当务之急,而"接受教育改变命运"这一传统思想在民众心中根深蒂固,因此党中央把扩大民众教育消费列为2000年经济工作的重要任务之一。扩招前,我国高校师生比远低于国际。[③]高等教育的普及事关中华民族振兴。教育是民族振兴的基石,教育不仅与每一个家庭息息相关,还关系着整个国家的发展。我国高等教育毛入学率远低于发达国家,1997年高等教育毛入学率在5%左右,教育的发展规模无法满足我国经济发展的人才需求。大力发展高等教育,成为教育界的普遍共识。有关部门迅速采纳这一建议,并决定于1999年拉开我国高等教育规模扩张的大幕,开启了以"拉动内需、刺激消费、促进经济增长、缓解就业压力"为目标的高校扩招。

(二)我国高等教育步入大众化阶段

1999年后的3年,高校以47%、25%和17%的比例扩大招生规模。2002年我国高等教育毛入学率达15%,实现了高等教育由精英化向

① 陈先哲.从"超常规"到"新常态":论我国高等教育发展方式转型[J].高等教育研究,2016,37(4):1-8.

② 乌尔里希·泰勒著.高等教育与变化的劳动力市场[M].包艳华,郭力,译.北京:科学出版社,2019:11.

③ 夏斐.理性客观看待大学扩招[N].光明日报,2008-12-10(05).

大众化的转变。5年间，高校招生扩大了近3倍，2005年我国高校在校生人数仅次于美国，大学在校生人数位居世界第二，实现了高等教育跨越式发展。表3-14和3-15对比了不同时期教育行政部门关于高校办学条件的指标要求，可知生师比的标准持续上升，其中综合大学由1985年的5.6（重点学校）、5.8（一般学校）上升为2004年的18（合格标准）、22（限招标准）。表3-15对1996年和2004年高等学校办学条件指标进行对比，生均教学行政用房、生均图书、生均学生宿舍面积、生均进书量的标准有所下降，高职称教师比要求上升。由此可见，高等学校办学基本指标（除高职称专任教师数外）都有所放宽，尤其是生师比的指标上升幅度最大。产生这一现象的主要原因在于，高校扩招后，我国高等教育步入大众化阶段。随着高等教育规模的迅速扩大，在教育经费和办学条件有限的情况下，高校的办学指标放宽，这也对高等教育质量提出了新要求。

大学扩招扩大了大学生规模，一方面毕业生总量超出了劳动力市场的需求总量；另一方面，扩招也导致了毕业生就业的结构性矛盾，毕业生学历层次、专业结构的供给也与社会的要求失衡。可见，20世纪90年代高校扩招的计划性与毕业生就业的市场性，导致以计划为主的招生和以市场为基础的就业产生了冲突，毕业生就业形势严峻，高等教育与就业的“不确定-不适应”关系形成。

表3-14　1985年、1987年、1990年、2004年高等学校生师比指标对比[①]

年份	类型	类别	生师比	年份	类型	类别	生师比
1985年	综合大学	重点学校	5.6	1990年	综合大学	重点学校	7.6
		一般学校	5.8			一般学校	7.8
	工科院校	重点学校	5.6		工科院校	重点学校	7.6
		一般学校	5.8			一般学校	7.8
	师范院校	重点学校	5.6		师范院校	重点学校	7.6
		一般学校	6.2			一般学校	8.2
	农林院校	重点学校	5.6		农林院校	重点学校	7.6
		一般学校	6.0			一般学校	7.8
	医药院校	重点学校	5.5		医药院校	重点学校	7.5
		一般学校	—			一般学校	—
	财经政法院校	重点学校	6.5		财经政法院校	重点学校	8.0
		一般学校	6.8			一般学校	8.5
	外语院校	重点学校	5.5		外语院校	重点学校	6.5
		一般学校	5.6			一般学校	6.8

① 生师比的计算是折合在校生与专任教师的比例。

续 表

年份	类型	类别	生师比	年份	类型	类别	生师比
1987年	综合大学	重点学校	6.6	2004年	综合、师范、民族院校	合格标准	18
		一般学校	6.8			限招标准	22
	工科院校	重点学校	6.6		工科、农、林院校	合格标准	18
		一般学校	6.8			限招标准	22
	师范院校	重点学校	6.6		医学院校	合格标准	16
		一般学校	7.2			限招标准	22
	农林院校	重点学校	6.6		语文、财经、政法院校	合格标准	18
		一般学校	6.8			限招标准	23
	医药院校	重点学校	6.5		体育院校	合格标准	11
		一般学校	—			限招标准	17
	财经政法院校	重点学校	7.5		艺术院校	合格标准	11
		一般学校	7.6			限招标准	17
	外语院校	重点学校	6.0				
		一般学校	6.2				

数据来源：1. 1985年、1987年、1990年数据根据《普通高等学校人员编制的试行办法》（1985年）整理。

2. 2004年数据来自《普通高等学校基本办学条件指标（试行）》（2004年），选取本科数据。

表3-15　1996年和2004年高等学校办学条件指标对比

年份	类别	生均教学行政用房/米²	生均教学仪器设备值/元	生均图书/册	生均学生宿舍面积/米²	生均进书量/册	高职称教师比
1996年	—	15	5000	160	6	6	20%
2004年	合格标准	14	5000	100	6.5	4	30%
	限招标准	8	3000	50	—	—	—

数据来源：根据《普通高等学校本、专科招生计划管理意见》(1996年)和《普通高等学校基本办学条件指标》(2004年)整理。

四、"适应-不确定性"阶段：基于结果导向提高人才与社会契合度

高等教育普及化时代的到来提高了社会对人才的基本要求，而大部分毕业生和家庭还未能走出传统的思维定式，出现"身子进入普及化，脑子还在大众化，习惯还在精英化"的现象。毕业生的就业心理预期较高，"暂不就业""慢就业"等新的未就业形势出现，影响着毕业生的就业指标，加剧了高等教育与就业关系的"不确定性"。为此，高等教育改革不断推进，采取财政激励和管控、评估以及认证等多种措施，以提高输出意识或结果意识。①可见，"结果导向"已成为高等学校教育教学改革的基本原则。基于这一原则展开的一系列改革中，高校人才培养频现佳绩，毕业生就业质量逐渐提升，显著地表现为年终就业率基本稳定在90%以上，就业专业对口度稳定并有缓慢上升趋势。在高等教育与就业出现"不确定性"关系的同时，这种"不确定性"呈现出弱化的趋势，这与高等教育内部改革息息相关。高等

① 乌尔里希·泰勒.高等教育与变化的劳动力市场[M].包艳华，郭力，译.北京：科学出版社，2019：191.

教育与就业的适应程度得到提高，实现了就业对社会发展的积极作用，也强化了就业的个体满足感。在这一背景下，高等教育与就业的“适应性”增强，“不确定性”减弱。尽管教育教学改革如火如荼，高等教育对就业的确定性得以缓慢提升，但这种在教育系统内部的微调无法实现质的突破，高等教育与就业的“不确定性”有所改善，但未发生根本变化。

（一）以学习成果为依据反向设计教学活动

结果导向教育（Outcome-Based Education，OBE）是美国Spady于20世纪90年代提出的，他将OBE定义为将教育系统中的资源进行合理的聚集和组织，使之成为萦绕在学生周围并且可以将学生引领向成功之路的实质性的经验。在OBE理念下，教学设计和实施的目标应该是学生通过一系列教学阶段最后所产生的学习成果。[①]OBE是先规定学生学习成效后再来反向设计教学的教育理念。“结果导向”的教育理念成为此阶段教育教学改革的基本理念。

（1）研制普通高等学校本科专业类教学质量国家标准。专业是高等学校人才培养的基本单元，专业标准是提高教学质量的基础。制定专业类教学质量国家标准是提高高等教育质量的基础工程。为提高人才培养与社会的契合度，国家专业标准明确了教学设计和实施目标来确保学生取得特定的学习效果。2013年教育部开启了国家专业标准的研制工作。2018年初《普通高等学校本科专业类教学质量国家标准》颁发，涵盖92个本科专业类587个本科专业，涉及全国高校56000多个专业布点。国家专业标准的制定引领了我国下一步加快本科专业评估内涵式发展的新方向，并开启了全球高等教育质量保障新模式。[②]为确保人才培养，质量标准在培养目标、培养规格、课程体系、教学规范、师资队伍、教学条件、培养效果等方面提出了基

① 李志义，朱乱，刘志军，等.用成果导向教育理念引导高等工程教育教学改革[J].高等工程教育研究，2014(2)：29.

② 杨延，陈栋.中国本科教学评估制度：历程、经验与前景[J].新疆师范大学学报（哲学社会科学版），2020(4)：1-8.

本要求，体现出专业培养的基本属性和要求，同时充分考虑地区、行业和高校的差异性，给予高校一定的自主空间，丰富人才培养的多样化和特色。如经济类专业标准设计了"4+4+X"的专业必修课程体系，第一个"4"既是专业基础课又是专业必修课的4门课程，第二个"4"是必须开设的4门专业必修课，"X"是高校根据培养目标自主选开的必修课程。

(2)实施专业认证。为进一步推进专业人才建设，国家开启了工程专业认证、师范类专业认证等项目。专业认证坚持"学生中心、产出导向、持续改进"的专业认证理念，遵循"导向性、规范性、发展性、创新性"的认证原则，全面提高专业培养质量。以师范类专业认证为例，据统计，2015年我国师范院校达143所，以中部和西部地区师范院校数目较多，尤其是河南(13所)、安徽(11所)、河北(10所)三省最多。①为推进教师教育质量保障体系建设，提高师范类专业人才培养质量，2017年教育部印发《普通高等学校师范类专业认证实施办法(暂行)》，决定开展普通高等学校师范类专业认证工作。师范类专业认证将"产出导向"作为基本认证理念之一，即强调以师范生的学习效果为导向，对照师范毕业生核心能力素质要求，评价师范类专业人才培养质量，并规定了中学教育、小学教育和学前教育专业认证标准，要求根据专业认证标准对师范类专业实行三级监测认证，分别对办学基本要求、教学质量合格标准和教学质量卓越标准开展监测与认证工作，以满足社会对师范生能力素质的要求，提升师范生培养质量。

(二)建立招生—就业联动机制

培养社会需要的人才是高等教育的基本职能，招生是培养人才的"入口"，就业是人才的"出口"，确保"入口"和"出口"的畅通，是实现高等教育基本职能的重要途径。实现两者的顺畅，发挥协同效应，建立招生就业联动机制，有助于教育目标的实现。招生就业联动是

① 唐蕳悄，沈磊.应用型本科师范院校转型探究[J].决策与信息，2017(5)：109-114.

通过调动高校的调整机能，突出招生就业的联合与协作，以社会对人才的内在需求为对象，消除招生、就业的割裂状态，整合资源，形成合力，促进高校的协调持续发展，发挥学校的社会服务作用。[①]为推动高校形成就业与招生计划人才培养联动机制，2017年教育部下发《关于推动高校形成就业与招生计划人才培养联动机制的指导意见》，指出建立招生计划动态调整机制、完善专业动态调整机制、健全毕业生就业状况反馈机制、建立灵活的学习制度和学生管理制度，以提高人才培养质量，实现毕业生更高质量就业，促进高等教育主动适应国家经济社会发展需要。如为全面系统掌握毕业生就业情况，教育部决定从2013年起各高校编制并发布高校毕业生就业质量年度报告，以完善高等教育人才培养质量的反馈机制。就业质量年度报告需从毕业生的规模、结构、就业率、就业流向、政策措施、指导服务等方面全面反映高校毕业生就业工作实际安排，并作为招生、学科调整、教育教学改革的重要参考和依据。同时，建立红黄牌为主要特征的专业预警制度，将毕业生就业情况与专业招生直接挂钩，引导政府和高校根据市场信息调整专业设置和招生计划，增强高等教育培养人才对社会需求数量和结构的敏感度和适应性，帮助高校建立起与社会需求相适应的专业结构和人才培养模式。

第四节 就业体制改革是高等教育与就业关系变迁的直接推力

在社会需求、经济体制改革和教育体制改革等多方要求下，毕业生就业中逐步压缩国家分配的范围，逐步有计划地实行“供需见面，双向选择”的就业方式，此后为满足经济发展对毕业生的需求，实现毕业生就业与市场经济体制的接轨，在高等教育领域逐步实行招生并轨、社会力量办学、教育成本分担等教育体制改革。毕业生就业的“国家分配”方式退出历史舞台，大学生开启自谋职业、自主择业的就

① 李准，宋亮，张万峰．普通高校招生就业联动机制构建策略研究[J]．黑龙江高教研究，2015(1)：144-146.

业方式。事实上，毕业生就业政策在高等教育与就业关系变迁中发挥着重要的作用，在计划经济体制下，国家根据经济计划的要求对教育进行了规划；在以市场为指导的经济体系中，为实现经济、社会和文化教育理论的平衡，不同程度的教育规划和教育指导也是必不可少的。[①]

改革开放后毕业生就业制度经历了"统包统分"—"供需见面"—"双向选择"—"自主择业"—"灵活就业"的变化，推动着高等教育与就业关系的变迁。一方面，打破了传统的由国家统筹就业方式，让毕业生可以根据专业、兴趣、爱好、意愿自由地选择职业、岗位和工作，使大学生走向竞争的市场经济大潮，在竞争中去实现就业匹配和完成社会对高等教育培养质量的检验。面对市场的"逼迫"，毕业生不得不积极提高知识技能，高等学校也开始主动地改革人才培养机制。另一方面，毕业生就业制度的变化在尊重供需双方自由选择的同时，也适应了市场自由流动和竞争的要求。就业制度的变化不仅符合市场经济社会资源优化配置的需要，也满足了个体自由选择的权利和愿望。随着就业制度的变化，毕业生资源由国家分配转为市场流动，高等教育与就业的关系也由相对"确定"走向"不确定"。可见，毕业生就业制度的变化成为高等教育与就业关系变迁的直接推力。

一、"确定-不适应性"阶段："统包统分"的国家调度体制

新中国成立以后的很长一段时间，在高度集中的计划经济体制下，高校毕业生实行与计划经济相适应的"统包统分"制度。改革开放后，我国沿用了"统包统分"的毕业生就业制度，"统一分配、国家安排"的就业方式是这一时期高校毕业生就业的基本方式。毕业生的"统包统分"制度是在计划经济体制下形成的，这一阶段的毕业生分配工作流程是：由主管部门拟定毕业生分配计划并上报国务院；国务院下达年度分配方案；各省、自治区、直辖市提出分配计划，形成预分

① 乌尔里希·泰勒.高等教育与变化的劳动力市场[M].包艳华，郭力，译.北京：科学出版社，2019：4.

配计划；主管部门根据实际情况与相关部门进行协商，对预分配计划进行调整；统一下达年度分配计划，实施毕业生分配；高校依据计划派遣毕业生、用人单位接收毕业生，同时对使用不当的毕业生实施调整。这是一种由国家统一计划、统一分配的毕业生就业制度。很长一段时间，这种制度给我国输送了大量的高素质人才，促进了社会的发展。表3-16统计了这一阶段在教育体制改革中对毕业生分配问题做出指示的各类主要政策文件。

表3-16　1978—1995年关于毕业生分配的主要政策文件

序号	文件类型	时间	政策文件	就业方式	印发部门
1	纲领性文件	1978年	《高等学校学生学籍管理的暂行规定》	统一分配	教育部
2		1983年	《全日制普通高等学校学生学籍管理办法》	国家分配	教育部
3		1985年	《中共中央关于教育体制改革的决定》	国家分配、单位安排、自谋职业	中共中央
4		1993年	《关于加快改革和积极发展普通高等教育的意见》	自主择业、供需见面，双向选择、合同就业	国家教委

续 表

序号	文件类型	时间	政策文件	就业方式	印发部门
5	纲领性文件	1993年	《关于中央部门所属普通高等学校深化领导管理体制改革的若干意见》	自主择业	国家教委、国务院学位委员会
6		1993年	《中国教育改革和发展纲要》	国家安排、自主择业	中共中央、国务院
7	毕业生就业专项文件	1981年	《高等学校毕业生调配派遣办法》	学用一致、择优分配	教育部、国家计委、国家人事局
8		1990年	《普通高等学校招收自费生暂行规定》	自主择业	国家教委、人事部、国家计委、公安部、商业部
9		1993年	《关于普通高等学校招生和毕业生就业制度改革的意见》	——	国家教委
10		1994年	《关于进一步改革普通高等学校招生和毕业生就业制度的试点意见》	——	国家教委

续 表

序号	文件类型	时间	政策文件	就业方式	印发部门
11	通知报告等文件	1981年	《关于改进一九八一年普通高等学校毕业生分配工作的报告》	国家分配、地方分配	国家计委、教育部、国家人事局
12		1983年	《关于一九八三年全国毕业研究生和高等学校毕业生分配问题的报告》	国家分配	国家计委、教育部、劳动人事部
13		1984年	《教育部关于做好毕业生调配工作的通知》	编制计划、供需见面	教育部
14		1988年	《关于改进1989年高等学校毕业生分配工作的报告》	国家分配	教委人事部
15		1992年	《关于搞好城市教育综合改革试点工作的意见》		国家教委

根据表3-16可以看出,“统一分配、国家安排”是这一时期高校毕业生就业的基本方式。这一制度是在国家政策方针指导下,主管部门按照国家和地方需要编制毕业生分配方案,并结合毕业生意愿,将符合分配的毕业生(一般是国家计划内招生)分配到合适的地区、行

业、部门和岗位中开展生产和建设，是长期以来我国高度集中的计划经济体制下形成的将毕业生的招生和就业统一起来的就业制度，是与当时高度集中的计划经济体制相适应的。总体上看，“统一分配”的就业制度具有国家统筹、强调服从、学用一致等特点。

（一）“国家统筹”的高校毕业生就业

“国家统筹”是这一阶段高校毕业生就业工作的基本特点，这一特点是国家根据对人才需求的预测，制订年度招生计划后，组织统一的招生考试，挑选优秀的学生进入大学学习，学生毕业后，国家根据分配方案将学生有计划地安排至恰当的岗位。“国家统筹”毕业生就业不仅适用于顺利毕业的大学生，同时对因某些原因未能顺利毕业的大学生在很长一段时间依旧适用。在教育部颁布的《高等学校学生学籍管理的暂行规定》（1978年12月1日）和《全日制普通高等学校学生学籍管理办法》（1983年1月20日）中都明确指出，我国高等学校毕业生采用“国家统一分配”的方式。《高等学校毕业生调配派遣办法》（1981年10月4日）不仅明确指出，“要切实执行国务院批准的毕业生分配计划和国务院有关部委制发的调配计划”，同时对未取得毕业资格的结业生和因身体原因无法正常分配的学生也规定“安排适当工作”“痊愈后，列入下一届分配计划内分配”。如1986年制定的《毕业研究生分配工作暂行办法》明确表示，对因病暂时无法工作的毕业生，采取公费医疗，病愈后再实行分配。[①]

以师范生分配为例，明确规定高等师范、中等师范、其他学校的师范生均实行国家统一分配的方式。《国家教育委员会关于中小学教师队伍调整整顿和加强管理的意见》（1983年8月22日）要求，中小学教师队伍调整整顿后出现缺额和事业发展新增师资以及补充自然减员的师资，均由国家分配高等师范学校、其他高等学校和中等师范学

① 何东昌.中华人民共和国重要教育文献（1976—1990）[M].海口：海南出版社，1998：2541-2542.

校毕业生来解决。[①]1991年教育委员会颁发《关于进行培养专科程度小学教师试验工作的通知》，明确提出学生毕业后全部分配到小学任教。以国家安排的方式就业，实现了高等教育与就业的直接对接，确保了毕业生就业率保持高水平。在某种程度上讲，这是高等教育与就业"确定性"关系出现的深层逻辑。

（二）"强调服从"的高校毕业生就业

"强调服从"这一特点表现出很强的政治性，1978年颁布的《中华人民共和国宪法》对教育目的有了明确的规定，指出教育必须为无产阶级政治服务，必须同生产劳动相结合，使受教育者在德育、智育、体育几方面都得到发展，成为有社会主义觉悟的有文化的劳动者。这一时期，教育为社会主义建设服务，培养社会主义建设者和接班人成为教育的根本目的，教育是服从国家建设的，强调国家利益的至高性。

这种"服从"表现在两个方面，一方面，高校毕业生以统一分配的方式实现就业，必须服从国家安排。《高等学校毕业生调配派遣办法》（1981年）第十八条明确表示"对不顾国家需要，……经过教育拒不服从分配的毕业生，……超过三个月仍不去分配单位报到的，……由学校宣布取消毕业生分配资格，限期离校……在五年内全民所有制单位不得录用"。同年，教育部在全国高等学校毕业生调配工作会议中提出大学毕业生分配的六条措施，强调凡违反者视情节轻重严肃处理。其中，第二条明确表示"所有大学毕业生都要服从国家需要，服从国家分配，哪里需要就到哪里。毕业生中的共产党员、共青团员要带头发扬大公无私、先人后己、吃苦在先的革命精神"[②]。《高等学校学生学籍管理的暂行规定》（1978年12月1日）和《全日制普通高等学校学生学籍管理办法》（1983年1月20日）中都进一步规定高校毕业生

① 何东昌．中华人民共和国重要教育文献（1976—1990）[M]．海口：海南出版社，1998：2119.

② 教育部就大学毕业生分配提出六条措施，服从国家分配，杜绝不正之风，凡违反六条者，要视情节轻重严肃处理[N]．人民日报，1981-11-20(001).

"必须服从国家统一分配",甚至规定了对拒不服从安排的学生采取"取消其毕业生分配资格,国家不再分配工作"的措施。如在研究生分配中明确指出,研究生属于拥有高知识的稀有资源,国家将大部分的研究生用以充实高等学校的师资以及科研机构的研究队伍,和配备至国家重点建设项目和专业技术部门。另一方面,用人单位和高校对统一分配的毕业生在未获批准的情况下不得退回和改派。《关于改进1989年高等学校毕业生分配工作的报告》(1988年12月20日)明确指出,"未经学校和用人单位双方复议,学校不得改派毕业生,用人单位不得退回毕业生"。

(三)"学用一致"的高校毕业生就业

"学用一致"这一特点是从毕业生的使用和发挥作用上出发,强调在毕业生分配工作中,将毕业生所学知识与工作要求相联系,实现学生所学专业与工作岗位的对口和一致,以达到最大化、最合理地使用人才,发挥人才优势,减少人力资源的浪费。《关于一九八三年全国毕业研究生和高等学校毕业生分配问题的报告》(1983年7月14日)指出,在服从国家需要的前提下,贯彻学用一致的原则,尽可能结合专业,珍惜人才,努力做到分配合理,使用得当。《高等学校毕业生调配派遣办法》(1981年10月4日)明确毕业生调配工作要坚持学用一致的原则,参照用人单位的要求和毕业生的具体情况,合理确定分配名单。

学用一致作为毕业生分配的重要原则贯穿于毕业生分配工作的始终,即使在解决残疾学生的就业问题中也要求遵循这一原则。1985年,教育部、国家计划委员会等部门联合下发《关于做好高等学校招收残疾青年和毕业生分配工作的通知》,专门针对残疾学生制定了招生和毕业分配工作的方案。文件提出,"残疾考生"是指肢体残疾(不继续恶化),生活能自理,不影响所报专业的学习及毕业后所从事工作的学生。文件明确高等学校录取的残疾考生,毕业后应按其所学专业,由国家统一分配工作。文件规定了残疾毕业生享有与普通毕业生一样的权利，不受歧视外，还表明政府应该给予更多的关怀和支持。学用一致的原则以制度文件的方式规定了以毕业生专业为依据，将其安置至对应的生产行业和工作岗位，实现了所学专业与分配工作的匹配性，提高了高等教育与毕业生就业的相关性，确保了毕业生就业专业对口度处于高水平，进一步加深了高等教育与就业的“确定性”关系。

二、“确定-适应性”阶段：“双向选择”的市场参与制度

1992年后，明确了市场取向的发展道路，毕业生就业体制也开启了渐进式的改革。在1993年教育工作会议上，教育委员会将“毕业生分配体制”改为“毕业生就业体制”，要求在经济体制变革的形势下，逐步建立起与社会主义市场经济体制和政治体制、科技体制改革相适应的教育新体制，特别是在毕业生就业以及管理体制等领域应该适应或反映建立社会主义市场经济体制的需要。[①]这一重要的转变始于1996年1月9日，人事部出台《国家不包分配大专以上毕业生择业暂行办法》，标志着“统包统分”的毕业生就业体制退出历史舞台。该办法中规定了大专以上毕业生是指“毕业后国家不负责分配工作的非在职毕业生”，指出“毕业生通过人才市场在多种所有制范围内自主择业”，国家不再开具《毕业生分配派遣证》，而是由各省、市、区政府人事部门统一下发《国家不包分配大专以上毕业生择业推荐表》《国家不包分配大专以上毕业生工作介绍信》，由毕业生持推荐表在规定的择业区域内“自主择业”。最终由毕业生、用人单位和高等学校三方签订相关主管部门统一印制的《毕业生就业协议》，完成毕业生就业事宜。1998年教育部颁发的《面向21世纪教育振兴行动计划》进一步指出，到2000年左右，建立起比较完善的由学校和有关部门推荐、学生和用人单位在国家政策指导下通过人才劳务市场双向选择、自主择业的毕业生就业制度。“双向选择”制度与“统包统分”制

① 何东昌．中华人民共和国重要教育文献（1976—1990）[M]．海口：海南出版社，1998：3447-3450.

度的差别在于将劳动力市场、用人单位、毕业生群体的需求考虑在内，顺应了我国计划经济向市场经济转轨过程中的现实需要，增强了高等教育与就业的社会适应性。

(一)"不包分配，择优推荐"的改革目标

为适应社会主义市场经济改革的需要，将竞争机制引入高等学校中是深化高等教育改革的基本途径，在毕业生就业中体现为"不包分配"政策的实行。事实上，"不包分配"的就业模式早在20世纪80年代便已在中等职业教育中实行，如20世纪80年代初期，四川省温江农业学校开设了普通班、不包分配的"农村青年班"和"两户班"等，采取了多种办学形式；唐山市劳动局将6所普通中学改为厂校挂钩联办的技工学校，面向社会招生，学生自费走读，毕业后学校不包分配。[①]1989年湖北鄂西农校招收第一届不包分配中专班。[②]20世纪80—90年代中期，这种不包分配的毕业生就业模式主要运用在中等职业教育毕业生中。1988年，时任教育委员会学生管理司副司长将高校毕业生分配制度改革的目标模式概括为"上学交费，不包分配，平等竞争，双选就业"十六字模式，指出高等教育中就业体制改革的三个阶段：第一阶段，对学习成绩差、道德品质差，经过推荐没有单位录用的，国家不再包就业；第二阶段，建立收费制度，非定向生国家不包就业；第三阶段，减少甚至取消定向招生，实现全体毕业生平等竞争，双向选择，自由就业。[③]实际上，"不包分配"作为新的就业制度，是一种旨在遵循劳动力市场规律，运用市场运行机制，消除行政管理对毕业生就业包办的就业模式。然而"不包分配"并不意味对毕业生的就业撒手不管，而是为了打破长期以来存在着的"大锅饭""铁饭

---

① 郝桂彦.唐山办起不包分配的技校[J].中国劳动，1983(5)：9.

② 谭文林.曙光，在侗乡初露——记鄂西首届不包分配庭院经济班[J].教育与职业，1992(8)：41.

③ 高校毕业生分配制度改革目标模式 上学交费 不包分配 平等竞争 双选就业[J].中国林业教育，1988(3)：26.

碗”和“混文凭”的思想，激发学生学习的积极性和自觉性。[①]“择优推荐”是不同于“统一分配”的一种新的分配原则，是高等学校基于用人单位的用人需求，为用人单位提供学校人才培养目标、专业设置、毕业生情况等基本信息，供用人单位和毕业生双向选择的一种方式，满足了社会对高素质人才的需求，确保了高等教育与就业关系的“双高”特征。

(二)“供需见面，双向选择”的基本方式

在我国经济结构变化的同时，人才需求也发生了变化。为适应社会对人才的需求，20世纪90年代初期就已提出根据供给方和需求方的实际意愿来完成毕业生就业工作。1996年，《全国教育事业“九五”计划和2010年发展规划》将积极推动毕业生就业制度改革，在近期内实行以“供需见面，双向选择”为主的就业制度作为高等教育改革的重要工作。[②]1997年，教育委员会颁发的《普通高等学校毕业生就业工作暂行规定》表示，用人单位可以根据需要，于毕业生在校的最后一个学年在高等学院中选择合适的毕业生。1999年，为进一步规范毕业生招聘工作，建立起科学、规范的招聘工作程序和制度，促进毕业生就业工作的有序进行，教育部[③]颁发了《关于规范高校毕业生招聘工作 维护教育教学秩序的通知》，规定了用人单位必须在征得学校毕业生就业部门同意后才能举办招聘活动，并规定了招聘活动应安排在每年11月20日以后的休息日和节假日进行。

“供需见面，双向选择”有两个方面的内涵：(1)求职方与录用方都自主自愿，而不由行政手段包办；(2)众多的求职者与众多的录用者相互选择。[④]这是引入市场竞争机制，同时将“买方”需求和“卖方”

---

① 张长富.坚持“择优推荐”做好毕业生分配工作[J].高教研究，1988(0)：30-31.

② 何东昌.中华人民共和国重要教育文献(1991—1997)[M].海口：海南出版社，1998：3973.

③ 1998年3月，全国人大九届一次会议通过了《关于国务院机构改革方案的决定》，中华人民共和国国家教育委员会更名为中华人民共和国教育部。

④ 张秀亭，张晓明.论“不包分配”[J].江汉大学学报(社会科学版)，1991(A1)：77-80.

意愿结合起来的一种就业方式。实际上,“供需见面,双向选择”是将毕业生就业中的相关主体联系起来,各司其职,促进工作的有序进行。首先,“供需见面”是根据国家政策指导,在相关主管部门的组织、协调和帮助下,由高等学校提供毕业生的相关信息、用人单位介绍需求信息(单位情况、对人才的需求、提供的岗位等),双方直接交换供需信息的一种交流活动。其次,“双向选择”是在主管部门或高校的安排、统筹、组织下,让毕业生与用人单位直接见面,开展双向选择,完成就业匹配的活动,是一种毕业生与用人单位两者之间互选的方式,主管部门统筹、规划,而高等学校具体负责落实、服务和指导。可见,“供需见面,双向选择”的就业制度将毕业生就业与社会发展相结合,增强了高等教育与就业的适应性和确定性。

三、“不确定-不适应性”阶段:“自主择业”下的市场失灵

20世纪90年代末高校扩招后的大学生于2001—2002年相继毕业,两年间普通高等教育毕业生年增长率分别为29.05%和40.39%,高校毕业生大幅上涨引起了毕业生就业形势的严峻。2002年,我国高等教育毛入学率达15%,步入高等教育大众化阶段,大学毕业生人数增加,毕业生就业压力突出。在毕业生人数迅速增长的同时,下岗职工再就业、农村剩余劳动力转移、初高中学生涌入市场,改变了劳动力市场供需状况,劳动力市场出现供大于求的局面,进一步加剧了就业形势的严峻性。尽管以市场为导向的毕业生自主择业制度基本建立,但在劳动力市场供求矛盾下,毕业生就业形势不容乐观,高等教育与就业的“确定性”和“适应性”都进一步降低。

(一)市场导向的就业与计划主导的招生相割裂

市场经济又称为自由市场经济,奉行“自由”“平等”“竞争”的理念,毕业生就业的“双向选择”正是用人单位和毕业生在“自由”“平等”“竞争”的基础上开展选择,实现就业匹配的过程。建立“自主择

业”的毕业生就业制度，即在建立市场经济条件下，由多个利益相关者参与其中，达成毕业生资源的优化配置。因此，“市场导向，多方参与”成为“自主择业”就业体制下的改革目标。市场导向是相关主体在市场需求下开展的各项活动。毕业生就业的市场导向是为促进高校毕业生就业，引入市场运行规律，将毕业生放置在劳动力市场中，发挥市场的配置能力，从而实现毕业生资源的配置。建立市场导向的毕业生就业模式须明确两点：一是毕业生劳动力市场是毕业生资源交易的场所及相应的制度安排，由供给方和需求方构成。供给方即高校毕业生，需求方则由各类型用人单位组成。二是毕业生就业市场配置能力是适应变化的环境，使毕业生资源得到优化配置，从而实现价值增值的能力。[①]在以市场导向为目标的毕业生就业体制改革下，市场的配置作用逐步发挥，这一时期就业政策的核心在于构建出有利于劳动力市场机制运行的就业制度。这种就业制度必须同时协调毕业生就业市场和其他劳动力市场，以及毕业生就业市场内部结构两方面。可见，这一时期的高校毕业生就业不再是割裂的劳动力市场，而是与外部人才市场衔接，在市场配置下，参与竞争，实现毕业生的自主择业。因此，政府出台了一系列旨在发挥就业市场作用的政策。2001年教育部下发的《全国教育事业第十个五年计划》中明确提出“深化用人制度改革”，强调完善人才市场体系，鼓励人才合理流动。2002年《关于进一步深化普通高等学校毕业生就业制度改革有关问题的意见》开篇明确指出，毕业生是我国宝贵的人力资源，培养与社会主义市场经济要求相适应的大量劳动者和各方面专门人才关系着21世纪我国社会主义事业的全局。因此，为切实做好毕业生就业工作，要树立市场导向的毕业生就业模式，进一步完善市场体系。教育部先后提出，鼓励有条件的地方设立高校毕业生就业市场；以联合举办大型网上招聘活动的方式共享、规范就业市场；开展校园招聘活动，完善校园就业市场。[②]

---

① 赖德胜．教育、劳动力市场与创新型人才的涌现[J]．教育研究，2011(9)：8-13，21.

② 何东昌．中华人民共和国重要教育文献(2003—2008)[M]．北京：新世界出版社，2010：620-621.

然而长期以来，我国高等教育从招生到就业都由国家负责，随着市场经济的建立，高等学校依旧根据国家计划招生，但就业却走向市场。国家直接安排毕业生就业的制度退出了历史舞台，转而建立市场导向的就业体系，通过出台政策来促进毕业生就业。高等教育是培养人才的重要机构，招生是高等教育的“入口”，高校培养是知识传输、技能累积、情感塑造的“过程”，就业是高等教育的“出口”。大学生招生“入口”的计划性和毕业生“出口”的市场性，引起了市场失灵，即市场无法有效地配置毕业生资源，“不确定-不适应性”阶段产生。虽然招生和就业工作的实现过程、运行模式并不相同，侧重目标具有多样性，但其目标是一致的。①为适应经济体制改革的进程，进一步缓解就业压力和欠发达地区人才匮乏的状况，这一时期高校毕业生就业制度改革提出建立“市场导向、政府调控、学校推荐、学生与用人单位双向选择的就业机制”，采用“自主择业”的模式，保证毕业生的自由选择权和用人单位的用人自主权。尽管该阶段充分发挥市场的配置作用，但纵观当时的高等教育体制，招生和培养的计划性与就业的市场性造成了招生—培养—就业内在驱动的不同。一体化联动机制缺乏，协同效应未能建立。在高等教育“入口”和培养过程中实施以计划为主导的管理方式，而在“出口”，将毕业生推入市场，由市场调节毕业生资源的配置，加剧了毕业生就业矛盾。因此，虽然面向市场改革毕业生就业体制，但未能建立起“入口—出口”的联动机制，仅从“出口”上改革，依旧无法从根本上缓解毕业生就业压力，高等教育与就业呈现出“不确定性”和“不适应性”关系。

（二）自主择业的毕业生就业与劳动力市场供求间的矛盾

“双向选择，自主择业”是该时期毕业生就业的基本方式。其中，“双向选择”是供需双方通过相互选择实现就业匹配的过程。“自主择业”是通过自由选择职业的方式实现就业的过程。自主择业是大学

① 李准，宋亮，张万峰．普通高校招生就业联动机制构建策略研究[J]．黑龙江高教研究，2015(1)：144-146.

生个体根据自身就业意愿和社会发展的现实需要，主动选择自己所从事的工作的过程。[①]在“双向选择，自主择业”制度下，毕业生在国家宏观调控下，用人单位和毕业生互为就业市场中的主体，用人单位依据社会发展和岗位需要，对毕业生进行考察；毕业生则结合自身兴趣爱好，在众多职业和岗位中自由地挑选，最终完成互选，达成就业。这一过程主要有两大特征：其一，自主性特征，即按照自己的意愿行动，作出就业决策。其二，选择性特征，即供需双方能作出决策，并就选择结果承担相应的责任和义务。毕业生具有充分的择业自由，可以对比行业、环境、工资、福利、晋升机会等，在可供选择的岗位中做出决策；用人单位更自主合理地实施聘用，可以对比毕业生的学历、素质、技能等，在当中挑选符合招聘要求、认同企业文化和价值的应聘者。1998年颁发的跨世纪教育改革和发展的施工蓝图《面向21世纪教育振兴行动计划》中明确提出，到2000年左右，建立起比较完善的由学校和有关部门推荐、学生和用人单位在国家政策指导下通过人才劳务市场双向选择、自主择业的毕业生就业制度，成为我国20世纪90年代末的教育事业行动指南。随着市场经济体制的完善，高校毕业生就业纳入市场，“十一五”期间我国社会就业总方针是“劳动者自主择业、市场调节就业和政府促进就业”。2002年《关于进一步深化普通高等学校毕业生就业制度改革有关问题的意见》指出，加强毕业生思想政治教育，使高校毕业生树立交费上学、自主择业的观念。事实上，这一时期高校扩招后，为缓解毕业生就业压力，教育部等相关部委出台的年度毕业生就业工作计划和安排，都指出要发挥市场作用，扩大用人单位自主权，实现毕业生自主择业。自由选择是市场经济的特征之一，但在供求压力下，毕业生就业形势无法得到有效缓解。

① 本书编写组.思想道德修养与法律基础：2009年修订版[M].北京：高等教育出版社，2009：159.

四、"适应-不确定性"阶段:关系"国计民生"的毕业生就业

就业是民生之本,高校毕业生就业不仅关系着国家未来发展,也关系着人民群众的切身利益。随着大学生就业形势的严峻,国家出台了一系列的政策文件。2007—2019年,政府出台了大量促进大学生就业的专项文件。其中,关于"高校毕业生就业"专项工作的中央文件就有6个(详见表3-17),平均每两年出台一个专项政策的频率足见国家将毕业生就业当作大事在抓。教育部每年都会围绕"高校毕业生就业"出台多项政策,涉及基层就业、创新创业、专项人才计划等内容。政策发文的级别之高和出台的频率之高足以表明国家对大学生就业的重视程度。国务院多次要求各部门通力合作,完善毕业生就业的政策框架。梳理这一时期毕业生就业的主要政策可以发现,为进一步促进毕业生就业,国家实施了更加积极的就业政策,坚持多渠道扩展毕业生就业空间,扩大毕业生就业容量,实现毕业生走向更充分更高质量的就业。

表3-17　2007—2019年中共中央出台的关于毕业生就业专项文件

序号	年份	文件名	发文号
1	2007年	《国务院办公厅关于切实做好2007年普通高等学校毕业生就业工作的通知》	国办发〔2007〕26号
2	2009年	《国务院办公厅关于加强普通高等学校毕业生就业工作的通知》	—
3	2013年	《国务院办公厅关于做好2013年全国普通高等学校毕业生就业工作的通知》	国办发〔2013〕35号

续 表

序号	年份	文件名	发文号
4	2014年	《国务院办公厅关于做好2014年全国普通高等学校毕业生就业创业工作的通知》	国办发〔2014〕22号
5	2015年	《国务院办公厅关于深化高等学校创新创业教育改革的实施意见》	国办发〔2015〕36号
6	2016年	《关于进一步引导和鼓励高校毕业生到基层工作的意见》	中办发〔2016〕79号

随着市场在资源配置中基础性作用的发挥，毕业生就业逐渐走向市场。21世纪后我国经济迅速发展，2010年后出现社会总体劳动力供求略小于需求的新特征，高等教育与就业的适应性增强。而在市场经济体制逐步完善、教育成为民生事业等背景下，毕业生就业也由关注数量转而重视质量。多渠道实现毕业生又好又快就业，成为国家对大学生就业的指导方针。这一时期高校毕业生就业已经走向市场，与社会劳动者共同参与社会竞争，因此，毕业生就业工作是与社会整体就业形势紧密联系的工程。由于毕业生是人力资本的重要表现形式，高校毕业生就业成为这一时期政府就业工作的重点任务。2007年《中华人民共和国就业促进法》提出，国家把扩大就业放在经济社会发展的突出位置，实施积极的就业政策，坚持劳动者自主择业、市场调节就业、政府促进就业的方针，多渠道扩大就业。随后国务院颁发的《促进就业规划（2011—2015年）》中指出，继续把实施高校毕业生就业放在就业工作的首位，并提出了拓展就业岗位、开展就业服务和援助、实行创业引领和面向基层就业的“高校毕业生就业推进计划”。为了破解大学生就业难题，实现充分而有质量的就业，国家进一步扩展毕业生就业渠道，实行灵活就业、协议就业等多种就业方式，并大力提倡毕业生开展自主创业，以创业带动更高质量的就

业。实施多措并举的毕业生就业制度,是市场经济复杂性和多样性的要求。在国家宏观调控和市场供需调节的共同作用下,毕业生就业数量维持较高水平,而就业质量稳步提升,出现高等教育与就业关系"确定性"稳步提升的趋势。

(一)"更充分、更高质量"的就业目标

促进充分就业是我国经济发展和社会繁荣的重大目标之一。充分就业的概念源自经济学家凯恩斯,他指出在某一工资水平下,所有愿意接受这种工资的人都能得到工作即为充分就业,[①]也就是只要不存在非自愿失业的人员,就能够称为充分就业。可见,充分就业并不等于全部就业或无失业,而是失业率等于"自然失业率"。在劳动力供求关系中,就表现为劳动力市场供给和需求处于均衡状态,社会的发展能为劳动者提供充足的就业岗位。高校毕业生的充分就业是从毕业生就业市场的供求关系出发,使得毕业生的供给和需求处于均衡状态,社会经济发展规模、结构、质量都能充分地满足毕业生对就业岗位需求的状态。

在我国更充分的毕业生就业具体表现为"三充分":(1)毕业生就业"数量"上的"充分"满足,这是实现毕业生走向充分就业的基础和前提。这一层面要求毕业生供给和需求达到适应和平衡状态,表现为毕业生有效就业率高且稳定。高等教育肩负着为社会培养高级专门人才的目标,大学生能否与社会发展相适应直接关系到高等教育功能的实现和经济社会的振兴。为实现毕业生充分就业,各级各类政府要进一步强化政府促进就业的职能,努力实现高校毕业生就业率基本稳定、就业人数进一步增长的目标。[②](2)毕业生就业"结构"上的"充分"提升,这是实现毕业生走向充分就业的价值追求。这一层面要求毕业生供给结构和需求结构达到适应和协调状态,表现为

① 凯恩斯.就业、利息和货币通论[M].房树人,译.北京:商务印书馆,1983:152.

② 陈至立.在2007年全国普通高等学校毕业生就业工作电视电话会议上的讲话[N].中国教育报,2007-05-29(001).

毕业生专业结构、学历结构、地区结构符合社会经济发展的要求。基于教育的外部关系规律决定了教育要适应社会发展，为社会发展服务，高等教育的发展和改革也离不开社会环境和社会现实。在各类文件中，多次提出高等教育的科类、层次、地域、类型结构要根据社会经济发展的需要建立起动态调整机制，主动对接地区、行业、产业需求，促进毕业生就业与需求结构相适应。(3)毕业生就业"质量"上的"充分"合理，这是实现毕业生走向充分就业的关键环节。这一层面要求毕业生能在工作岗位中运用所学发挥积极作用，实现个体价值和社会价值的统一，实现个人利益和国家利益的协调。大学毕业生是拥有高级专门知识和科学理念的人力资源，历史经验反复证实了其是社会进步的智力支撑。毕业生就业关系着社会经济发展，也关系着个人前途命运，国家鼓励和支持毕业生自觉地把个人的发展同为国家和人民建功立业结合起来，倡导毕业生到祖国需要的地方建功立业，将个人发展和国家发展结合起来，肩负时代赋予的重任，努力在实现中华民族伟大复兴的中国梦的生动实践中放飞青春梦想，①实现个体的自由而全面的发展。"三充分"的提出实质上是在"适应性"和"确定性"两方面对毕业生就业提出目标，要求在确保高等教育与社会发展和个体发展相匹配的前提下，提高毕业生就业数量、调节毕业生就业结构、提升毕业生就业质量。

（二）"多渠道，多举措"的就业途径

新中国成立后至改革开放前期，在国家"统包统分"的就业体制下，国家长期包揽城镇新增劳动力的就业分配。20世纪90年代以来，随着市场经济体制的建立，劳动力就业纳入市场体系中，就业开始按照市场规律运行，"自由择业"的就业体制形成。然而，随着就业压力的增大，大学生就业形势不容乐观。在"自主择业"的就业制度下，国家大力倡导灵活就业、协议就业等多途径的就业方式。

①中共中央文献研究室．十八大以来重要文献选编：上[M]．北京：中央文献出版社，2014：277.

1.灵活就业

2001年,官方文件《国民经济和社会发展第十个五年计划纲要》中首次出现"灵活就业,指出引导劳动者转变就业观念,采取非全日制就业、季节性就业等灵活多样的就业方式,提倡自主就业。此后,劳动和社会保障部进一步归纳出灵活就业包括生存型的社会劳动组织、其他非正规部门就业、正规部门中的灵活就业、劳务派遣型工作、闲散劳动、自由职业者六大类。实际上,在经济结构调整过程中,灵活就业成为缓解就业压力的重大举措,灵活就业在就业方式中的比重逐渐上升。[①]这一时期,国务院出台的做好普通高校毕业生就业工作的通知中,明确提出鼓励灵活就业,从支持毕业生灵活就业(2007年)到稳定毕业生灵活就业(2011年),再到将灵活就业的毕业生纳入社会保障体系并完善服务(2015年)等规定,可以看出灵活就业、自主就业成为毕业生就业的主要方式。当前,随着信息化时代的到来,"互联网+"成为众多产业"升级换代"的方向,出现了"新型灵活就业",吸引着大量的大学生。这种形式的就业以"互联网"为载体,与一般意义上的灵活就业在从业人员和就业岗位上有明显的差别,表现为:一是从业人员在受教育程度上要高于传统灵活就业者,年龄上也更加年轻化(在特定行业或职业技能的专业型灵活岗位中,硕士以上学历员工占比达到19.25%,40岁以下的员工占比超过80%)。[②]二是就业岗位不局限于传统的劳动密集型岗位,还包括了一些中高科技类岗位(如:人工智能、大数据、云计算、区块链等高端技术岗位,律师、财务、人力资源等专业性较强的职能型岗位)。[③]有学者称之为"'互联网+'灵活就业",即利用互联网和数字移动终端配置劳动力资源,通过在线平台从事各种工作,具有就业灵活、工作时间和场所不

---

① 胡鞍钢,杨韵新.就业模式转变:从正规化到非正规化——我国城镇非正规就业状况分析[J].管理世界,2001(2):69-78.

② 詹婧,王艺,孟续铎.互联网平台使灵活就业者产生了分化吗?——传统与新兴灵活就业者的异质性[J].中国人力资源开发,2018,35(1):134-146.

③ 叶赟.灵活用工时代来临[N].劳动报,2019-04-08(05).

固定和工作安排去组织化等特点。[①]充分利用大数据、信息技术的发展浪潮,拓宽毕业生就业途径,以实现毕业生更高质量的就业是解决大学生就业难的现实需要。

2. 协议就业

大学生就业走向市场后,市场在人力资源配置中发挥了决定性作用,但是由于市场本身固有的缺陷,在毕业生资源配置中的市场失灵时常发生。因此,国家通过政策手段,进一步确保重点领域,尤其是关系着国计民生的行业的人才配给,为引导毕业生到国家战略性领域就业,国家对重点发展的和关系地区协调发展的领域,采取专项计划,以协议就业的方式来引导人才流向。这一时期,除了继续实行大学生志愿服务西部、"三支一扶"、农村义务教育阶段学校教师特设岗位计划外,还在关系着国家战略需要的教育、医疗、民族、农村、国防、人才事业上实施专项人才培养计划。这一举措符合教育事业的公益性、公平性的定位,引导大学毕业生流向贫困地区、偏远地区、民族地区是社会发展的要求,同时也将学有所成的专业人才输送至对应的岗位上。主要包括:面向教育事业的免费师范生计划;面向医疗事业的免费医学定向生计划;面向农村事业的大学生村官计划;面向国防事业的选拔国防生计划;面向民族事业的少数民族"骨干人才"计划;面向人才事业的公派出国留学计划。

3. 创业带动就业

国内外研究发现,创业对就业都具有积极的正向促进作用,具体表现为创业率每增加1个单位,就业增长率就增加0.26个百分点。[②]面对日益严峻的就业形势,2006年教育部颁发了第一个关于促进大学生就业的专项文件《关于切实做好2006年普通高等学校毕业生就业工作的通知》,将"切实加大对高校毕业生自主创业和灵活就业的

① 肖巍.灵活就业、新型劳动关系与提高可雇佣能力[J].复旦学报(社会科学版),2019,61(5):159-166.

② 侯永雄,谌新民.创业如何带动就业?——基于1997—2013年中国省区数据的创业与就业关系及时滞性[J].华南师范大学学报(社会科学版),2017(3):100-108.

扶持力度"列为主要举措之一,"自主创业、以创业带动就业"成为我国应对就业难题的重大战略。党的十七大报告提出"实施扩大就业的发展战略,促进以创业带动就业"的方针。2015年政府工作报告首次提出"大众创业,万众创新"的号召。创业作为就业的一种特殊形式,其本质是一种创新活动,是创业者通过发现和识别商业机会,组织各种资源提供产品和服务,以创造价值的过程。[①]

研究显示,大学生创业具有扩大就业的倍增效应,[②]平均每个大学生创业者能拉动3.63人就业;而平均每个创业企业能提供16.72个就业岗位。[③]基于创业对就业的拉动作用,国家出台了大量促进毕业生自主创业的优惠政策,如:允许在校学生休学创业,减免行政事业性收费、延长担保基金的担保责任期限,落实银行贷款和财政贴息,等。另外,设置各类大学生创业项目和竞赛,如"大学生创新创业训练计划"(2012年)、新一轮"大学生创业引领计划"(2014—2017年)、中国"互联网+"大学生创新创业大赛(2015年始)等。即使有多项政策和活动的支持,毕业生创业情况却不尽如人意。表3-18统计了这一时期高校毕业生的创业率,可以看出尽管总体上存在上升趋势,高职高专毕业生的创业率远高于本科毕业生,但毕业生创业率处于低水平。《2018年就业蓝皮书》显示,2014届和2015届自主创业的大学毕业生中,3年后分别只有46.2%和44.8%的人仍坚持自主创业。可见,毕业生创业热情不高、效果不佳、实效不足。

表3-18　2007—2018届高校毕业生创业率一览

届别	本科生创业率	专科生创业率
2007届	—	—
2008届	0.8%	1.4%
2009届	0.6%	1.6%
2010届	0.9%	2.2%

① 宋克勤.创业成功学[M].北京:经济管理出版社,2002:4-7.

② 辜胜阻,洪群联.对大学生以创业带动就业的思考[J].教育研究,2010,31(5):63-68.

③ 李亚员.当代大学生创业现状调查及教育引导对策研究[J].教育研究,2017,38(2):65-72.

续 表

届别	本科生创业率	专科生创业率
2011届	1.0%	2.2%
2012届	1.2%	2.0%
2013届	1.2%	3.3%
2014届	2.0%	3.8%
2015届	2.1%	3.9%
2016届	2.1%	3.9%
2017届	1.9%	3.8%
2018届	1.8%	3.6%
2019届	1.6%	3.4%

1. 数据来源：根据《中国大学生就业报告》整理。（如：麦可思中国大学生就业研究课题组.就业蓝皮书（2014年中国大学生就业报告）[M].北京：社会科学文献出版社，2014）

2. 2009届本科生创业率为211高校和非211高校的平均值，其中211高校毕业生创业率为0.4%，非211高校毕业生创业率为0.8%。

第四章
改革开放以来高等教育与就业关系的变迁逻辑

前章分别从数理逻辑和历史逻辑出发,分析出高等教育与就业关系的变迁历程和动因。但事物发展有其自身的规律,即一种内在的理论逻辑。本章旨在探寻高等教育与就业关系的变迁理论逻辑,其中,变迁表示情况或阶段的变化转移,逻辑指客观事物的规律,表示思维逻辑、自然现象间的相互关系和规律规则。可见,变迁逻辑需要体现某种原理性、规律性的深层关系。因此,本研究中高等教育与就业关系变迁的逻辑指改革开放以来高等教育与就业关系变迁历程中显现出的深层规律和逻辑理路。不同时期政治、经济、文化等方面发展的差异性,造成高等教育与就业关系发展的形态不同,特征不一。但从40多年来高等教育与就业关系变迁的内在逻辑看,两者关系演进,是不同时期不同主体之间教育利益关系的平衡、失衡、再平衡的矛盾运动过程。根据教育利益关系协调理论,本研究指出以"利益"为调节器,协调和整合不同阶段、不同主体教育利益关系是高等教育与就业关系变迁的内在逻辑。教育利益协调是运用一定的利益协调方法和手段,对教育利益加以重新分配,建立新的教育利益秩序。本研究将改革开放以来高等教育与就业关系的变迁历程划分为"确定-不适应性""确定-适应性""不确定-不适应性"和"适应-不确定性"四个阶段,在不同的阶段,不同利益主体构成了不同的利益关系。马克思主义指出,利益关系是社会最基本的关系,是维系社会和经济发展过程中一个本质的、经常的、必然的要素。纵观改革开放以来高等教育与就业关系的演进历程,我国经历了从计划经济向市场经济、教育定位由为经济建设服务到为国计民生事业服务、毕业生就业由卖方市场到买方市场的转型，社会发展转型中利益的分化和重组就成了一个必然的过程，而利益分化实际上是利益格局重新调整的过程，[①]因此高等教育与就业关系的变迁历程也就成了一个利益分化与利益重组的过程。基于此，本章将个体教育利益、国家教育利益和公共教育间的矛盾失衡和协调统筹作为高等教育与就业关系变迁的内在逻辑，以教育利益关系由国家利益优先转向个体利益彰显，再由利益关系失序到走向以人民为中心的逻辑展开。

第一节　计划调节下国家利益本位的高等教育与就业关系逻辑

"确定-不适应性"关系阶段是在计划经济体制下，大学生就业沿用新中国成立后的"统包统分"的就业制度下形成的，该制度实质是由政府安排毕业生就业，即各级各类毕业生的就业按国家制订的计划指标统筹安排。其中，"确定性"与国家行政政策息息相关，在"统包统分"的毕业生就业制度下，国家根据专业性质等信息将毕业生安排至对应的工作岗位，确保了毕业生就业率和专业对口度；而"不适应性"则在于计划经济体制下社会人才需求与供给矛盾突出。在国家制度性规定下，高等教育与就业的"确定-不适应性"关系阶段形成。"确定-不适应性"关系蕴含着两层含义。其一，在社会层面上，高等教育的发展规模和层次结构与经济发展规模和产业结构不相适应；其二，在个体层面上，接受高等教育与就业存在着一种一一对应的关系，表现在高校毕业生"统包统分"的就业体制中。前文的分析显示，"确定性"是计划经济下行政计划的产物；"不适应性"是计划经济下供需矛盾突出所引发的问题。可见，这一时期由国家来统一调配毕业生是以国家利益为根本出发点的，称为国家利益本位的高等教育与就业关系逻辑。

国家利益本位的高等教育与就业关系逻辑是从国家利益至上出

① 祁型雨. 利益表达与整合：教育政策的决策模式研究[M]. 北京：人民出版社，2006：4.

发，将国家利益作为高等教育与就业关系的根本出发点和归宿。1982—1995年，国家主导着毕业生分配，将有限的人力资源分配到国家需要的岗位上。毕业生由国家分配到用人单位，教育对国家的贡献直接表现在促进政治、经济、文化发展，包括教育促进政治稳固、经济增长、科技进步和文化传承等。在国家利益本位的高等教育与就业关系逻辑下，无论就业者个人，还是用人单位，都必须接受国家行政性指令的统一调配。国家在就业安排上直接干预主导了个人的就业方向，包括就业地域、行业和具体单位等。[①]各项教育政策都坚持国家利益优先取向，大学生就业政策的制定与运行是一种自上而下以政府权威为主导的行为，高校毕业生的个体利益处于服从地位。为了服务国家需要，政府突出“学用一致”“国家统筹”“按需分配”“面向生产”原则，将毕业生配置到国家建设需要的岗位中，就业率和专业对口度高。但随着计划经济向市场经济转轨，这种关系逻辑忽视了社会对人才需求的新变化，毕业生规模和结构与社会经济发展的匹配程度不高。[②]

一、国家利益成为毕业生就业中的首要利益主体

国家利益是国家需求认定的各种客观对象的总和，[③]国家教育利益是为满足国家利益最大化，协调教育资源和教育系统所实行的一系列活动和政策。随着经济体制改革的深入，尽管国家分配的就业制度出现了弊端，但“统包统分”“毕业即就业”的就业模式依旧是这一时期的主要方式。以政府主导毕业生就业，在特定历史时期，为国家输送了大量的紧缺人才。新中国成立后，在现实背景下，坚持国家利益至上，强调“把个人的志愿同祖国的需要统一起来”具有现实的

① 赵晔琴．从毕业分配到自主择业：就业关系中的个人与国家——以1951—1999年《人民日报》对高校毕业分配的报道为例［J］．社会科学，2016(4)：73-84.

② 阮成武，唐菡悄．改革开放以来高等教育与就业的关系演进与逻辑嬗变［J］．教育发展研究，2020，40(21)：1-10.

③ 高兴伟．当代中国国家利益观研究［D］．沈阳：辽宁大学，2012.

必然性,[①]广大青年学生在服从毕业分配上也表现出无比的热情和积极性,国家与个人之间相互呼应、包容合一,在就业方面实现了无缝对接,[②]在一定程度上,确保了高等教育与就业关系的确定性。该阶段,国家利益作为毕业生分配中的主导因素,要求将毕业生分配到国家需要的地方和行业中。

(一)国家需求是毕业生分配的导向

国家需求是从国家的角度和立场出发,将国家利益作为政策制度的根本出发点和归宿应将国家的教育利益作为政府行为和社会管理的基本出发点,坚持国家教育利益优先,当个体教育利益与国家教育利益发生冲突时,坚持国家利益优先,个体利益服从国家利益。教育对国家的贡献,直接表现在促进政治、经济、文化发展的功能上,包括教育促进政治稳固、经济增长、科技进步和文化传承等。这一时期的毕业生分配则是基于国家教育利益至上的毕业生就业模式,以国家主导毕业生就业安排为首要特征。

(二)教育服务于经济发展和国家需要

新中国成立以后的一段时间,我国一直实行计划经济体制。教育的发展规模、教育的类型结构、教育的专业结构等都是在国家的安排和计划下展开的。在计划经济体制下,教育事业发展往往是放置在经济发展的人才需求预测之中的,1985年《关于进行地区人才需求预测和制订十五年教育发展规划工作的安排意见》明确指出,编制教育发展规划不但要考虑实现20世纪末国内生产总值翻两番的需要,还要考虑为21世纪初准备人才,即教育必须适应我国经济和社会发

① 把个人的志愿同祖国的需要统一起来[N].人民日报,1951-07-15(001).

② 赵晔琴.从毕业分配到自主择业:就业关系中的个人与国家——以1951—1999年《人民日报》对高校毕业分配的报道为例[J].社会科学,2016(4):73-84.

展的需要，为实现我国经济和社会发展的长远战略目标服务。[①]改革开放后，经济建设成为党和国家的工作重心，教育事业围绕国家建设，服务于经济发展，奉行"经济优先"战略。在国家集中力量发展经济的战略指导下，在毕业生分配中，对国家急需或特需的部门、单位和岗位给予政策倾斜，重点配置和配备人才。1981年5月，教育部召开全国高等学校毕业生调配工作会议，针对毕业生分配事项提出六条措施，对毕业生和毕业生家长做出规定："所有大学毕业生都要服从国家需要，服从国家分配，哪里需要就到哪里"，"所有大学毕业生的家长都要以国家利益为重，教育和支持自己的子女服从国家分配，不走后门、不找熟人、不递条子、不打招呼"。1981年10月，《高等学校毕业生调配派遣办法》中明确，将毕业生"分配到国家急需，并能发挥其专长的岗位上"，提倡毕业生应该根据国家需要来考虑个人志向，把国家利益、人民利益放在首位。[②]

（三）教育事业为政治利益服务

国家利益涉及国家发展的各个方面，包括安全利益、政治利益、经济利益、文化利益、教育利益等。其中，一定社会群体的成员与全体成员之间在利益实现问题上，以及一定社会群体成员的利益要求与其他社会群体成员的利益要求之间都会存在和发生矛盾。当这种利益实现和利益矛盾的解决需要诉之于政治手段时，政治利益就产生了。[③]可见，政治利益是通过政治权力来实现和分配的利益。德国的教育改革家洪堡从阶级层面分析国家利益中政治利益和教育利益之间的关系，指出即便是内外安全和稳定的政治环境下，统治阶级还要努力发展本国的经济、文化、教育、科技等事务，以巩固自己的经济

① 何东昌. 中华人民共和国重要教育文献(1976—1990)[M]. 海口：海南出版社，1998：2297.

② 今年全国高校将有28万多人毕业　教育部团中央通知要加强毕业生思想教育[N]. 人民日报，1981-05-07(001).

③ 施雪华. 政治科学原理[M]. 广州：中山大学出版社，2001：79.

基础。[①]可见，尽管教育有其自身发展的规律，具有相对独立性，但在国家利益至上的价值取向中，教育事业的发展受统治阶级政治利益的制约。纵观历史发展的脉络，以国家权力支配整个社会运行在西方和东方都出现过，此时国家权力成为社会运行过程中的支配力量。新中国成立后的一段时间，为摆脱一穷二白的现实，实现跨越式发展，以国家行政计划为特点的政治权力和行政管理方式成为发展教育的主导原则。教育的发展规模、教育的类型结构、教育的专业结构等都是在国家的安排和计划下展开的。一段时间里，我国国民经济比例失调，不仅表现在经济内部的农业、轻工业、重工业之间，而且表现在经济建设与文教建设之间。[②]此时，教育与国家之间的关系呈胶合状态，形成一种"同构"状态，这种同构状态的主要原因是计划经济的制约作用以及单位制这种组织形式的强化。[③]

二、政府配置成为主要的利益配置方式

改革开放初期，我国依旧处于计划经济时期，政府在资源配置中起着主导作用。毕业生资源的政府配置是政府以行政计划为主要手段对毕业生资源进行直接配置，将毕业生调度至国家需要的地区、行业和岗位中。作为人力资本重要输出口的高等学校，毕业生分配也由国家统一安排。这一时期，政府根据国民经济发展的情况编制人才需求计划，以此作为招收大学生和分配毕业生的依据。在此过程中，用人单位必须服从国家安排，做好毕业生接收工作。毕业生也将以专业和生源等属性被派送至具体单位，无条件服从分配。与计划经济相适应，高等学校毕业生"统包统分"制度的形成也是必然的。它对国家的兴旺发达和社会主义制度的巩固起了巨大作用。[④]政府

① 威廉·冯·洪堡.论国家的作用[M].林荣远，冯兴元，译.北京：中国社会科学出版社，1998:59-75.

② 何东昌.中华人民共和国重要教育文献(1976—1990)[M].海口：海南出版社，1998:1908.

③ 桑玉成.利益分化的政治时代[M].上海：学林出版社，2002:83.

④ 傅真放.大学生就业指导[M].南宁：广西人民出版社，2002:10.

通过分配的方式主导毕业生就业具有历史的必然性，一方面，十一届三中全会后我国工作重心转到经济建设上来，对人才的需求上升，而面对着专业技术人才的匮乏，国家恢复高考，实行统一招生、统筹分配的方式，将有限的人力资源输送到重要的行业和岗位中，有力地确保了国家建设的需要。另一方面，国家百废待兴，政府调配大学毕业生不仅能将毕业生分配到国家急需的工作岗位上，促进边疆地区、偏远地区、贫困地区政治、经济、文化、教育的发展。同时，还能稳定社会局势，将大学毕业生安排至工作岗位中，既能让青少年知识分子安心学习，又能实现国家统一和社会安定。政府以强有力的手段对稀缺的高校毕业生资源实施计划、动员、调集和配置，在改革开放初期国家经济水平低下的特定历史条件下确保了人才资源，具有积极的和重要的历史作用。

（一）国家主导毕业生分配并成为运行主体

毕业生资源的政府配置模式的重要特点在于充分调动和利用资源，在计划经济时期，国家享有配置权，经济运行中社会各项资源由国家按计划进行统一配置。这一时期，在计划经济体制下，毕业生就业采取由政府全权负责的“统包统分”制度。首先，在分配流程上，主管部门拟定分配计划并下达分配方案→各地政府部门根据方案结合实际调整并下达计划→实施毕业生分配。其次，在分配方式上，由国家全权实施一次分配和二次分配。一次分配由高校直接将毕业生派遣到用人单位；二次分配由高校分配到当地教育局大学生分配办公室，再统一分配到用人单位。再次，在物质保障上，国家依据学历规定了全国统一的毕业生工资收入。实质上，这是以政府行政命令的方式直接确立了高等教育与就业收入间的关联。

（二）“自上而下”的毕业生分配推进路径

这一时期，“统包统分”的毕业生就业制度实际上遵循着“自上而下”的推行路径。“自上而下”是一种从中央到地方、从上级到下级的模式。一方面表现在自上而下的政策制定，这种政策制定模式是指国家的精英集团通过什么样的过程将自己的价值观念和兴趣喜好转化为公共政策。[①]政府通过确定哪些问题被看作公共事务，哪些被视为私人事务，来做出政策选择。[②]由于教育事业被定位为服务于经济建设的重要方式，毕业生分配成为发挥教育促进经济增长作用的重要方式。从中央到地方、从上级到下级的毕业生分配模式最为贴合这一时期国家对经济建设的战略需要。另一方面表现为自上而下的政策落实，即由中央政府部门统一全盘规划，各级各类政府、主管部门开展部署和落实，各大高校负责具体贯彻落实。层层向下，尽管极大地保证了接受高等教育与就业的直接相关性，提升了高等教育与就业的确定性，但难以直接表达毕业生自身的诉求。

（三）高等教育的适应性不足

在计划经济体制下，以人才预测的方式招收高校学生，毕业后通过国家统一分配的方式将高校毕业生派遣到工作岗位上。在国家“统包统分”制度的主导下，国家通过选拔优秀的学生接受高等教育，以“国家统筹”“强调服从”“学用一致”“按需分配”“面向基层”的原则将毕业生分配至工作岗位上。可见，在毕业生分配中，政策制定和实践推进以计划、预测和服从为表征，是以行政指令的方式开展毕业生就业，难以实现毕业生资源的有效配置，同时也无法与毕业生群体开展良性互动，造成目标设定与现实需求偏离，导致人力资本的低效配置。这一点直观地表现在毕业生规模和结构与经济发展速度和产业结构的失衡上，高等教育与就业的社会适应性不足，毕业生就业的效率不足。随着我国经济体制、产业结构、经济结构和人事制度的变化，高等教育与经济发展的失衡现象出现。第一，这一时期三大产业

① 托马斯·R.戴伊.自上而下的政策制定[M].鞠方安，吴忧，译.北京：中国人民大学出版社，2002：5.

② 托马斯·R.戴伊.自上而下的政策制定[M].鞠方安，吴忧，译.北京：中国人民大学出版社，2002：21.

的比重变化与高校毕业生各产业所占比重失调。第二,非国有制企业应运而生,增长迅速,急需大量的知识分子和技术人才加入,而"统包统分"的就业制度依然无法适应需要。1988年第七届全国人大会议通过的宪法修正案,将"私营经济是社会主义公有制经济的补充","国家保护私营经济的合法的权利和利益"等确保私营经济的合法权益的规定首次写入宪法,以私营企业为代表的非公有制企业如雨后春笋般迅速发展起来。第三,经济体制改革必然涉及人事制度变动。1988年《中华人民共和国全民所有制工业企业法》中指出,任何机关和单位不得侵犯企业依法享有的经营管理自主权;不得向企业摊派人力、物力、财力。1992年《全民所有制工业企业转换经营机制条例》进一步明确,企业享有劳动用工权,并规定企业拥有自主决定招工的时间、条件、方式、数量;有权决定用工形式;享有解除劳动合同、辞退职工、开除职工等权利。1994年《中华人民共和国劳动法》明确规定,"劳动者享有平等就业和选择职业等权利"。可见,在用人上企业享有自主权,不仅可以根据公司需要选拔、聘用生产所需的人才,同时可以拒绝不需要、不合适的劳动者。同样,劳动者也可以根据个体意志,拥有自行选择职业、岗位的权利。新中国成立后保持下来的毕业生分配制度显然不适应社会经济发展、产业结构变化、用人需求变动等新情况。

这种以国家利益为本位的高等教育与就业关系逻辑,形成于新中国成立后并延续到改革开放初期。国家主导毕业生分配采取"自上而下"的推进方式,具有高度的计划指令性和行政强制性,无法真正契合用人单位和毕业生的个人意愿,不仅束缚了用人单位的用人机制,也使毕业生难以获得较为有效的分配,造成隐性人力资源浪费,形成了高等教育与就业关系的"确定-不适应性"。①

① 阮成武,唐菡悄.改革开放以来高等教育与就业的关系演进与逻辑嬗变[J].教育发展研究,2020,40(21):1-10.

第二节 市场选择下个体利益本位的高等教育与就业关系逻辑

1992年中共中央提出建立社会主义市场经济的目标，经济领域、政治领域和科技领域都开始深化改革，1993年《中国教育改革和发展纲要》对教育体制改革作出规定，指出要“初步建立起与社会主义市场经济体制和政治体制、科技体制改革相适应的教育新体制”，明确了办学体制、管理体制、招生就业体制等方面的改革方向。在毕业生就业体制上，1996年《国家不包分配大专以上毕业生择业暂行办法》的出台，结束了国家主导分配的毕业生就业制度。为适应经济体制改革进程的要求，国家在毕业生就业中发挥政策引导，引入市场配置，以社会需求为基础提高毕业生就业的适应性。随着我国市场经济的建立，毕业生就业也逐渐走向市场，高等教育与就业的关系走向“确定-适应性”形态。此阶段的关系内涵表现在两个方面：一方面，“确定”体现了教育对个体发展的作用，接受高等教育能更好地实现个体劳动就业，更有可能实现职业与专业的匹配。这种“确定”不同于以往计划经济下行政命令带来的明确和一致，而是由于市场对高素质人才的需求缺口较大，在供不应求的背景下，大学毕业生的就业率和专业对口度两项指标都处于较高水平，形成了“确定性”特征。另一方面，“适应性”表现在高等教育的宏观发展规模与社会经济发展规模的贴合上。相较于上一阶段的“不适应性”，在市场经济逐步建立的背景下将供需双方的利益诉求纳入考量，以经济发展速度来确定高等教育的发展规模，能在一定程度上确保高等教育与就业的适应程度。可见，“确定”和“适应性”的形成是市场经济建立初期产生的暂时性表征，这种关系的形成与市场经济建立、社会需求变化、教育改革深入联系紧密。

与国家本位相对应的个人本位也是一种教育价值取向，要求以个人价值为中心，根据个人自身完善和发展的精神性需要来建构教育活动和出台教育政策。[①]教育利益的个人本位以个人价值的实现为核心,重视个人权利的彰显,关注个人利益的达成,强调个人需要、个人兴趣、个人发展。为实现自身的发展、完善和幸福,个体选择接受教育,以充分挖掘自身潜能,完成个体价值的实现。1996—2001年,随着市场经济体制的逐步建立,高校毕业生就业由"统包统分"转为"供需见面,双向选择"并走向"自主择业",高校毕业生成了人才市场的独立主体,具有自由选择、个体自主的就业制度空间,本质上是对个体利益的尊重和彰显。这种对个体利益的尊重和彰显并不意味着不考虑社会发展需要,更不是把教育的个体利益与社会利益完全对立,[②]而是与社会发展和国家利益的兼容与分享。这种通过市场选择实现个体利益的高等教育与就业关系逻辑,提高了个体在高等教育与就业关系中的主体地位,激发了人的主体性和内生动力。"自主择业"正是市场经济下用人单位和毕业生自由平等地相互选择与匹配,毕业生作为人才市场主体,行使个体择业的权利,享有公平有序的就业机会和就业环境,相应地提高了高等教育与就业关系的确定性。[③]

一、市场配置成为主要的利益配置方式

政府配置和市场配置是资源配置的一般方式,其中,政府配置是政府采用行政计划的方式对资源进行直接配置,市场配置则是以市场机制作为资源配置的基本手段。毕业生资源的市场配置是指引入市场机制来调节高校毕业生就业,以市场经济和自由竞争为基础,特定的主体(如企业)在某个特定地区在市场机制的调节下,根据资源禀赋以及资源外部性、规模外部性等因素自行调整(如企业调整建厂

① 扈中平.教育目的中个人本位论与社会本位论的对立与历史统一[J].华南师范大学学报(社会科学版),2000(2):87-94.

② 杨建朝.教育目的实现基点:儿童的具体生命——兼论教育个人本位与社会本位的统一[J].教育理论与实践,2012,32(7):8-11.

③ 阮成武,唐菡悄.改革开放以来高等教育与就业的关系演进与逻辑嬗变[J].教育发展研究,2020,40(21):1-10.

投资位置、规模、行业),以适应市场规律。[①]这种市场配置在毕业生就业中表现为在特定地区以用人单位和大学生为代表的供需双方根据市场因素自行开展选择,实现就业匹配。在市场经济体制逐步建立后,大学毕业生分配体制转型,市场作用显现。

(一)重塑毕业生就业市场的需求主体

高等学校作为人才培养的主阵地,应为社会培养所需的人才。上一阶段,在百废待兴的现实要求下,社会对高等教育提出“多出人才”“快出人才”的时代需求。国家统一选拔、招收大学生,再统一将大学生分配到国家、人民需要的岗位上,是新中国成立后的历史选择。但在市场经济逐步建立和产业结构调整的大环境下,各行各业对高素质人才的需求增加,以国家主导、统一分配的毕业生就业体制不再适应社会各界求贤若渴的状态。以“供需见面,双向选择”为主的毕业生就业制度确定的过程,也是塑造毕业生就业需求主体——用人单位的过程。一方面,用人单位对用人自主权的渴求上涨。早在1993年劳动部印发的《关于建立社会主义市场经济时期劳动体制改革总体设想》中,就提出培育和发展劳动力市场体系,要求采取渐进方式对传统的固定工制度进行合同化管理。随着国有企业改革的推进,扩大企业用人自主权,根据企业经营和经济利益自行决定聘用或辞退职工,确立企业的用工主体地位。同样,非国有企业的迅速发展,社会用人需求进一步增加。事实上,非国有企业成立初期就必须通过自行招聘的方式招聘劳动力,这与市场经济的原则不谋而合。另一方面,高等教育体制改革,也要求高校主动适应经济和社会发展,为社会培养更适应的高级专门人才。因此,发挥市场在毕业生就业配置中的基础性作用,构建与社会主义市场经济体制相适应的毕业生就业制度,就必须重塑用人单位在毕业生招聘上的主体地位。将选人用人权归还给需求主体是市场经济的基本要求,这一举措进

① 牛旻昱,钟坚,钟无涯.行政垄断、市场配置与中部地区制造业地理集聚[J].当代财经,2014(3):99-110.

一步巩固了教育与就业关系的确定性和适应性。

(二)兼顾不同利益主体的利益诉求

毕业生是大学生就业的当事人,用人单位是市场需求主体,是毕业生就业的主要利益相关者。在“供需见面,双向选择”的毕业生就业制度下,就业的达成与否直接由毕业生和用人单位协商决定,是兼顾供需双方利益诉求的就业方式。首先,用人单位的基本诉求。实现盈利是企业经营的基本目标,而人才是确保企业获取利润、实现盈利的智力保障。在人力资本理论的指导下,受过高等教育的大学毕业生,拥有深厚的专业知识和先进的管理理念,能运用其身上凝结的知识和技能存量,有效地促进企业发展。由此可见,高素质人才是用人单位实现发展的智力保证。企业发展关键在于人才,高校毕业生便成为用人单位的首选,因此用人单位对毕业生的需求上升。其次,高校毕业生的基本诉求。就业是民生之本,实现就业是毕业生满足物质需求和精神需求的统一。通过就业,获取收入,满足生存需要,毕业生最终也可以通过就业获得额外的满足,实现自我价值。1998年一项针对毕业生就业观的调查显示,超过半数(51%)的调查对象表示更希望自由选择职业,有大学生表示自由选择的就业方式能够使大学生的愿望自由实现,而且更能充分体现个人的能力,更能找到符合个人兴趣的单位,更能发挥主观能动性干好自己的本职工作。①在双方的利益诉求下,用人单位有选聘毕业生的需求,毕业生有获取就业机会的需求。双方同时有自由签订就业协议、实现选择自由的诉求。因此,双方在实现自由就业选择的基本诉求一致的情况下,实现了不同需求的统筹。

① 黄德平.当代大学生择业就业观的调查与思考[J].广西大学学报(哲学社会科学版),1998(5):83-86.

（三）市场调节促进毕业生资源的有效配置

市场调节是以供需为前提来实现劳动力分配的经济运行方式，有助于提高资源的配置效率。亚当·斯密将市场调节社会资源的作用直观描述为我们所持的猪肉、面包、牛奶等并不是靠指令或其他人的恩赐得来的，而是市场这只“无形的手”，是价格信号的指令，驱使具有个人利益的屠夫、面包师、牧场主等根据他们自己的需要而生产出来的。[①]个体因追求个体利益开展的行为能满足社会需要，从而使社会利益得以间接实现，使社会资源进而得到有效的配置。市场调节毕业生就业则是指由市场对大学生需求和高校毕业生供给变化加以调节。计划经济体制下，政府以行政垄断的方式完成大学毕业生与社会的对接，其间，政府为了经济发展通过行政手段对毕业生进行分配，限制毕业生自由流动。伴随着社会主义市场经济的建立，特别是伴随着国有企业改革、非国有企业迅速发展，国家主导毕业生就业分配的管理模式退出历史舞台，国家对个人的庇护开始弱化，个人也从传统的依附、服从国家的就业安排转变为更加适应市场变化的自主角色。[②]自“不包分配”毕业生就业政策的出台，市场逐渐在毕业生就业中发挥配置作用。正是市场对毕业生资源的配置，改变了毕业生长期由国家分配的局面，满足了经济发展中不同经济主体对高素质人才的需求，进一步提高了高等教育与就业的确定性和适应性。

二、个体利益凸显为毕业生就业中的重要利益主体

个体利益是满足个人需求，实现个人价值的总称，是重视个人权利的彰显，关注个人利益的达成，确保个人价值的实现，它强调个人需要、个人兴趣、个人发展。为实现自身的发展、完善和幸福，个体选

① 亚当·斯密.国民财富的性质和原因的研究[M].郭大力，王亚楠，译.北京：商务印书馆，1972：14.

② 赵晔琴.从毕业分配到自主择业：就业关系中的个人与国家——以1951—1999年《人民日报》对高校毕业分配的报道为例[J].社会科学，2016(4)：73-84.

择接受教育，以充分挖掘自身潜能，完成个体价值的实现，保障个人利益的达成。虽然实现个体的利益和价值是教育活动的出发点，但并不意味着不考虑社会的发展和需要，也没有把教育的利益与社会利益完全对立，[①]而是将个体利益与社会发展相统一。因此，教育应当彰显“人”的价值，使“人”真正成为教育的价值取向，尊重每位学生的选择。而在长期的计划经济下，教育方针体现出明显的国家意志，高等教育的定位是培养高级专门人才，直接服务于国家建设，毕业生由国家统一分配，以实现国家利益的最大化。但随着社会主义市场经济体制的建立，自由平等地参与市场竞争要求实现“人”的解放。以往教育追求更多的是学生毕业后专业化的社会功用，而忽视了对学生个人本身的完善和发展需要的满足，无法适应市场经济的发展。从“供需见面，双向选择”到“自主择业”，都是市场经济下，毕业生作为劳动力市场的主要参与者，自发地参与竞争，履行个体择业的权利，实现个人利益，彰显个体价值的就业制度模式。为充分展现毕业生的个人素质和才能，彰显个人意愿，在市场经济下，以“双向选择，自主择业”为主要方式，引导毕业生寻找自身利益与国家利益的契合点，在国家建设中实现个人追求。

（一）市场经济彰显出个体利益

市场激励机制不仅有助于促进技术进步，提高生产力，加速经济发展，同时市场经济对个人权益的尊重和保护为人们合理追求利益提供了可靠的途径。表现为市场经济允许个人自由追求自己的偏好及发挥个人的知识与技能，又有益于平等人格、自由自主精神的培育。[②]教育除了具有为社会经济结构服务，为社会培养劳动力，以维系社会生产的延续和发展的重要功能外，[③]同时也是实现个体自由而

① 杨建朝.教育目的实现基点：儿童的具体生命——兼论教育个人本位与社会本位的统一[J].教育理论与实践，2012(19)：8-11.

② 桑玉成.利益分化的政治时代[M].上海：学林出版社，2002：68.

③ 林崇德.教育与发展：兼述创新人才的心理学整合研究：修订版[M].北京：北京师范大学出版社，2013：20.

全面发展，彰显个人价值和实现个体利益的重要途径。可见教育既要发挥维系社会运行、推进社会变革、推动社会进步的作用，也必须强调其实现个体发展的功能。毕业生就业由国家统一配置到供需双方协商解决，实现就业的自由匹配，是计划经济向市场经济转轨的必然选择，更是承认和尊重个体选择，追求个人价值的现实表现。

（二）毕业生就业由国家整合到个人意愿

毕业生就业由“统包统分”到“供需见面，双向选择”是由国家利益整合转向个人意愿的彰显。“供需见面，双向选择”的毕业生就业制度的提出，将国家主导毕业生就业转变为遵从毕业生个体意愿，由毕业生个体参与劳动力市场竞争，在市场调节下完成用人单位选人和毕业生择业匹配。在毕业生就业制度转变过程中，国家对个人的庇护开始弱化，个人也从传统的依附、服从国家的就业安排转变为更加适应市场变化的自主角色，[①]毕业生个体意愿得到遵从，个人价值得以彰显。个体需求和个人利益是“供需见面，双向选择”的毕业生就业制度制定的主要出发点，这与个人本位的教育价值取向一致。在这一政策落实和价值取向下，毕业生是以自由选择、自行择业的方式联系社会，完成工作搜寻。个体意愿、自由选择被视为毕业生就业的首要考虑因素。为实现协调发展，国家出台了鼓励高校毕业生面向基层、面向非公有制经济就业的政策，如：对赴偏远地区就业的高校毕业生实施减免学费、偿还贷款、免交费用等支持性举措；对在非公有制经济行业就业的毕业生放宽户籍审批条件、缴纳社会保险费用等。但这一系列的政策多是引导性的措施，旨在引导毕业生加入基层和非公有制企业。因此，从“供需见面，双向选择”到“自主择业”，明显能看出，在毕业生就业政策的制定中个人利益逐步成为重要的利益主体，并不断受到重视。

① 赵晔琴.从毕业分配到自主择业：就业关系中的个人与国家——以1951—1999年《人民日报》对高校毕业分配的报道为例[J].社会科学，2016(4)：73-84.

(三)在社会建设中实现个体价值

教育价值是教育作为客体对教育主体需要的满足关系,由于教育实践主体对教育客体的需求不同,表现出教育主体的不同教育价值选择和价值取向。[①]教育的个体价值是指教育促进个体发展的价值,主要表现为教育促进人的全面发展的价值。马克思主义的全面发展是人的自由而全面的发展,是在劳动中实现体力和智力的充分运用与发展,实现其在充分发展基础上的完整结合。劳动是实现全面发展的根本途径。我国毕业生就业制度由过去强制性政府选择演变为政府选择和市场选择并存,[②]是我国社会主义市场经济发展的要求。由"供需见面,双向选择"到"自主择业"的毕业生就业政策,实际上是政府在市场导向的用人机制下为高校毕业生就业做出的制度安排。长期以来,我国将教育定位于为经济建设服务、为现代化建设服务,是服务于国家发展这一主题的。而个人本位的价值观以满足个人需求为导向,围绕个人兴趣、需要和发展来实施教育活动。立足于个人,张扬个性固然是首要任务,但个体的成长需要社会提供条件和养分,正如马克思所言,人是"历史的""社会的"人,不存在孤立的、单独的个体,人是最名副其实的政治的动物,不仅是一种合群的动物,而且是只有在社会中才能独立的动物。[③]因此,实现个人价值,确保个体利益的达成,社会主义者往往主张以集体的能力建设实现对个体权利的保护。[④]在市场配置人力资源的大环境下,面对基层落后的发展现状和人才短缺的矛盾,国家作出制度设计,连续颁布多项支农、支边、支教政策,以政府调控的手段引流毕业生,试图在追求社会利益的同时促进个体利益的实现,在社会福祉中实现个体价值追求。如1996年《关于组织经济较发达地区与经济欠发达地区开展扶贫协

① 杨志成,柏维春.教育价值分类研究[J].教育研究,2013,34(10):18-23.

② 周建民,李晓靓,郑虹.我国"市场导向"高校毕业生就业政策的形成与启示[J].沈阳教育学院学报,2007(5):20-24.

③ 马克思恩格斯文集:第八卷[M].北京:人民出版社,2009:6.

④ 齐延平."个人本位"与"类本位"张力中的人权观[J].政法论坛,2018,36(6):3-12.

作的报告》中指出，加大对贫困地区的扶贫开发力度，并将帮助贫困地区培训和引进人才作为扶贫协作的第一项任务。为此，国家出台了一系列的措施来引导毕业生向民族地区、西部地区和贫困山区流动。同时对于响应国家号召，赴基层就业的毕业生，可以享受同等条件下晋升中高级职称时优先评定、报考公务员可以适当增加分数优先录用；到西部或艰苦地区服务两年以上的毕业生同等条件下享受优先录取研究生等政策的出台，正是政府引导毕业生在社会建设中实现个体价值的举措。

应当说，这一阶段高等教育与就业关系呈现出“确定–适应性”。一方面，这是进一步迈向市场经济所释放的巨大经济社会活力的结果。另一方面，社会主义市场经济体制初步建立和现代化建设迈出新的步伐，带来产业结构的深刻调整和经济社会发展对人才的旺盛需求；同时，也是贯彻“必须坚持教育为社会主义现代化建设服务，与生产劳动相结合，自觉地服从和服务于经济建设这个中心，促进社会的全面进步”的教育方针，高等教育深化自身结构和体制改革的成果。在此背景下，高等教育初步建立与市场经济相适应的“供需见面，双向选择”的就业体制机制。然而，市场不是万能的，完全依赖市场不可能保障高等教育与就业关系“高确定–高适应性”的持续稳定。况且，市场的固有特征是不确定性，并存在市场失灵的风险性。具体而言，这一阶段高校毕业生就业率由此前的100%降到了80%以下，并一直在75%徘徊，意味着有25%的毕业生未能通过市场实现初次就业。因此，这一阶段高等教育与就业关系的“双高”水平只是相对的。基于此，国家在此阶段开始启动高校毕业生就业组织管理和指导服务工作，并启动大学生西部就业计划、免费师范生和国防生计划、选拔毕业生到基层“三支一扶”计划等，通过发挥政府行政职能和公共资源的作用，以克服市场选择的失灵与缺位，增强高等教育与教育关系的确定性和适应性。①

① 阮成武，唐菡悄．改革开放以来高等教育与就业的关系演进与逻辑嬗变[J]．教育发展研究，2020，40(21)：1–10.

第三节 国家利益驱动与市场选择失调的高等教育与就业关系逻辑

2002—2006年，高等教育与就业关系出现适应性与确定性的“双低”局面，一方面是就业率持续下降，另一方面是就业匹配度走低。随着改革开放的深入，2000年后我国GDP以超过8%的增速上涨，直到2008年后才有所放缓。然而，20世纪90年代末受亚洲金融危机的影响，出口、投资持续低迷，扩大内需成为拉动经济增长的当务之急，而教育是这一时期民众最大的内需。为保持经济的迅速增长，在扩大内需、刺激经济发展的国家利益驱动下，在教育领域，面对高校招生规模远低于同期发展中国家水平及国内民众通过教育改变命运的内在需求，党中央决定于1999年开始高校扩招，把扩大民众教育消费列为2000年经济工作的重要任务之一，以实现“拉动内需、刺激消费、促进经济增长、缓解就业压力”的目标。同时，在城镇下岗失业人员再就业、城镇新增劳动力就业、农村富余劳动力转移就业、退役军人再就业、初高中毕业生就业等多方矛盾交织的困局下，劳动力市场供需矛盾突出。2006年劳动保障部统计全国城镇登记失业人数为847万人，登记失业率4.1%。全年城镇需要安排就业的劳动力总量达2500万人，而当年国家只能拿出1100万个就业岗位，劳动力供大于求的差额在1400万人左右，较2005年增加100万人。[①]可见，供需不平衡状况严重，劳动力供大于求，压力进一步加大，社会吸纳就业能力下降。而扩招带来毕业生的大量增长，打破了原有的市场平衡。高等教育与就业的关系走向“不确定-不适应性”形态，这一关系蕴含着两层含义。一方面，“不确定”表示高等教育在个体发展中不确定，即接受高等教育与否对劳动者就业并无明显的帮助和提升，高等教育对个体就业行业和岗位的指向性不明确。另一方面，“不适应性”表示高等教育与社会经济发展规模和产业结构不适应，即高等教育人才培养和服务社会的职能要求高等教育为社会培养合适的人才，但

① 就业形势今年仍不容乐观[N].中华工商时报，2006-02-14(003).

在社会供需矛盾压力下，高等教育在规模和结构甚至质量上都存在着与社会需要不匹配的情况。

随着我国高等教育步入大众化阶段，毕业生规模迅速上涨的同时，社会剩余劳动力也在增加。社会总体对人才的需求处于供大于求的状态，促使高等教育从以往绝对的卖方市场逐步向相对的买方市场过渡，高等学校招生和培养依旧采用计划的管理模式，而大学生就业却走向市场。在社会供需矛盾和教育体制不畅的双重压力下，高等教育与毕业生就业处于“不适应”且“不确定”的关系中。

一、国家利益驱动下的高等教育规模扩张

国家利益驱动是指在一定的社会背景和条件下，国家形成自己的利益取向、利益选择、利益判断、利益参与和利益获得，以此开展利益行为。在毕业生就业体制改革的进程（从1996年《国家不包分配大专以上毕业生择业暂行办法》标志着我国统包统分的毕业生就业体系的瓦解，到“供需见面，双向选择”的毕业生就业体制的探索，再到“自主择业”的毕业生就业体制的最终形成）中，市场对资源配置的作用与能力进一步加强，尽管国家结束了对毕业生就业的直接管理，但国家对高校招生进一步地统筹和管理，以高校扩招为主要方式的政府行政计划命令进一步强化了国家利益，是国家拉动内需、刺激消费、促进经济增长、缓解就业压力的利益诉求。然而现实中大规模的高校毕业生突然涌入劳动力市场，导致市场中供需矛盾强化，进一步加剧了毕业生就业的严峻形势。

（一）高校扩招的计划性和迅速性

我国自1999年开启高校扩招后，2002—2006年毕业生每年平均以29.63%的增速增加，其中2003年的增长率达40.39%。在毕业生规模迅速上涨的同时，社会剩余劳动力也在增加。加上国有企业改革、城镇剩余劳动力转移等背景，社会总体对人才的需求处于供大于求

的状态，毕业生就业形势日趋严峻。纵观我国高等教育规模扩张的历史，从1999年《面向21世纪教育振兴行动计划》提出，到2010年高等教育毛入学率达到适龄青年的15%，到2012年《全面提高高等教育质量的若干意见》指出今后公办普通高校本科招生规模将保持相对稳定。高校扩招最为直观的影响是大学生人数的增多，尽管对我国教育事业的发展产生了积极的影响，但突然的高校扩招在大学本身未充分准备和市场需求不足的条件下，无疑给毕业生和社会带来了一些负面影响，如高校教学资源不足、大学毕业生的就业日益艰难等。随着社会主义市场经济的推进，市场在资源配置中的基础性作用建立，政府以宏观调控的方式出台促进政策，来引导毕业生就业。在尊重市场规律下，尽管国家从规范就业市场、提高教育质量、扩大就业容量等多渠道加强了政府的宏观指导，但在人为的高等教育规模扩张下，依旧引起了毕业生就业的不适。

（二）高校扩招引起市场对毕业生的暂时性消化不适

在完全竞争的市场经济环境下，市场配置社会资源，以利益驱动原则而做出的各类社会决策，很难使供求结构始终保持平衡。马克思曾指出，个别工厂中生产的组织性和整个社会中生产的无政府状态之间的对立，[①]反映出市场本身无法在宏观层面上决定社会的总量，市场的供求平衡更多的是出现在微观层面上。因为微观有序而宏观失序是市场配置资源的固有弊病。[②]这一时期建立了以市场为导向的毕业生就业机制，但市场无法及时应对扩招后带来的毕业生人数的急剧上涨，引起市场对毕业生就业的暂时性消化不适。随着市场经济体制的建立，毕业生就业走向市场，短时间内市场无法消化扩招后的大量毕业生，加剧了毕业生就业压力，高等教育与就业的关系呈现出不适应性和不确定性。

1999年高校扩招后，高等教育规模迅速上升，伴随着我国步入高

① 马克思恩格斯全集：第二十六卷[M].北京：人民出版社，2014：291.

② 桑玉成.利益分化的政治时代[M].上海：学林出版社，2002：73.

等教育大众化阶段，高校在校生和毕业生人数上升，大量的毕业生涌入劳动力市场，短时间内无疑加大了劳动力市场的就业压力。大量的研究都证实了扩招对大学毕业生的就业具有一定的负面影响，[①]但这种不利影响是有限的，在长期内，经济增长会带来就业岗位增加、产业优化升级对人才的需求增加。积累更高质量的人力资本，满足经济发展对人才的需求，是解决总量矛盾和结构矛盾的有效措施，扩大高等教育规模实际上是为即将到来的产业升级做准备，这是符合教育活动和人才培养长期性特征的。从长远看，"上大学"依旧是不错的选择，[②]既有利于个体价值的实现，又有益于社会增值的达成。为此，高等教育扩招具有必然性和合理性。但是短期内，在制度不健全、市场机制不完善的前提下，迅速扩大高等教育规模，势必引起劳动力市场的不良反应。高等教育对个体就业的不确定性增加。高校扩招在实践中呈现出一些弊端，如教学条件和师资不足。生师比增长过快，加大了高校教师负担，生均教育资源下降，影响了人才培养质量。统计显示，2005年湖北省高校在校生与1998年相比增加了4.2倍，教师却只增加了2.1倍，生师比由11∶1增长至17∶1。[③]同时，长期以来我国处在计划经济体制下，高等教育专业结构、学科结构和人才培养模式滞后，难以适应劳动力市场需求的变化。扩招对教学资源、师资队伍、教学过程等方面提出新的要求，对高校教学质量和教育水平带来新的挑战。

二、毕业生资源配置引起利益分化下的市场失灵

市场经济下，市场在资源配置中有着基础性的作用。而市场机制本身的缺陷和我国市场经济建立初期，在市场导向的毕业生就业中出现了市场无法有效地配置毕业生资源，即毕业生资源配置中的

① 吴要武，赵泉．高校扩招与大学毕业生就业[J]．经济研究，2010(9)：93-108.

② 常进雄，项俊夫．扩招对大学毕业生工资及教育收益率的影响研究[J]．中国人口科学，2013(3)：104-111，128.

③ 夏斐．理性客观看待大学扩招[N]．光明日报，2008-12-10(002).

市场失灵的问题,表现为毕业生就业率下降、毕业生对口度下降、毕业生规模和结构与经济发展规模和结构的匹配性降低。究其原因,在市场经济体制下,市场本身不仅不能解决失业、公平、稳定等社会问题,同时也无法有效地提供社会必要的公共产品。在以国家利益驱动的高等教育规模扩张下,和以市场调节为基本方式的大学生就业的现实矛盾下,毕业生就业出现困境。

(一)市场机制不能规避失业问题

现代汉语词典将“失业”定义为:有劳动能力的人找不到工作。这就是具有劳动能力并有就业意愿的劳动者找不到工作,无法实现劳动者与生产资料相结合的现象。可见,失业现象的界定包括三大内容:劳动者具有劳动能力,劳动者有就业意愿,劳动者没有工作。“失业”(Unemployment)最初出现在经济学的研究中,在西方经济学中将“失业”分为自愿失业与非自愿失业。两者是根据个体主观上愿意就业与否来区分的。其中,自愿失业是指基于劳动者个体自身的主观意愿而造成的失业情况,是因为个体主观不愿意就业而导致失业,这种情况是无法通过公共政策手段来消除的;非自愿失业是指排除掉个体主观不愿意的情况,个体具有劳动能力也愿意开展社会劳动和接受现有的工资待遇、管理制度等,但依然无法找到工作的现象。这种失业更多的是由客观因素造成的,是可以通过公共政策工具来消除的。经济学领域中的非自愿失业包括摩擦性失业、结构性失业、周期性失业和季节性失业。而摩擦性失业、结构性失业因其不可避免的性质而被称作自然失业。其中,摩擦性失业是由于资源配置比例失调等,劳动者从一种生产活动转移到另一种生产活动时产生的时间和空间的滞后而引发的失业。在这种失业形式下,不一定存在工作岗位的缺乏,更多的是劳动者和岗位在时间和信息上的连接不足。结构性失业是由于经济结构和劳动力结构不对应而形成的工作岗位与劳动者文化技术水平不相适应所产生的失业问题。在这种失业形式下,社会经济结构发生变化,从而使劳动力的供给和需求在职业、技能、产业、地区分布等方面产生了不协调，引发失业。萨缪尔森曾表示，市场的不完全性与结构变化是引发结构性就业矛盾的主要因素。随着科学技术的进步和新旧产业和行业的更替，一些被传统行业淘汰出来的劳动者会因技能上的差异或不足不能被新行业雇用，因而成为失业人员；与此同时，存在一些新兴行业又因需要劳动者，但找不到能够胜任的劳动者的情况，长此以往，就造成“失业”与“职业空缺”并存的结构性失业。[①]托宾指出，社会上的劳动力市场被分割为行业性、地区性的多个局部市场，并没有形成一个统一的整体，各劳动力市场之间是有差异和难以代替的，诸多“壁垒”的存在必然会引发一定程度的失业。[②]可见，由于经济活动的发展性和动态性，市场机制本身不能消除失业，因此，正常的经济发展不可能消除摩擦性失业和结构性失业，所以这两种失业合并起来被称为自然失业。[③]失业下利益迅速分化，不同的利益主体在社会失业现象中产生利益矛盾，如何协调这一利益矛盾成为社会必须面对的问题。这种协调过程所产生的摩擦不能由市场调节，而只能由代表社会公共权力的政府来调节，[④]由此可知市场机制无法规避失业，市场失灵也是无法避免的。

毕业生就业与社会经济发展密不可分，大学生就业是社会就业的一部分，也存在着摩擦性失业和结构性失业等自然失业问题。大学生摩擦性失业主要表现为毕业生因为季节性或技术性原因，在不同的工作中进行转移的过程中，引发的失业现象。大学生结构性失业主要表现为在社会经济结构（包括产业结构、行业结构、产品结构、地区结构等）下所提供的工作岗位和高校培养出的毕业生所具备的能力水平（包括知识、技能、素质、观念、区域、性别和年龄分布等）不能相互适应，产生的毕业生供给和劳动力市场需求不匹配，由此引发的各类就业矛盾、问题和冲突。因此，在我国供给侧结构性改革的大

① SAMUELSON. Foundations of economic analysis[M].Beijing:China Social Sciences,1999:18.

② 詹姆斯·托宾．十年来的新经济学[M].钟淦恩，译．上海：商务印书馆，1980:16.

③ 蔡昉，都阳，高文书．就业弹性、自然失业和宏观经济政策——为什么经济增长没有带来显性就业?[J].经济研究，2004(9):18-25,47.

④ 桑玉成．利益分化的政治时代[M].上海：学林出版社，2002:73.

背景下，大学生结构性就业问题直接表现为“大学生就业的结构性失衡”。现阶段，我国大学生就业的结构性失衡包括：行业结构性失衡、专业结构性失衡、层次结构性失衡、区域结构性失衡、观念结构性失衡和性别结构性失衡等。[①]因此，自然失业是一种持续存在的现象，是市场机制本身不能解决的问题。计划经济体制下，毕业生就业采取“统包统分”的方式，这一时期不存在劳动力市场，政府行政计划配置着毕业生就业。而市场经济体制的建立，经济的迅速发展对高素质人才的诉求上升，随着改革开放的推进，一方面国家单位逐渐在市场经济中失去了比较优势，国有企业改革开始削减冗员，大量国企职工处于下岗、失业或待就业状态；另一方面，面对人才的紧张，高校开启大规模的扩张，大批量的高校毕业生涌入市场。此时，虽然市场经济体制逐步建立，劳动力市场有了长足的发展，但供求关系的迅速变化，市场无法及时适应这一变化，加上市场信息、职业介绍和职业培训等劳动力市场服务也不完善，仍然不能适应重新配置毕业生资源的需要。由此产生自然失业，并在时间上得以延续，是市场固有的特征和缺陷。

（二）市场机制无法有效提供准公共产品

公共产品是在消费上具有非排他性和非竞争性的产品或服务，即生产者提供或生产该物品的目的并不在于营利，而是让更多的人受益，甚至是由全民共享；在消费上不同的消费主体能实现共同消费的产品即为公共产品。相对地，私人产品是在消费上具有排他性和竞争性的产品，即生产者基于能够通过市场机制来提供和调节，某一物品被一主体消费了，另一主体则不能再消费，同时在获取和消费该产品时能产生竞争的产品即为私人产品。而那些介于公共产品和私人产品之间的产品和服务则称为“准公共产品”。可见，准公共产品是具有有限的非竞争性或有限的非排他性的公共产品。教育具有准

① 曹洪军.普通高校本科毕业生就业的专业结构性矛盾研究[D].徐州：中国矿业大学，2011.

公共产品性质，具有部分非排他性和非竞争性。为实现社会利益最大化，实现和保障教育公平和社会公平，政府必须参与提供教育，教育的供给和生产应采取政府和市场共同分担的原则，甚至应该在教育资源的配置中起主导作用，即教育作为准公共产品本身不能完全按照市场价格机制予以配置，而应充分考虑政府的积极作为来配置。然而，政府在教育资源配置中起主导作用，并不意味着全盘否定市场机制在教育中的作用，更不是政府全盘独断或控制教育事业，也是有别于计划经济体制下的国家行政命令和制度安排的。市场机制在教育中，尤其在高等教育领域中的作用主要表现为办学体制的多元化、建立教育成本分担制度、学校资源配置的市场化和教育服务面向社会发展和劳动力市场。[①]教育事业的教学内容、教学手段都应映射出市场经济的需要，尤其是在高等教育阶段高校招生数量和结构、专业设置和目标定位、培养方式和教学内容等都要符合社会发展及劳动力市场的需要，也受社会发展需求的调节。“自主择业”的毕业生就业制度的建立便是高等教育适应劳动力市场的要求。

然而，在高校扩招的大背景下，一时间大学毕业生规模迅速上涨，超过了市场对大学生的需求能力，出现了劳动者的受教育程度与从事工作岗位的要求不协调的情况，由此产生的毕业生就业难，甚至毕业生失业的现象，是一种“教育性失业”。教育性失业又称知识性失业，是指受教育者的供给超过了需求，[②]出现大学毕业生就业难度增加的情况，即一部分受过相当教育的知识劳动者找不到工作或屈身做原来较低文化程度的人所从事的工作。[③]乌尔里希·泰西勒教授认为，教育性失业可以更为直观地表述为：“我们的毕业生太多或者太少了吗？”“有多少人没有按照其教育水平就业？”[④]教育性失业实际

① 袁连生.论教育的产品属性、学校的市场化运作及教育市场化[J].教育与经济，2003(1)：11-15.

② 赖德胜，田永坡.对中国“知识失业”成因的一个解释[J].经济研究，2005(11)：111-119.

③ 马静玉，王均龙.成人教育如何有效地防治知识失业[J].中国成人教育，1997(9)：14.

④ 乌尔里希·泰西勒，张怡真.高等教育和毕业生就业：变化的条件与挑战[J].北京大学教育评论，2019(3)：14.

上就是教育与工作不匹配所产生的矛盾。探析这一时期教育与就业不匹配的深层缘由，在于国家利益和政府行政命令下的高校招生和市场选择下的毕业生就业无法形成有效的连接，违背了按照市场规律配置劳动力资源的客观要求和规律。在国家利益、社会利益和毕业生个体利益的分化下，这一时期高校招生的计划性和毕业生就业的市场化的尝试致使毕业生就业中的市场失灵。高等教育与就业的适应性和确定性进一步降低，出现“不确定性”和“不适应性”的关系状态。

（三）强化了毕业生就业中的市场竞争

随着市场经济体制的建立，毕业生就业的市场机制正逐渐形成，即将高校毕业生与社会劳动力存量引入市场，共同参与市场竞争，实现劳动力的自由匹配。在这一过程中，企业作为用人主体、劳动者作为择业主体的地位基本确立，[①]市场中的劳动力存量调整直接通过市场实现。而市场竞争是市场经济的基本特征，随着市场在人力资源配置中的基础性作用的确立，市场对毕业生就业具有重要的调节作用，劳动力市场竞争机制逐渐成为毕业生就业制度形成和发展的主要推动机制。首先，劳动力市场中的应聘者成为毕业生就业中市场竞争的主体。市场竞争是剔除政府因素状态下以市场运行机制为主要法则的一种竞争行为，[②]在不考虑时空因素的情况下，毕业生就业在主体层面的竞争分为大学生内部群体竞争和外部参与者竞争两大类。前者是在大学生群体内部间的竞争行为，其竞争对象包括不同专业大学生、不同层级大学生、不同地区大学生、不同性别大学生；后者则是在社会岗位需求有限的条件下，除大学生外的社会劳动力，主要有城镇剩余劳动力、再就业人员、回国就业人员、国外应聘者。竞争内容都是稀缺的社会岗位。其次，实现人才资源的合理配置是毕

① 刘素华，苏志霞．劳动就业制度改革三十年回顾与展望［J］．河北师范大学学报（哲学社会科学版），2009（2）：30-33.

② 罗富政．政府竞争、市场竞争与区域经济协调发展［D］．长沙：湖南大学，2016.

业生就业中市场竞争的目标。合理配置是将合适的毕业生放置在恰当的工作岗位中，"自主择业"的毕业生就业制度要求供需双方进行自由匹配，使得劳动力资源通过市场调节，完成人力资本的合理配置，实现供需双方的利益诉求，达到毕业生充分就业。再次，通过市场调节引导毕业生流动是毕业生就业中市场竞争的手段。为找寻更有利的就业机会、获得更多的收入、提高社会地位、获取发展机会，在国家政策引导和宏观调控下，毕业生通过区域间、行业间流动，通过市场竞争完成人才资源的合理配置。因此，在国家的宏观调控下，"自主择业"的就业制度通过强化市场竞争，旨在促进人力资源的优化配置，促进人才流动和社会的发展，实现毕业生高质量就业。但受就业观念（长期以来的精英化教育理念）、市场机制（社会主义市场经济体制不成熟）等多方面因素的影响，面对突然增多的高校毕业生，市场竞争不仅增强了毕业生的不适应性，也让刚建成的市场体制显得有些无所适从。可见，市场显然未做好应对准备，出现了高等教育与毕业生就业的不适应和不确定性关系阶段。

总体上，这一阶段高等教育与就业呈现出"双低"状态，一方面是供需矛盾加剧，毕业生总量超出了劳动力市场的需求总量和吸纳能力；另一方面，扩招导致了毕业生就业的结构性矛盾，高等教育学历层次、专业结构的供给也与社会要求脱节。正因如此，在促进经济发展的国家利益驱动下，尽管此时我国已经初步确立了社会主义市场经济体制，市场在人力资源配置中的基础性作用逐步显现，但以扩大内需为主要表征的高校扩招和以市场配置为主要表征的毕业生就业之间的矛盾，映射出以计划为主的招生制度和以市场选择为基础的就业制度之间的冲突，国家利益驱动与市场选择机制失调，短时间内造成高等教育与就业关系的不确定性和不适应性。①

① 阮成武，唐菡悄. 改革开放以来高等教育与就业的关系演进与逻辑嬗变[J]. 教育发展研究，2020，40(21)：1-10.

第四节　利益统筹与共享导向的高等教育与就业关系逻辑

中国加入世界贸易组织后，GDP年均增长率接近10%，直至2012年经济发展速度开始放缓，我国经济由高速增长向中高速增长转变。党的十九大报告指出，我国经济已由高速增长阶段转向高质量发展阶段，要求经济增长速度“换挡”，由高速度转向高质量。经济发展方式的转型对高等教育提出了新要求，要求高校向社会输送更适合、更高质量的毕业生，为此各级政府、媒体、家长、学生、社会各界纷纷要求高等学校增强高等教育的市场适用性、改进教育管理制度、适时调整专业设置和招生规模、提高大学生就业创业能力。同时，劳动力就业市场上供需矛盾发生变化，出现了供给略小于需求的新形势。在高等教育改革的推进下，毕业生作为拥有先进知识的高素质劳动者，实现了高等教育与毕业生就业的适应程度由“不适应”向“适应”转变，但在市场经济的作用下，两者的“确定性”程度依旧未发生本质的变化。可见，高等教育与就业的“适应性-不确定性”关系内涵表现在两个层面，即个体层面的“不确定性”和社会层面的“适应性”。其中，“不确定性”指高等教育在个体发展中不确定，即接受高等教育对劳动者就业的帮助和促进作用不显著，高等教育对个体最终就业的行业和岗位归属的指向性不明确。“适应性”指高等教育与社会经济发展规模和产业结构处于较高的契合程度，即高等教育能够为社会培养所需的人才，其人才培养和服务社会职能得到较好的执行，高等教育培养的毕业生能够基本适应社会发展的速度和结构的需要。

纵观改革开放以来高等教育与就业关系的不同阶段，本阶段“适应性”的出现不同于以往由政府全包的方式加以确保，而是在市场的基础性作用下，国家拿出公共职位，充分考虑民众需求，发挥宏观调控的职能，实现高等教育与就业的关系由“不适应性”向“适应性”转变。具体而言是在充分发挥市场在资源配置中的基础性作用下，国家充分运用宏观调控职能，将大量的公共资源如村医、农村特殊岗位教师等公共职位拿出，不仅满足了社会对专门技术人才的需求，同时也引导了需求，满足了政府公共职位的需求，进一步加强了高等教育与就业关系的“适应性”。然而不可否认的是，市场经济也不可避免地引起高等教育与就业的“不确定性”关系的延续，但由于市场经济自身带来的“不确定性”，在政府宏观调控和教育教学改革下有所弱化。

一、国家、个体、公共教育利益的统筹共享是毕业生就业的基本模式

教育利益的统筹共享是兼顾国家教育利益、个体教育利益和公共教育利益的一种方法，是正确认识和妥善处理教育现代化进程中的重大教育利益，处理好不同教育主体之间、不同教育客体之间以及教育主体与教育客体之间的矛盾，促进教育利益各种构成要素的良性互动和协调发展。[①]毕业生就业中的利益统筹共享则是妥善处理好毕业生就业相关主体之间、相关客体之间以及主体客体之间的矛盾，促进教育利益各种构成要素的良性互动和协调发展，实现毕业生更高水平和更高质量的就业。为此，协调毕业生就业中的国家教育利益、个体教育利益和公共教育利益成为毕业生就业中教育利益统筹的重心。

（一）政府对毕业生资源的积极配置

随着我国市场经济体制的建立和完善，市场在资源配置中发挥着基础性作用。以市场来实现社会资源的配置是社会资源得到积极配置的基本条件。随着经济体制改革的深入，我国毕业生就业制度也由国家配置转为市场配置，国家不再对毕业生资源直接干预，转而采取积极有效的宏观调控方式来配置毕业生资源。毕业生资源的积极配置方式是政府通过其积极的政策行为和管理行为，将毕业生资源做适当的配置，以影响利益在社会成员中的分配。大学毕业生作为拥有先进思想和科学知识的高级专门人才，是社会主义建设的重

① 阮成武．教育利益协调的制度创新［M］．北京：教育科学出版社，2017：151.

要人力资源和智力支撑。鉴于市场机制固有的缺陷,市场自发运行会不可避免地产生宏观失衡、结构失衡等问题,从而引起市场失灵,这是市场机制本身无法克服的缺陷,需要使用政府这只“无形的手”,实施恰当有效的宏观调控。因此,政府的调控是缓解市场固有缺陷的一种现实的选择。政府负有对社会成员提供公共产品的使命,是否能够有效地提供公共产品是利益分化和协调的深层逻辑。正是基于政府宏观调控职能的要求,国家通过使用政府宏观调控的手段,将一部分公共就业岗位投入劳动力市场,既满足了社会发展中民众的公共服务需求,又扩展了政府公共职位的需求。以政府提供公共服务名义将社会事务的服务岗位专门列出,是国家发挥积极配置作用,建立有力而适度的宏观调控系统的实践。如果政府不是通过市场对资源的基础性作用来配置公共岗位,而是依然保持以往计划经济体制下国家直接行政命令的方式将毕业生资源配置至公共岗位的话,既无法适应市场经济发展的要求,也无法有效提供公共服务和公共规范,政府就会阻碍市场作用的发挥,不利于毕业生资源与劳动力市场实现有效的匹配。

(二)调和不同群体在毕业生就业中的利益诉求

利益是推动人和社会发展的动力,马克思更是指出人所奋斗的一切都与利益有关。在同一事件中,往往会有不同的群体有所行为和开展活动,且这些行为和活动会对事件或者事件中的其他人产生影响。这些群体被称为“利益相关者”,即可以影响绩效或对所期望的成就产生影响的任何组织和个人。对利益相关者进行分析是理解不同利益群体间复杂性和兼容性关系的重要途径。为深入解读毕业生就业中不同群体的利益冲突和调和,首先,识别毕业生就业中的主要利益相关者。毕业生就业中的利益相关者是指与毕业生就业发展存在重要利益关系的群体,其行为能对毕业生就业产生直接或间接影响的个人或组织,主要包括政府、高等院校、用人单位和毕业生个体(家庭)。其次,厘清不同利益群体的价值偏好和利益诉求。政府代表着国家利益。就业对促进经济发展、维护社会稳定、发展社会文明、增强国家实力具有重要的意义。大学毕业生和进城农民工是我国就业市场的两大主力，大学生“就业难”和“民工荒”是当时我国就业矛盾的主要表现。从国务院将就业作为政府工作的重要任务来抓，到党的十八大将就业更加充分作为全面建成小康社会的重要目标，足见教育在国家议事日程中的地位进一步提高。毕业生个体（家庭）是就业的核心主体。随着教育成为每一个公民的基本权利和义务，在学校教育中实现个体的社会化过程，获得基本的生存和发展技能，是个体生存的需要，也是自我价值实现的需要。接受高等教育不仅能增加家庭的经济收入，也增加了身份提升、地位提高和向上流动的可能。因此，接受公平而有质量的教育是个体和家庭的利益诉求核心。当然，必须注意的是，这一群体的利益并不是完全一致的，甚至因为背景、身份、经济、地位的差异，群体内部间的目标也有所区别。用人单位是就业活动的另一核心主体。找寻更适合、更匹配、更高质量的毕业生加入组织以提高组织利润，是用人单位的利益诉求。可见，提高高校的人才培养质量，实现高校人才培养质量与组织用人标准的一致性是他们所期盼的。高等院校是就业的参与者和推动者。充分地实现高校的职能，为社会培养更多、更可靠、更适合的大学生是高校的关注重心。因此，高校关注通过提高教育教学质量，获取更高的声誉和投入，实现学校自身的良性发展。最后，分析利益群体间的协调博弈。利益相关者的多元化和利益诉求的差异性必然引起多方利益群体互动和博弈。在民生本位的毕业生配置下，不同的群体间在了解分析对方的利益追求后，发现四大群体的核心诉求是一致的，都要求实现毕业生走向更高质量和更充分的就业。事实上，毕业生就业不仅关系着整个社会的进步和稳定，也影响着高等学校和用人单位的未来发展，更直接作用于毕业生个体（家庭）的生活质量和水平。博弈下，各利益相关主体达成共识，要求通过教育实现社会更高质量、更充分的就业，实现社会效益和个体发展的统一协调，此时也完成了不同利益群体的调和。

（三）利益统筹共享实现教育利益普惠全体人民

为实现民众共享教育成果，真正做到"发展为了人民、发展依靠人民、发展成果由人民共享"，一方面，毕业生就业走向市场，发挥市场在毕业生资源配置中的基础性作用；另一方面，国家在出台了一系列促进政策的同时，也引导和鼓励毕业生投入国家建设，维护民众利益，保障民众事业发展。这一时期为实现更多更公平惠及全体民众，国家进行了一系列的制度安排以统筹国家利益、个体利益和公共利益。在毕业生就业中，由于市场具有固有的缺陷，以国家计划为主导的高校扩招引起了毕业生资源配置中的市场失灵，随着民众对公共服务需求的上升，结合国家战略发展的需要，政府拿出了一部分公共服务岗位。基于市场对关系着我国发展全局的农村地区、贫困地区的人才配给长期的不足，为进一步确保重点领域，尤其是关系着国计民生的行业，为引导毕业生到国家战略性领域就业，国家对重点发展的和关系地区协调发展的领域，采取专项计划，以协议就业的方式来引导人才流向。这一时期除了继续实行大学生志愿服务西部、"三支一扶"、农村义务教育阶段学校教师特设岗位计划外，还在关系着国家战略需要的教育、医疗、民族、农村、国防、人才事业上实施专项人才培养计划。以免费师范生项目为例，2007年《教育部直属师范大学师范生免费教育实施办法（试行）》决定，实行师范生免费教育，并于2007年秋始在北京师范大学、华东师范大学等教育部直属的6所师范大学开启试点，以培养大批优秀教师。项目实施以来，每年培养4万余名毕业生赴农村中小学任教。据统计，2007—2017年，已累计招收免费师范生10.1万人，毕业履约7万人，其中90%到中西部省份中小学任教，在改善我国师资不均衡方面成效显著。政府通过拿出公共职位，不仅扩充了与民众生活息息相关的服务领域的专门人才，同时也扩展了政府公共职位的需求，引导着毕业生流向民众生活急需的领域和岗位，增强了高等教育与就业关系的"适应性"程度。

二、人民至上的民生本位模式成为新时代教育利益配置主导方式

民生关系着民众生活的方方面面。2007年召开党的十七大首次将教育纳入以改善民生为重点的社会建设,“教育更加指向人自身发展和生活改善”。[①]教育利益的民生本位模式是兼顾教育的社会功能和个体功能,国家通过增加教育投入和制度设计,推动教育优先发展和促进教育公平,将国家利益与个体利益协调统筹,将公共利益转化和释放为个体教育利益充分而公平的实现。国家通过政策安排,提高教育的公益性,满足民众教育诉求,将国家利益更多地转换为公共利益,最终把公共利益具体落实到社会每一个成员的利益获得上,达到国家利益、个体利益和公共利益的协调。[②]就业是最大的民生,因此要坚持就业优先战略和积极就业政策,实现更高质量和更充分就业。毕业生就业是关系着社会稳定、经济发展、民众生活和个体发展的重要内容。随着就业民生地位的凸显,如何通过就业改善民众生活,实现社会每一个人成员更高质量、更充分的就业成为这一时期就业工作关注的重点和基本目标。为更加贴合国家民生建设和战略规划,这一时期毕业生就业渠道进一步拓宽,就业方式进一步丰富。“自主择业”“灵活就业”“自主创业”“协议就业”等多元就业方式满足了不同毕业生的就业需求。结合教育利益协调理论,这一时期毕业生就业制度呈现出明显的“民生本位导向”特征。

(一)教育利益的民生本位配置的提出

民生是人民的生活,关系着民众生活的方方面面。实际上,民生概念经历了从关注公民基本的生命、生存、生计和生活,到对民众生

① 阮成武.教育民生论:一种历史发生学认识视角[J].教育研究,2017(1):20.

② 阮成武,唐菡悄.改革开放以来高等教育与就业的关系演进和逻辑嬗变[J].教育发展研究,2020(21):1-10.

命追求、生活品质、发展意义、幸福体验等一系列精神需求的探索。[①]随着民生内涵的丰富，教育与人的生活的关系受到关注，“教育更加指向人自身发展和生活改善”。[②]民生本位是兼顾教育的社会功能和个体功能，国家通过增加教育投入、设定教育目的、规范制度设计等实现社会发展和个人发展，通过发挥政府职能，将国家利益与个体利益协调，将公共利益转化和释放为受教育者及其家庭教育诉求的实现。国家通过政策安排，提高教育的公益性，满足民众对教育的诉求，将国家利益更多地转换为公共利益，最终把公共利益具体落实到社会每一个成员的价值实现上，达到国家利益、公共利益和个体利益的协调。十七大报告正式将教育纳入民生，明确社会发展中“必须坚持以人为本”，“做到发展为了人民、发展依靠人民、发展成果由人民共享”。可见，发展教育不仅仅能实现科技进步、人才培养，从而促进现代化建设，也为个体发展和价值实现提供具有可操作性的实践路径。教育已不再是某些杰出人才的特权或某一特定年龄阶段的规定活动，而是正日益向着包括整个社会和个人终身的方向发展。[③]这一点也体现在了我国的教育定位中，改革开放后，在国家本位的教育利益下，教育定位于为经济建设服务。在教育发展成果更多更公平惠及全体人民的目标下，教育成为民族振兴和社会进步的基石，以协调个体价值和国家利益，最大限度地将国家发展成果转化为个体的利益价值实现。毕业生就业制度是国家在大学生资源上统筹国家利益、公共利益和个体利益的制度安排，这一时期不再单一地强调“绝对服从”。虽然国家通过一系列的措施鼓励毕业生流向基层、面向基层、服务基层，但这种措施以引导为主，政府在宏观调控的基础上，允许个人选择和市场介入，充分保障了毕业生个体的自由权和选择权，同时政府也不放弃国家利益对毕业生就业实施干预和引导。

---

① 唐蕊悄，阮成武．改革开放40年教育政策的民生取向及其内在逻辑[J]贵州师范学院学报，2019，35(10)：58-64.

② 阮成武．教育民生论：一种历史发生学认识视角[J]．教育研究，2017，38(1)：20.

③ 联合国教科文组织国际教育发展委员会．学会生存：教育世界的今天和明天[M]．北京：教育科学出版社，1996：200.

(二)充分发挥教育的民生功能和就业功能

就业是民生之本,决定着每一个家庭的生计。而拥有社会需要的知识与技能,则是实现就业的前提。[①]教育是社会关注的焦点,成为民生的重要组成部分。教育的民生功能是教育系统在塑造和提升民生主体的主体性,引导民生主体提升生存发展能力与生活质量,进而促进民生主体全面发展过程中所发挥的功效与作用。[②]教育作为培养人的社会实践活动,具有促进个体发展和促进社会发展的两大功能。首先,教育促进个体发展的功能是由教育培养人的本质决定的,表现为教育促进人的全面发展、教育促进人的个性发展和教育促进人的持续发展三方面。其次,教育的社会功能规定了教育促进社会多方面的发展,表现在教育推动政治、经济、文化、科技等向前发展和教育促进劳动者的社会化两方面。教育具有增加就业的功能,多项研究证实了教育与工作条件、晋升机会、生活质量、福利待遇呈正相关关系,同时在经济增长、政治民主、文化创新、社会文明方面起积极作用。正是由于教育本身具有的促进个体发展和社会发展的作用,教育被定位于民族振兴和社会进步的基石,要求在彰显教育的政治、经济、文化、生态建设功能的同时,强调教育的民生功能,关注民众个体物质和精神效益。毕业生就业关系着整个社会和个体的发展,通过教育实现社会更高质量、更充分的就业,实现社会效益和个体发展的最大化是民生本位配置中考虑的问题。为充分发挥教育的内部价值,实现社会发展与个体发展的协调,在毕业生自主择业的前提下,进一步拓宽毕业生就业渠道,开展灵活就业、自主创业。同时,随着"就业是民生之本,教育是民生之基,医疗是民生之需"等理念的深入,为进一步发挥教育民生功能,满足民众对美好生活的向往,国家在教育、医疗、民族、农村、国防等事业建设中开启专项人才计划,招收定向大学生,实施免费师范生、免费医学定向生、大学生村官等计划,以保障民众(尤其是农村、偏远地区民众)生活。

① 教育是民生之基[N].人民日报,2007-04-11(004).

② 张晓燕,孙振东.论教育的民生功能[J].教育发展研究,2014(5):41-46.

（三）重视毕业生就业公平与就业质量的融通

民生本位的毕业生就业是对就业的社会功能和个体功能加以协调，通过整合与毕业生就业相关群体的利益诉求，满足民众对就业的期望，在保障毕业生个人利益诉求和个体价值实现的基础上，通过每一个毕业生在就业中的价值实现，来维护公共利益和国家利益。公共利益在主体上是整体而不是局部的利益，在内容上是普遍的而不是特殊的利益，[①]国家利益在民生建设上也追求社会利益的最大化。因此，公共利益和国家利益在核心层面上具有一致性，而个体利益更强调特殊性和差异性。但随着“更充分和更高质量”的就业目标的提出，毕业生、民众和国家在毕业生就业工作上的最终期望一致，对毕业生就业数量的关注转向对就业公平和就业质量的关注。就业是民生之本，促进就业是安国之策。大学生就业成为党政关怀、社会关注、高校用力、家长操心的重大问题。党的十八大报告提出，要转变教育发展方式，通过内涵发展推动实现更高质量就业，并把“就业更加充分”作为未来经济社会发展的目标。上节分析显示当前大学生就业数量稳定但仍有提升空间（初次就业率十余年间维持在70%左右），最为重要的是随着实现“更高质量就业”目标的提出，毕业生就业质量成为毕业生就业的重点任务。但近年来高校毕业生就业收入偏离率下降、专业对口率低于70%、职业转换率高于40%、行业转换率达43%以上、就业质量总指数与国际标准相比处于低水平。高校毕业生的充分就业承载着国家人力资源发展战略、国民经济可持续发展、社会稳定和家庭幸福等诸多问题，但最近这些年来却遭遇就业难、就业质量不乐观的困境。改革开放后，党和国家的工作重心转向经济建设，面对人才匮乏的现状，“多出人才、快出人才”成为社会发展的迫切诉求。这一时期教育的基本价值取向转为“效率优先，兼顾公平”，[②]毕业生就业依旧延续“国家分配”的方式，通过政府干

---

① 蒲蕊．公共利益：公共教育体制改革的基本价值取向［J］．教育研究与实验，2007（1）：34-37.

② 唐菡悄，阮成武．改革开放40年教育政策的民生取向及其内在逻辑［J］贵州师范学院学报，2019（10）：58-64.

预的手段将毕业生安排到需要的地方和行业中。随着经济体制改革的推进，在社会需要、个体追求、用人单位诉求等多重因素的影响下，毕业生就业制度改变以往国家统包统分的政策，转向自主择业、灵活择业、自主创业。然而毕业生就业中地区差异、城乡差异、校际差异等现象的存在，就业公平、教育公平问题再次引发了社会各界的关注。教育公平是社会公平的基础。在高等教育中，大众化甚至普及化阶段的到来使民众“有学上”的矛盾基本解决；“上好学”成为民众对教育的新期待。因此，如何实现公平而有质量的就业成为社会关注的新焦点。

进入新时代，人民群众对美好生活的向往日益迫切，就业成为最大的民生。面对就业压力加剧、就业质量不高、就业不公平等问题的相继出现，实现更高质量和更充分就业成为普遍的利益诉求。毕业生作为就业主力军之一，关系着社会稳定、经济发展、民众生活改善等多方面利益。近年来“自主择业”“灵活就业”“自主创业”“协议就业”等多元就业方式进一步协调了不同利益主体的诉求，高等教育与就业关系逻辑必然转向将教育发展成果更多更公平惠及全体人民。为此，高校毕业生就业需要在统筹国家利益、个体利益和公共利益的基础上进行制度安排。现阶段虽然国家通过一系列的措施鼓励毕业生流向基层、面向基层、服务基层，但这种措施以引导为主，政府在宏观调控的基础上，允许个人选择和市场介入，充分保障毕业生个体的自由权和选择权，同时，政府不放弃国家利益对毕业生就业实施干预和引导。虽然在毕业生就业中国家利益、公众利益和个人利益也存在分化和一定的矛盾，但在提高毕业生就业水平的根本利益上是一致的。高等教育与就业的确定性和适应性提高，有利于保障国家繁荣与稳定、经济社会发展和民生的改善。尽管市场经济固有的不确定性给毕业生就业带来一定的不确定性，但在国家政策的利益统筹下，不确定性总体趋于减缓和可控，高等教育与就业的不确定性也实现可控。①

① 阮成武，唐菡悄. 改革开放以来高等教育与就业的关系演进和逻辑嬗变[J]. 教育发展研究，2020，40(21)：1-10.

结语

随着我国高等教育步入普及化阶段，人们在追求高学历以缓解就业压力的同时，也势必出现大学生就业难的矛盾局面。这与国际高等教育发展一般态势具有相似性：一方面，青年人失业问题的出现，其中包括那些日益增多的持有学位和毕业证书的大学毕业生；[①]另一方面，大学生享受不到教育带来的预期收益，教育和美好未来的期望得不到满足。[②]这种就业趋势让人们对于正规教育与就业之间长久以来的关联产生了怀疑。[③]然而，诚如联合国教科文组织在《学会生存——教育世界的今天和明天》中指出的那样，现代社会教育有三个新特征：教育先行；教育预见；社会拒绝使用学校的毕业生。[④]为此，需要以“教育预见”为先导，充分发挥中国特色社会主义道路的优势，在发挥市场决定性作用过程中更好发挥政府作用，加强教育和就业政策的预见性，增强“十四五”教育发展规划的战略前瞻性。在教育文化卫生体育领域专家代表座谈会上，习近平总书记表示人力资源是构建新发展格局的重要依托，“十四五”时期，我们要从党和国家

① 联合国教科文组织.学会生存：教育世界的今天和明天[M].北京：教育科学出版社，1996：128.

② 联合国教科文组织.反思教育：向“全球共同利益”的理念转变[M].北京：教育科学出版社，2017：51.

③ 联合国教科文组织.反思教育：向“全球共同利益”的理念转变[M].北京：教育科学出版社，2017：50.

④ 联合国教科文组织.学会生存：教育世界的今天和明天[M].北京：教育科学出版社，1996：32.

事业发展全局的高度，全面贯彻党的教育方针，坚持优先发展教育事业。他指出，要优化同新发展格局相适应的教育结构、学科专业结构、人才培养结构；要大力发展职业教育和培训，有效提升劳动者技能和收入水平，通过实现更加充分、更高质量的就业扩大中等收入群体，释放内需潜力。《中共中央关于制定国民经济和社会发展第十四个五年规划和二〇三五年远景目标的建议》中进一步明确要促进"民生福祉达到新水平"，需要实现更加充分更高质量就业……同时指出要使得全民受教育程度不断提升。可见，教育和就业作为民生的重要事项，联系紧密、相辅相成。

"十四五"时期高等教育与就业关系构建应当双向发力，综合施策。宏观层面，确保教育与国民经济发展相适应；微观层面，促使教育与学生劳动就业相结合。一方面，进一步发挥教育的社会职能，确保教育与经济发展相适应。在宏观经济上进一步保持中高速增长，积极发展新兴行业和产业，拓展和培育新职业、新业态、新岗位，使之成为吸纳高校毕业生就业的重要蓄水池，以此保就业、促就业，确保高校毕业生更充分和更高质量就业，提高就业规模匹配度和结构匹配度。另一方面，要大力推动高等教育学科专业结构调整，增进高等教育与学生劳动就业的匹配度。事实上，"不确定性"是市场经济发展的必然结果，高等教育与就业的适度"不确定性"关系有利于毕业生资源的优化配置、有助于尊重自由选择权，也具有促进教育事业改革等方面的积极作用。因此，需要进一步改变传统上"一一对应式"的高等教育与毕业生就业的确定性内涵，引导大学生树立新的择业观、就业观，消解就业的不明确感和不对口感，调整心态，在各自职业和岗位上踏实工作，建功立业。